CW01023626

孔子学院总部赠送
Donated by Confucius Institute Headquarters

妙语连珠说汉语

Sparkling Chinese Idioms and Sayings

主　编　史　迹

副主编　陈思本　王立新

编　者　全彩宜　商　拓　陈　越

华语教学出版社
SINOLINGUA

First Edition 2011

ISBN 978-7-5138-0032-7
Copyright 2011 by Sinolingua
Published by Sinolingua
24 Baiwanzhuang Road, Beijing 100037, China
Tel: (86) 10-68320585, 68997826
Fax: (86) 10-68997826, 68326333
http://www.sinolingua.com.cn
E-mail: hyjx@sinolingua.com.cn
Printed by Beijing Songyuan Printing Co., Ltd.

Printed in the People's Republic of China

前言

目前，随着“汉语热”的逐渐升温，非母语汉语学习者水平不断提高，越来越多的中国文化爱好者对既经典又常用的汉语熟语、名言、警句非常感兴趣。这一方面是因为汉语学习者想掌握地道的汉语，另一方面是想深入地了解中国文化。而在学习这些内容的过程中，最令学习者头疼的就是如何在实践中运用。由于汉语水平和对中国文化知识的了解有限，汉语学习者在运用的时候常常词不达意，也很难通过词典、电视、报纸等渠道清楚地了解这些语言使用的具体语境。编者在意大利、美国、南非、缅甸等国的汉语教学中，深刻体会到学生在学习熟语名言警句中的种种困难，为此编写了《妙语连珠说汉语》这本书，希望汉语学习者能通过这本小书得到帮助。本书不仅可以帮助非母语汉语学习者了解经典、常用的汉语熟语、名言、警句的意思，更重要的是帮助他们学会如何运用。这是本书的主要目的。

《妙语连珠说汉语》针对外国汉语学习者的兴趣和难点，通过对词条的英语解释和例句展示这些词条的基本用法。除此之外，为进一步地突出使用的语境，书中设计了外国留学生 Bill、Hans、Anna、Lucy 和他们的中国朋友王东、白云、张丽、李江等在日常生活中的对话。通过这些留学生在中国的生活体验了解熟语、名言、警句的文化内涵和用法。本书编写的主要思路是通过具体语境来讲解如何运用汉语熟语、名言、警句。

《妙语连珠说汉语》的编写原则是力求简明、实用、幽默，最大限度地降低词汇难度。本书主要针对的是以汉语为第二语言的大学中文系二年级学生；孔子学院有一定汉语水平的学习者；世界各国广大的汉语爱好者。本书所使用的常用词主要参照了新 HSK 四级，以及《国际汉语教学通用课程大纲》(2008) 的常用汉语 1500 个高频词。学生汉语词汇量的起点要求是 1100 个常用词左右。通过学习之后，词汇量可达到 1700 个左右。本书既可以作为汉语学习者的自学用书，也可以作为汉语口语教材使用。

《妙语连珠说汉语》的编写体例是：

Part 1 词条：本书一共精选了100个词条。词条的选择标准是：1）富有积极意义，能体现汉语文化的精华和中国传统的风俗习惯；2）使用频率高、实用；3）体现汉语语言的幽默与风趣。

Part 2 英语解释：用英语解释词条的意思，并配有汉语例句。

Part 3 对话：对话的内容以留学生在中国的日常生活为主，加深学生对词条的语境及用法的理解，让学生进一步地练习口语。部分专有名词和背景知识介绍采用旁注。

Part 4 生词和短语：从每个词条对话中选择了一些常用词进行重点学习。通过给出拼音、对话语境中的英文释义和例句让学生掌握这些常用词的用法。为避免生词过于集中于某一词条，少数在前面对话中出现的常用词被安排在后面对话的生词和短语中进行学习。

Part 5 扩展阅读：尽可能简单地介绍和补充与词条相关的文化背景、典故、风俗习惯等内容，目的是增加学生的学习兴趣，拓展学生的汉语文化知识。

为方便读者查找生词和注释，本书附有生词表和注释索引。本书词条、对话和文化知识中的短文均配有拼音，以方便读者查阅词汇表和词典。另外，为提高学习者的汉语听力，对话和扩展阅读配有MP3格式的光盘，学习者可以根据自己的需要纠正发音、练习朗读。

《妙语连珠说汉语》在编写过程中广泛征求了各国留学生的意见。部分内容已经在教学实践中试用，受到留学生的欢迎和认可。本书的设计与编写是一种新的尝试，还有很多地方需要改进，诚望同仁和读者们不吝赐教。

本书在编写过程中受到各方人士的大力支持，在此表示最诚挚的感谢。非常感谢西南交通大学外语学院的领导和华语教学出版社的大力支持。感谢美国纽约大学东亚语言系的邵秋霞博士和西南交通大学外籍教师 Janie Go 对本书英文部分的审校。感谢为本书提供宝贵意见的留学生们，感谢曾以不同方式直接或间接帮助完成本书的所有朋友。

史 迹

2010年3月

Preface

Around the world, the number of Chinese language learners is growing day by day. As these students continue to improve their Chinese, the motivated among them will want to learn Chinese idioms and sayings which are rich in Chinese culture. Learning idioms and sayings is an important aspect of Chinese education. However, limited by their lack of Chinese proficiency and Chinese cultural knowledge, it is not always easy for foreign students to convey the correct meanings of these sayings and thus they make mistakes with the usage. As some idioms and sayings refer to historical or cultural phenomena, it can be difficult for foreign learners to gain a clear understanding of their specific contexts by means of dictionaries, television, newspapers or through other channels. Nevertheless, despite all these issues, on the whole foreign students are still very interested, wanting to both master idiomatic Chinese and to have a deeper understanding of the Chinese culture. Based on our experiences teaching Chinese in Italy, the United States, South Africa, Myanmar and other countries, the authors of this compilation have all seen the difficulties encountered by learners when learning Chinese idioms and sayings, and thus felt the need to write this book—*Sparkling Chinese Idioms and Sayings*. This book aims not only at helping non-native learners understand the meanings of commonly used Chinese idioms and sayings, but more importantly at helping them learn to use the idioms appropriately. This is the main goal of the book.

Sparkling Chinese Idioms and Sayings focuses on the practical applications of each idiom or saying. In concentrating on foreign learners' interests and common difficulties with Chinese, the book gives English explanations for each entry as well as examples to demonstrate how they can be used. In addition, conversations concerning everyday matters are employed to highlight the usages of the idioms and sayings in different contexts. In order to help the students gain a better understanding of the usage and Chinese culture behind each saying from their own perspectives, the book contains conversations among the foreign students Bill, Hans, Anna, Lucy and their Chinese friends like Wang Dong, Bai Yun, Zhang Li, and Li Jiang. The main purpose of the book is to help students learn the specific contexts of Chinese sayings and idioms.

Sparkling Chinese Idioms and Sayings strives to minimize the difficulty students may feel in mastering the vocabulary, by teaching in a concise, practical, and humorous way. This book is aimed at university sophomores majoring in Chinese as a second language, Confucius Institute students who already have a certain level of Chinese proficiency, as well as other Chinese language learners around the world. The common words used in this book have been mostly selected from the Level IV vocabularies of the New HSK Test. We also used 1500 high-frequency words from the International General Chinese Language Teaching Syllabus (2008) as references. As a prerequisite to studying this book, Chinese learners should already have acquired a basic vocabulary of around 1,100 common words. After finishing the book, students should possess a vocabulary of around 1,700 words. *Sparkling Chinese Idioms and Sayings* can serve as both a book with which to teach oneself Chinese and a textbook for learning spoken Chinese.

The compilation of *Sparkling Chinese Idioms and Sayings* contains the following:

Part 1 **Entries:** This book has carefully selected a total of 100 entries. The selection criteria to be met for each entry was: (1) to be full of figurative meanings which embody the essence of Chinese culture and traditional Chinese customs; 2) to have a high frequency of usage and great practicability; 3) to embody the humor and wit of Chinese language.

Part 2 **English explanations:** The meaning of each entry is explained in English, and presented with illustrative sentences.

Part 3 **Conversations:** The conversations focus on the daily life of overseas language students studying in China and are intended to help students enhance their understanding of the context and usage of each entry. Proper nouns and background knowledge are introduced in the marginal notes.

Part 4 **Vocabulary:** Common words have been selected from each conversaton for the students to learn more comprehensively. Students are expected to master the usages of the common words through their pinyin (the Chinese Phonetic Alphabet), English explanations and examples, with the English explanations given to the new words based on their context within the conversations. In order to avoid too many new words being listed per entry, some common words and phrases are listed later on, though they may have appeared previous to that section.

Part 5 **Extra Readings:** Simple Chinese is used to introduce the cultural backgrounds, allusions, customs, and language points associated with the entries, thus increasing the students' interest in learning Chinese, and improving their knowledge of Chinese culture.

To facilitate the students' mastery of new words, a vocabulary list and a note index have been appended to the end of the book for readers to use as a reference. Additionally, all the entries, conversations and extra readings are marked with pinyin in case the readers need to consult their dictionaries. In order to improve the learners' listening comprehension abilities, all conversations and extra readings also come on audio CDs which students can use to correct their pronunciation and improve their reading according to their individual needs.

In the course of compiling, the authors of this book widely solicited suggestions from international students in different countries. Some of the contents of the book have been used in various language courses, and have been well received by students. The design and compilation of the book is new and we understand that there will be improvements to be made in future editions. To this end, the authors look forward to receiving constructive criticisms and suggestions from our colleagues and readers.

There are many people who have contributed to the compilation of this book through the generous offers of their time and support. We are grateful for the support of both the Foreign Languages School of Southwest Jiaotong

University and our publisher Sinolingua. Sincere thanks also go to Dr. Qiuxia Shao from the Department of East Asian Studies of New York University and Janie Go, a native English teacher in Southwest Jiaotong University, for their careful proofreading of the English sections of this book. Thanks must also be extended to all the overseas students for their valuable comments and suggestions, and all the friends who have offered their input to aid with the completion of this book.

Shi Ji

March, 2010

目录

1. 百尺竿[1]头，更进一步
Bǎi Chǐ Gān Tóu，Gèng Jìn Yí Bù

解释 Explanation

百尺竿头 is a Buddhist phrase, which refers to the high level of attainment achievable by practicing Buddhism. 更进一步 means to make still further efforts, and to continue to improve even after attaining high levels of learning or success. For example:

1. 小王办公司办得很成功，但是他百尺竿头，更进一步，准备办一个跨国公司[2]。
2. 祝大家在新的一年里百尺竿头，更进一步！

对话 Conversation

祝福

（在朋友的婚礼上）

白云：Anna，刚才新郎新娘[3]给你敬酒，你只是笑，怎么不说话啊？
Anna：我不知道说什么，万一说错了，多不好意思啊！

[1] 竿 gān: pole; rod
[2] 跨国公司 kuàguó gōngsī: international corporation
[3] 新郎新娘 xīnláng xīnniáng: bridegroom and bride

白云：祝福的话都很短，想学吗？

Anna：当然想学，怎么祝福新郎、新娘呢？

白云：你可以说“祝你们白头到老，百年好合[1]”！

Anna：老人过生日呢？

白云：你可以说“祝您福如东海，寿比南山[2]”！

Anna：那朋友的新公司开张[3]呢？

白云：你可以说“祝你生意兴隆[4]”！

Anna：参加朋友的毕业典礼[5]呢？

白云：那就说“祝你百尺竿头，更进一步”！

Anna：请你把这些话写下来，我想学一学，好吗？

白云：没问题。

Zhùfú

(zài péngyou de hūnlǐ shang)

Bái Yún: Anna，gāngcái xīnláng，xīnniáng gěi nǐ jìngjiǔ，nǐ zhǐshì xiào，zěnme bù shuō huà a?

Anna: Wǒ bù zhīdao shuō shénme, wànyī shuōcuò le, duō bù hǎo yìsi a!

Bái Yún: Zhùfú de huà dōu hěn duǎn, xiǎng xué ma?

Anna: Dāngrán xiǎng xué, zěnme zhùfú xīnláng, xīnniáng ne?

Bái Yún: Nǐ kěyǐ shuō “Zhù nǐmen báitóudàolǎo, bǎiniánhǎohé”！

Anna: Lǎorén guò shēngri ne?

Bái Yún: Nǐ kěyǐ shuō “Zhù nín fúrúdōnghǎi, shòubǐnánshān!”

Anna: Nà péngyou de xīn gōngsī kāizhāng ne?

Bái Yún: Nǐ kěyǐ shuō “Zhù nǐ shēngyi xīnglóng”！

Anna: Cānjiā péngyou de bìyè diǎnlǐ ne?

---

[1] 白头到老，百年好合 báitóudàolǎo, bǎiniánhǎohé: (congratulatory wishes expressed at weddings) May you remain happily married until old age.

[2] 福如东海，寿比南山 fúrúdōnghǎi, shòubǐnánshān: a life as enduring as the Southern Mountain, happiness as boundless as the Eastern Sea.

[3] 开张 kāizhāng: open a business

[4] 生意兴隆 shēngyi xīnglóng: Business is booming.

[5] 典礼 diǎnlǐ: ceremony

Bái Yún: Nà jiù shuō "Zhù nǐ bǎi chǐ gān tóu, gèng jìn yí bù!"
Anna: Wǒ xiǎng xué yi xué, qǐng nǐ bǎ zhèxiē huà xiě xiàlai, hǎo ma?
Bái Yún: Méi wèntí.

生 词 Vocabulary

祝福 zhùfú	bless; blessing	请接受我的祝福。
祝 zhù	express good wishes; wish	祝大家健康、幸福！祝你一路平安！
敬 jìng	respect; offer drinks or other objects politely	敬茶；敬酒；敬你一杯！
敬酒 jìngjiǔ	propose a toast	新郎、新娘给客人们敬酒。
万一 wànyī	(for an unfavorable thing) in case	万一下雨了，你就别来了。
不好意思 bù hǎo yìsi	shy; embarrassed	在这么多人面前，她不好意思唱歌。
那 nà	then; in that case	如果你没时间，那就不去了。
成功 chénggōng	succeed; success	我相信你肯定会成功的。

扩展阅读 Extra Reading

更上一层楼

"百尺竿头，更进一步"的意思是一个人虽然成功了，但是还要继续努力。唐诗《登鹳雀楼》[1]中的"更上一层楼"这句诗也常常用来表示继续努力的意思。这首诗有四句："白日依山尽，黄河入海流。欲穷千里目，更上一层楼。""白日依山尽，黄河入海流"的意思是太阳慢慢地落山了，黄河流入了大海。"欲穷千里目，更上一层楼"是说如果你想看得更远，就要登上更高的地方。现在人们常常用这句话来表示一个人成功以后，还要继续努力。

[1]《登鹳雀楼》"Dēng Guànquèlóu": *On the Stork Tower*. The site of the Stork Tower is in Shanxi Province.

Gèng Shàng Yì Céng Lóu

"Bǎi chǐ gān tóu, gèng jìn yí bù" de yìsi shì yí gè rén suīrán chénggōng le, dànshì hái yào jìxù nǔlì. Tángshī "Dēng Guànquèlóu" zhōng de "Gèng shàng yì céng lóu" zhè jù shī yě chángcháng yònglái biǎoshì jìxù nǔlì de yìsi. Zhè shǒu shī yǒu sì jù: "Bái rì yī shān jìn, Huáng Hé rù hǎi liú. Yù qióng qiān lǐ mù, gèng shàng yì céng lóu." "Bái rì yī shān jìn, Huáng Hé rù hǎi liú" de yìsi shì tàiyáng mànmān de luò shān le, Huáng Hé liúrù le dàhǎi. "Yù qióng qiān lǐ mù, gèng shàng yì céng lóu" shì shuō rúguǒ nǐ xiǎng kàn de gèng yuǎn, jiù yào dēng shàng gèng gāo de dìfang. Xiànzài rénmen chángcháng yòng zhè jù huà lái biǎoshì yí gè rén chénggōng yǐhòu, hái yào jìxù nǔlì.

2. 百闻不如一见 Bǎi Wén Bùrú Yí Jiàn

解 释 Explanation

It is better to see something with one's own eyes than to hear about（闻）it many times; information obtained by witnessing it personally is more reliable than that which comes from hearing it from others (similar to "seeing is believing"). For example:

1. 没想到这里的风景这么漂亮，真是[1]百闻不如一见。

2. 以前我听说中国杂技[2]很好看，今天亲眼[3]看到了，太好看了！俗话[4]说得好：百闻不如一见。真是这样。

对话 Conversation

看川剧“变脸”[5]

（王东和Hans坐在北京老舍茶馆[6]里看“变脸”表演。）

王东：“变脸”表演要开始了。“变脸”就是演员当着观众[7]的面变换脸上的脸谱[8]，动作非常快。

Hans：我听说过，但是没看过。看，演员出场了！

王东：你看，现在他的脸谱是什么颜色？

Hans：是黄色的。哇，他一转脸，就变成红色的了！咦，他一转身，脸谱又变成蓝色的了。真棒！

王东：这就是人们常说的川剧“变脸”表演。

Hans：没想到“变脸”表演这么好看！

王东：怎么样，是不是百闻不如一见？

Hans：“百闻不如一见”是什么意思？

王东：这是一句成语，意思是：听别人说一百遍，也不如自己亲眼看一遍。

Hans：哦，我明白了。确实是这样。

---

[1] 真是 zhēnshi: really; indeed

[2] 杂技 zájì: acrobatics (including trick-cycling, vocal mimicry, lion dancing, magic, etc.)

[3] 亲眼 qīnyǎn: with one's own eyes

[4] 俗话 súhuà: common saying

[5] 川剧“变脸”Chuānjù “biànliǎn”: to change facial expression masks rapidly, a dramatic technique used in the performance of Sichuan Opera (川剧)

[6] 老舍茶馆 Lǎo Shě Cháguǎn: Lao She Teahouse, a teahouse named after a notable Chinese writer – Lao She (老舍)

[7] 观众 guānzhòng: audience; spectator

[8] 脸谱 liǎnpǔ: types of facial makeup indicating personalities and characters in Chinese operas.

Kàn Chuānjù "Biànliǎn"

(Wáng Dōng hé Hans zuò zài Běijīng Lǎo Shě Cháguǎn li kàn biànliǎn biǎoyǎn.)

Wáng Dōng: Biànliǎn biǎoyǎn yào kāishǐ le. Biànliǎn jiù shì yǎnyuán dāngzhe guānzhòng de miàn biànhuàn liǎn shang de liǎnpǔ, dòngzuò fēicháng kuài.

Hans: Wǒ tīngshuō guò, dànshì méi kànguò. Kàn, yǎnyuán chūchǎng le!

Wáng Dōng: Nǐ kàn, xiànzài tā de liǎnpǔ shì shénme yánsè?

Hans: Shì huángsè de. Wā, tā yì zhuǎn liǎn, jiù biànchéng hóngsè de le! Yí, tā yì zhuǎn shēn, liǎnpǔ yòu biànchéng lánsè de le. Zhēn bàng!

Wáng Dōng: Zhè jiùshì rénmen cháng shuō de Chuānjù "biànliǎn" biǎoyǎn.

Hans: Méi xiǎngdào "biànliǎn" biǎoyǎn zhème hǎokàn!

Wáng Dōng: Zěnme yàng, shì bu shì bǎi wén bùrú yí jiàn?

Hans: Bǎi wén bùrú yí jiàn shì shénme yìsi?

Wáng Dōng: Zhè shì yí jù chéngyǔ, yìsi shì: Tīng biéren shuō yìbǎi biàn, yě bùrú zìjǐ qīnyǎn kàn yí biàn.

Hans: Ò, wǒ míngbai le. Quèshí shì zhèyàng.

生 词 Vocabulary

茶馆 cháguǎn	teahouse	他经常坐茶馆和朋友聊天。
当……面 dāng…miàn	in sb.'s presence	他当着我们的面打开了礼物。
动作 dòngzuò	motion; action	变脸的动作非常快。
成语 chéngyǔ	idiom	他特别喜欢学习汉语成语。

扩展阅读 Extra Reading

“百闻不如一见”的出处

西汉[1]时期，羌人入侵中原[2]。皇帝跟将军[3]们商量如何抵抗。有一位老将军，叫赵括，他已经七十多岁了。他对皇帝说：“听别人讲一百次，不如亲眼见一次。我愿意到边界去亲眼看看，然后再制定作战计划[4]。”赵括就亲自到边界去观察地形[5]，了解情况。赵括根据看到的情况制定了一个作战计划，果然取得了胜利[6]。后来，人们就用“百闻不如一见”来表示听得再多也不如自己亲眼去看一看。俗语“耳听为虚，眼见为实”也是这个意思。

“Bǎi Wén Bùrú Yí Jiàn” de Chūchù

Xīhàn shíqī, Qiāngrén rùqīn zhōngyuán. Huángdì gēn jiāngjūnmen shāngliang rúhé dǐkàng. Yǒu yí wèi lǎo jiāngjūn, jiào Zhào Kuò, tā yǐjīng qīshí duō suì le. Tā duì huángdì shuō: “Tīng biéren jiǎng yìbǎi cì, bùrú qīnyǎn jiàn yí cì. Wǒ yuànyì dào biānjiè qù qīnyǎn kànkan, ránhòu zài zhìdìng zuòzhàn jìhuà.” Zhào Kuò jiù qīnzì dào biānjiè qù guānchá dìxíng, liǎojiě qíngkuàng. Zhào Kuò gēnjù kàndào de qíngkuàng zhìdìngle yí gè zuòzhàn jìhuà, guǒrán qǔdéle shènglì. Hòulái, rénmen jiù yòng “bǎi wén bùrú yí jiàn” lái biǎoshì tīng de zài duō yě bùrú zìjǐ qīnyǎn qù kàn yi kàn. Súyǔ “ěr tīng wéi xū, yǎn jiàn wéi shí” yě shì zhège yìsi.

[1] 西汉 Xīhàn: Western Han Dynasty（206 BC-9 AD）
[2] 外敌入侵边界 wàidí rùqīn biānjiè: foreign enemy invading the border
[3] 将军 jiāngjūn: general
[4] 制定作战计划 zhìdìng zuòzhàn jìhuà: work out a plan for battle
[5] 观察地形 guānchá dìxíng: examine topography
[6] 胜利 shènglì: victory

3. 半途而废 Bàntú'érfèi

解释 Explanation

Give up halfway（半途）; leave something unfinished. For example:

1. 我很想把法语学好，可是工作太忙了，只好半途而废。
2. 碰到困难时，妈妈总是鼓励我再坚持一下，不要半途而废。

对话 Conversation

学二胡[1]

Anna：Hans，你的中国画学得怎么样了？
Hans：我不想学了。现在我想学中国的二胡。
Anna：你呀，什么都想学，什么都没学好，总是半途而废。
Hans：我觉得中国画太难了，学二胡比较容易。
Anna：为什么学二胡比较容易？
Hans：坐在椅子上，用手来回拉二胡的弦[2]，不是很轻松吗？
Anna：我看，你是学不会二胡的。

[1] 二胡 èrhú: Chinese stringed instrument, nicknamed "the Chinese violin"
[2] 弦 xián: string for musical instruments

Hans：为什么？
Anna：学习二胡手指[1]要非常灵活，而且要坚持天天练习。你能行吗？
Hans：我想试试。
Anna：那你就试试吧！如果你不能坚持，只会浪费时间！

Xué Èrhú

Anna: Hans, nǐ de Zhōngguóhuà xué de zěnmeyàng le?
Hans: Wǒ bù xiǎng xué le. Xiànzài wǒ xiǎng xué Zhōngguó de èrhú.
Anna: Nǐ ya, shénme dōu xiǎng xué, shénme dōu méi xuéhǎo. Zǒngshì bàntú'érfèi.
Hans: Wǒ juéde Zhōngguóhuà tài nán le. Xué èrhú bǐjiào róngyì.
Anna: Wèi shénme xué èrhú bǐjiào róngyì?
Hans: Zuò zài yǐzi shang, yòng shǒu láihuí lā èrhú de xián, bú shì hěn qīngsōng ma?
Anna: Wǒ kàn, nǐ shì xué bú huì èrhú de.
Hans: Wèi shénme?
Anna: Xuéxí èrhú shǒuzhǐ yào fēicháng línghuó, érqiě yào jiānchí tiāntiān liànxí. Nǐ néng xíng ma?
Hans: Wǒ xiǎng shìshi.
Anna: Nà nǐ jiù shìshi ba! Rúguǒ nǐ bù néng jiānchí, zhǐ huì làngfèi shíjiān!

生词 Vocabulary

鼓励 gǔlì	encourge	他一直鼓励我努力工作。
坚持 jiānchí	stick to; persist in	无论学什么都要坚持。
总是 zǒngshì	always	他总是来得很晚。
来回 láihuí	to and fro	迈克去商店买东西忘了带钱，来回跑了两趟。
拉 lā	play (a stringed instrument)	我不会拉二胡，我会拉小提琴。
灵活 línghuó	nimble; flexible	他的手指很灵活。
浪费 làngfèi	waste	爸爸经常告诉我不要浪费时间。

[1] 手指 shǒuzhǐ: finger

扩展阅读 Extra Reading

“半”字成语

汉字“半”是“不完整”的意思。很多成语里都有“半”字。比如，“半途而废”形容做事不能坚持。汉语里“出家”的意思是一个人离开家到庙里当和尚[1]。“半路出家”是指一个人不是从小就当和尚，而是成年以后才离开家去当和尚。这个成语比喻[2]一个人一开始没有做某种专业性[3]的工作，后来才开始做的。“半信半疑”是指对一件事有点儿相信又有点儿怀疑[4]。

“Bàn” Zì Chéngyǔ

Hànzì “bàn” shì “bù wánzhěng” de yìsi. Hěn duō chéngyǔ li dōu yǒu “bàn” zì. Bǐrú, “bàntú'érfèi” xíngróng zuò shì bù néng jiānchí. Hànyǔ li “chūjiā” de yìsi shì yí gè rén líkāi jiā dào miào li dāng héshang. “Bànlùchūjiā” shì zhǐ yí gè rén bú shì cóngxiǎo jiù dāng héshang，érshì chéngnián yǐhòu cái líkāi jiā qù dāng héshang. Zhège chéngyǔ bǐyù yí gè rén yì kāishǐ méiyǒu zuò mǒuzhǒng zhuānyèxìng de gōngzuò，hòulái cái kāishǐ zuò de. “Bànxìn-bànyí” shì zhǐ duì yí jiàn shì yǒudiǎnr xiāngxìn yòu yǒudiǎnr huáiyí.

[1] 和尚 héshang: monk

[2] 比喻 bǐyù: be compared to

[3] 专业性 zhuānyèxìng: professional

[4] 怀疑 huáiyí: doubt

4. 别具一格 Biéjùyìgé

解 释 Explanation

Have a style of one's own; have a unique or distinctive style. 格 refers to a style.

For example:

1. 毕加索 [1] 的画儿别具一格，别人是画不出来的。
2. 我爱买那种别具一格的衣服。

对 话 Conversation

中国画

Bill： 这个周末我想去看一个中国画画展 [2]。
Anna：听说传统的中国水墨画 [3] 只有黑色和白色，你喜欢吗？
Bill： 这正是中国画别具一格的地方。
Anna：看样子，你很了解中国画。

[1] 毕加索 Bìjiāsuǒ: Picasso, Pablo Ruizy (1881-1973), Spanish painter, sculptor, printmaker
[2] 画展 huàzhǎn: exhibition of paintings
[3] 水墨画 shuǐmòhuà: traditional Chinese painting in simple ink and wash without color.

Bill：哪里，哪里！我对中国画比较感兴趣，学过一段时间。

Anna：你能给我介绍一下中国画吗？

Bill：好的。中国画主要画人物、山水、花鸟。在画法上有工笔和写意两种。

Anna：什么是工笔和写意呢？

Bill：工笔画特别注意细节，写意画则注重表现事物的神韵[1]和情趣。

Anna：你能找一些水墨画给我看看吗？

Bill：这样吧，周末你跟我一起去看画展，我再给你解释一下。

Anna：好，一言为定！

Zhōngguóhuà

Bill: Zhè gè zhōumò wǒ xiǎng qù kàn yí gè Zhōngguóhuà huàzhǎn.

Anna: Tīngshuō chuántǒng de Zhōngguó shuǐmòhuà zhǐyǒu hēisè hé báisè, nǐ xǐhuan ma?

Bill: Zhè zhèngshì Zhōngguóhuà biéjùyìgé de dìfang.

Anna: Kàn yàngzi, nǐ hěn liǎojiě Zhōngguóhuà.

Bill: Nǎlǐ, nǎlǐ! Wǒ duì Zhōngguóhuà bǐjiào gǎn xìngqù, xuéguò yí duàn shíjiān.

Anna: Nǐ néng gěi wǒ jièshào yíxià Zhōngguóhuà ma?

Bill: Hǎo de. Zhōngguóhuà zhǔyào huà rénwù, shānshuǐ, huāniǎo. Zài huàfǎ shang yǒu gōngbǐ hé xiěyì liǎng zhǒng.

Anna: Shénme shì gōngbǐ hé xiěyì ne?

Bill: Gōngbǐhuà tèbié zhùyì xìjié, xiěyìhuà zé zhùzhòng biǎoxiàn shìwù de shényùn hé qíngqù.

Anna: Nǐ néng zhǎo yìxiē shuǐmòhuà gěi wǒ kànkan ma?

Bill: Zhèyàng ba, zhōumò nǐ gēn wǒ yìqǐ qù kàn huàzhǎn, wǒ zài gěi nǐ jiěshì yíxià.

Anna: Hǎo, yìyánwéidìng!

---

[1] 神韵 shényùn: romantic charm in art and literature

生词 Vocabulary

地方 dìfang	part	他的话有对的地方，但也有错的地方。
哪里 nǎlǐ	It's nothing. (polite response to a compliment)	A: 你的画儿画得真好！ B: 哪里，哪里！
注重 zhùzhòng	emphasize; pay attention to	在工作中他很注重细节。
细节 xìjié	detail	他讲了事情的每个细节。
情趣 qíngqù	taste; appeal; interest	这幅画儿画得很有情趣。
一言为定 yìyánwéidìng	That's settled then.	A: 周末我们一起去爬山。 B: 好，一言为定。

扩展阅读 Extra Reading

别具一格的中国画

中国画，也叫"国画"，是中国的传统绘画，作画时要用到毛笔、墨和中国画颜料。中国画主要画人物、花鸟、山水，是一种体现宇宙、人生[1]和哲学思考[2]的艺术形式。它主要包括三个方面：人物画表现的是人类社会，人与人的关系；山水画表现的是人与自然的关系，将人与自然融为一体[3]；花鸟画表现了大自然的各种生命与人的和谐相处[4]。中国画的意境[5]很美，别具一格。

Biéjùyìgé de Zhōngguóhuà

Zhōngguóhuà, yě jiào "guóhuà", shì Zhōngguó de chuántǒng huìhuà, zuò huà shí yào yòngdào máobǐ, mò hé Zhōngguóhuà yánliào. Zhōngguóhuà zhǔyào huà rénwù, huāniǎo, shānshuǐ, shì yì zhǒng tǐxiàn

---

[1] 宇宙、人生 yǔzhòu, rénshēng: the universe; life

[2] 哲学思考 zhéxué sīkǎo: philosophical thinking

[3] 人与自然融为一体 rén yǔ zìrán róngwéi yìtǐ: people and nature merging into one

[4] 与人和谐相处 yǔ rén héxié xiāngchǔ: to get along harmoniously with human beings

[5] 意境 yìjìng: artistic concept

yǔzhòu, rénshēng hé zhéxué sīkǎo de yìshù xíngshì. Tā zhǔyào bāokuò sān gè fāngmiàn: rénwùhuà biǎoxiàn de shì rénlèi shèhuì, rén yǔ rén de guānxi; shānshuǐhuà biǎoxiàn de shì rén yǔ zìrán de guānxi, jiāng rén yǔ zìrán róngwéiyìtǐ; huāniǎohuà biǎoxiàn le dàzìrán de gèzhǒng shēngmìng yǔ rén de héxié xiāngchǔ. Zhōngguóhuà de yìjìng hěn měi, biéjùyìgé.

5. 别开生面 Biékāishēngmiàn

解 释 Explanation

Have something new; blaze a new trail or break new ground（生面）. For example:

1. 他的这幅画儿别开生面，很多人都想买。
2. 这家饭店最近有一些别开生面的新菜，吸引了很多客人。

对话 Conversation

吃火锅

王东：Bill，今天晚上有空儿吗？我请你吃四川火锅[1]。

Bill：太好了！我吃过饺子、东北的猪肉炖粉条[2]、北京烤鸭、涮羊肉[3]、西安的羊肉泡馍[4]，等等。我还没吃过四川火锅呢！

王东：今天我就请你吃四川火锅。

Bill：谢谢！四川火锅是什么样的？

王东：四川火锅就是在桌子上放一锅汤，下面是小火炉[5]，把各种菜放在汤里面，一边煮一边吃。

Bill：是不是有点儿像涮羊肉？

王东：差不多，但是味道不一样，四川火锅有鲜、香、麻、辣等[6]各种味道。

Bill：我很想尝尝，可是，我有点儿怕辣。

王东：没关系，火锅里有两种汤，一种是辣的，另一种是不辣的。四川人不怕辣，他们经常在夏天一边吃一边流汗[7]，那场景[8]真是别开生面。

Bill：是吗？那我就去尝尝四川火锅！

Chī Huǒguō

Wáng Dōng: Bill, jīntiān wǎnshang yǒukòngr ma? Wǒ qǐng nǐ chī Sìchuān Huǒguō.

---

[1] 四川火锅 Sìchuān huǒguō: Sichuan hot-pot. 四川: Sichuan Province, in the southwest of China.

[2] 猪肉炖粉条 zhūròudùnfěntiáo: stewing pork with starch noodles that is a typical dish in North China

[3] 北京烤鸭、涮羊肉 Běijīng kǎoyā, shuànyángròu: Beijing roast duck; quick-boiled mutton

[4] 西安的羊肉泡馍 Xī'ān de yángròupàomó: mutton soup with flat bread pieces from Xi'an. 西安: Xi'an, capital city of Shanxi Province.

[5] 小火炉 xiǎo huǒlú: small kitchen stove

[6] 鲜、香、麻、辣 xiān, xiāng, má, là: tasty; savoury; tingling; hot

[7] 流汗 liú hàn: to sweat

[8] 场景 chǎngjǐng: scene; sight

Bill:	Tài hǎo le! Wǒ chīguò jiǎozi, Dōngběi de zhūròudùnfěntiáo, Běijīng kǎoyā, shuànyángròu, Xī'ān de yángròupàomó, děngděng. Wǒ hái méi chīguò Sìchuān huǒguō ne!
Wáng Dōng:	Jīntiān wǒ jiù qǐng nǐ chī Sìchuān huǒguō.
Bill:	Xièxie! Sìchuān huǒguō shì shénmeyàng de?
Wáng Dōng:	Sìchuān huǒguō jiùshì zài zhuōzi shang fàng yì guō tāng, xiàmian shì xiǎo huǒlú, bǎ gè zhǒng cài fàngzài tāng lǐmiàn, yìbiān zhǔ yìbiān chī.
Bill:	Shì bu shì yǒudiǎnr xiàng shuànyángròu?
Wáng Dōng:	Chàbuduō, dànshì wèidào bù yíyàng, Sìchuān huǒguō yǒu xiān, xiāng, má, là děng gè zhǒng wèidào.
Bill:	Wǒ hěn xiǎng chángchang, kěshì, wǒ yǒudiǎnr pà là.
Wáng Dōng:	Méi guānxi, huǒguō li yǒu liǎng zhǒng tāng, yì zhǒng shì là de, lìng yì zhǒng shì bú là de. Sìchuānrén bú pà là, tāmen jīngcháng zài xiàtiān yìbiān chī yìbiān liú hàn, nà chǎngjǐng zhēnshi biékāishēngmiàn.
Bill:	Shì ma? Nà wǒ jiù qù chángchang Sìchuān huǒguō!

生词 Vocabulary

火锅 huǒguō	hotpot	很多人都喜欢吃火锅。
尝 cháng	taste; try some food	他想尝尝我做的菜。
锅 guō	pot	锅里有一些肉。
汤 tāng	soup	喝这种鸡汤对身体有好处。
煮 zhǔ	boil; cook	他正在煮饺子。
一边……一边…… yìbiān…yìbiān…	while; as; simultaneously	他一边吃饭一边看电视。
味道 wèidào	flavor; taste	这种汤的味道很鲜。

扩展阅读 Extra Reading

“别具一格”与“别开生面”

“别具一格”是指事物有一种独特的风格、样式。“格”的意思是风格。比如，九寨沟[1]的风景别具一格，那儿的树和水有各种颜色，你在别的地方看不到那样的风景。又比如，北京烤鸭的味道别具一格，看起来肥[2]，但是吃起来不油腻[3]。

“别开生面”是指创造新的形式。比如一家老饭馆改变了以前的样子，装修得很现代，还有新的服务，不仅可以在这儿吃饭，还可以喝咖啡、喝茶、跟朋友聊天。这样，我们就可以说这家饭馆别开生面，跟以前完全不一样了。

“Biéjùyìgé” yǔ “Biékāishēngmiàn”

“Biéjùyìgé” shì zhǐ shìwù yǒu yì zhǒng dútè de fēnggé, yàngshì. “Gé” de yìsi shì fēnggé. Bǐrú, Jiǔzhàigōu de fēngjǐng biéjùyìgé, nàr de shù hé shuǐ yǒu gè zhǒng yánsè, nǐ zài biéde dìfang kàn bú dào nàyàng de fēngjǐng. Yòu bǐrú, Běijīng kǎoyā de wèidào biéjùyìgé, kàn qǐlái féi, dànshì chī qǐlái bù yóunì.

“Biékāishēngmiàn” shì zhǐ chuàngzào xīn de xíngshì. Bǐrú yì jiā lǎo fànguǎn gǎibiànle yǐqián de yàngzi, zhuāngxiū de hěn xiàndài, háiyǒu xīn de fúwù, bùjǐn kěyǐ zài zhèr chī fàn, hái kěyǐ hē kāfēi, hē chá, gēn péngyou liáotiān. Zhèyàng, wǒmen jiù kěyǐ shuō zhè jiā fànguǎn biékāishēngmiàn, gēn yǐqián wánquán bù yíyàng le.

---

[1] 九寨沟 Jiǔzhàigōu: Jiuzhaigou, in the north of Sichuan, known for its many multi-level waterfalls and colorful lakes.

[2] 肥 féi: (of food) fatty

[3] 油腻 yóunì: greasy and oily

6. 冰冻三尺非一日之寒 Bīng Dòng Sān Chǐ Fēi Yí Rì Zhī Hán

解释 Explanation

It takes more than one cold day（一日之寒）for the river to freeze three feet deep（冰冻三尺）. Rome was not built in a day. For example:

1. 这对夫妻经常吵架[1]，最后离婚[2]了。这种结果可以说是冰冻三尺非一日之寒。

2. 他现在是一个很有能力的经理。他用了十年的时间来锻炼[3]自己各方面的能力，真可谓"冰冻三尺非一日之寒"。

对话 Conversation

用中文写博客[4]

Bill： Hans，你上过中文学习网吗？

Hans：我经常上中文学习网。最近我还开始在那上面写中文博客呢。

Bill： 是吗？我也经常上中文学习网，把你的博客网址告诉我，可

[1] 吵架 chǎo jià: quarrel

[2] 离婚 líhūn: divorce

[3] 锻炼 duànliàn: exercise; do exercise

[4] 博客 bókè: blog

以吗？

Hans：当然可以。不过我还不能完全用中文写，有时候还是用英语写。

Bill：你已经很不容易了。学习汉语，听、说、读已经很难了，写就更难了。

Hans：是的，慢慢练吧。精彩的中文博客不是一两年就可以练出来的。

Bill：是啊，冰冻三尺非一日之寒，加油吧！希望你的中文博客越写越精彩。

Hans：好，也希望你早点儿开始写中文博客。

Yòng Zhōngwén Xiě Bókè

Bill: Hans, nǐ shàngguò Zhōngwén Xuéxíwǎng ma?

Hans: Wǒ jīngcháng shàng Zhōngwén Xuéxíwǎng. Zuìjìn wǒ hái kāishǐ zài nà shàngmiàn xiě Zhōngwén bókè ne.

Bill: Shì ma? Wǒ yě jīngcháng shàng Zhōngwén Xuéxíwǎng, bǎ nǐ de bókè wǎngzhǐ gàosu wǒ, kěyǐ ma?

Hans: Dāngrán kěyǐ. Búguò wǒ hái bù néng wánquán yòng Zhōngwén xiě, yǒu shíhou háishi yòng Yīngyǔ xiě.

Bill: Nǐ yǐjīng hěn bù róngyì le. Xuéxí Hànyǔ, tīng, shuō, dú yǐjīng hěn nán le, xiě jiù gèng nán le.

Hans: Shì de, mànmān liàn ba. Jīngcǎi de Zhōngwén bókè bú shì yì liǎngnián jiù kěyǐ liàn chūlái de.

Bill: Shì a, bīng dòng sān chǐ fēi yí rì zhī hán, jiāyóu ba! Xīwàng nǐ de Zhōngwén bókè yuè xiě yuè jīngcǎi.

Hans: Hǎo, yě xīwàng nǐ zǎo diǎnr kāishǐ xiě Zhōngwén bókè.

生词 Vocabulary

网 wǎng	the Internet	互联网改变了我们的生活。
上网 shàng wǎng	log on; online	她经常上网给朋友写信。
网址 wǎngzhǐ	website	请把学校的网址告诉我。

精彩 jīngcǎi	brilliant; wonderful	昨晚的杂技表演很精彩。
加油 jiāyóu	make more effort	为了通过汉语水平考试，我得加油了。

扩展阅读 Extra Reading

冰冻三尺

"冰冻三尺"的意思是：冰冻三尺厚，并不是一天的寒冷所能达到的，常常比喻一种情况的形成，需要经过长时间的积累。一个人的好习惯的养成、丰富知识的累积、熟练技巧的形成，都可以说冰冻三尺非一日之寒。很多人的成功也都可以看做是冰冻三尺非一日之寒。比如中国有一位著名的医学家李时珍[1]，他从小就开始学医，走遍中国，寻找名医，品尝草药[2]。他用毕生的精力完成了著名的中草药经典《本草纲目》。

Bīng Dòng Sān Chǐ

"Bīng dòng sān chǐ" de yìsi shì: Bīng dòng sān chǐ hòu, bìng bú shì yì tiān de hánlěng suǒ néng dádào de, chángcháng bǐyù yì zhǒng qíngkuàng de xíngchéng, xūyào jīngguò cháng shíjiān de jīlěi. Yí gè rén de hǎo xíguàn de yǎngchéng, fēngfù zhīshi de lěijī, shúliàn jìqiǎo de xíngchéng, dōu kěyǐ shuō bīng dòng sān chǐ fēi yí rì zhī hán. Hěn duō rén de chénggōng yě dōu kěyǐ kànzuò shì bīng dòng sān chǐ fēi yí rì zhī hán. Bǐrú Zhōngguó yǒu yí wèi zhùmíng de yīxuéjiā Lǐ Shízhēn, tā cóngxiǎo jiù kāishǐ xué yī, zǒubiàn Zhōngguó, xúnzhǎo míngyī, pǐncháng cǎoyào. Tā yòng bìshēng de jīnglì wánchéng le zhùmíng de zhōngcǎoyào jīngdiǎn "Běncǎo Gāngmù".

[1] 李时珍 Lǐ Shízhēn (1518-1593): Li Shizhen, a great physician and pharmacologist in Chinese history. His major contribution to medicine was his forty-year work, the *Compendium of Materia Medica* (《本草纲目》).

[2] 寻找名医，品尝草药 xúnzhǎo míngyī, pǐncháng cǎoyào: search for famous doctors and taste herbal medicine

7. 捕风捉影 Bǔfēng-zhuōyǐng

解释 Explanation

Chase（捕）the wind and clutch at（捉，抓）the shadows（影）; speak or act on hearsay. For example:

1. 她很爱她的丈夫，有人说她想跟丈夫离婚完全是捕风捉影的事。
2. 这家银行要破产[1]的消息纯属捕风捉影，大家不要相信。

对话 Conversation

误会

张丽：Bill，你又有新的女朋友了吗？

Bill：谁说的啊？我的女朋友是 Anna，我非常喜欢 Anna。

张丽：我昨天看见你和一个漂亮女孩儿约会啦！

Bill：哦，你误会了。她是我的朋友。我请她吃饭是谢谢她给我介绍了一个兼职。

张丽：哦，是这样啊！

[1] 破产 pòchǎn: go bankrupt

Bill：你可别乱说[1]啊！要是 Anna 听到你这样乱说，她会生气的。

张丽：我只是问问，既然是捕风捉影的事，我不会乱说的。

Bill：谢谢！哎，“捕风捉影”是什么意思？

张丽：“捕风捉影”是一个成语，意思是想要抓住风和影子。你想，风和影子是不可能抓住的。这个成语比喻说话、做事没有可靠的根据，不是真的。

Bill：你刚才说的话就没有可靠的根据，不是真的。

张丽：对啊，所以我才来问你啊！现在一切都清楚了。

Wùhuì

Zhāng Lì: Bill, nǐ yòu yǒu xīn de nǚpéngyou le ma?

Bill: Shuí shuō de a? Wǒ de nǚpéngyou shì Anna, wǒ fēicháng xǐhuan Anna.

Zhāng Lì: Wǒ zuótiān kànjiàn nǐ hé yí gè piàoliang nǚháir yuēhuì la!

Bill: Ò, nǐ wùhuì le. Tā shì wǒ de péngyou. Wǒ qǐng tā chī fàn shì xièxie tā gěi wǒ jièshàole yí gè jiānzhí.

Zhāng Lì: Ò, shì zhèyàng a!

Bill: Nǐ kě bié luànshuō a! Yàoshi Anna tīngdào nǐ zhèyàng luànshuō, tā huì shēngqì de.

Zhāng Lì: Wǒ zhǐshì wènwen, jìrán shì bǔfēng-zhuōyǐng de shì, wǒ bú huì luànshuō de.

Bill: Xièxie! Āi, “bǔfēng-zhuōyǐng” shì shénme yìsi?

Zhāng Lì: “Bǔfēng-zhuōyǐng” shì yí gè chéngyǔ, yìsi shì xiǎng yào zhuāzhù fēng hé yǐngzi. Nǐ xiǎng, fēng hé yǐngzi shì bù kěnéng zhuā- zhù de. Zhège chéngyǔ bǐyù shuō huà, zuò shì méiyǒu kěkào de gēnjù, búshì zhēn de.

Bill: Nǐ gāngcái shuō de huà jiù méiyǒu kěkào de gēnjù, búshì zhēn de.

Zhāng Lì: Duì a, suǒyǐ wǒ cái lái wèn nǐ a! Xiànzài yíqiè dōu qīngchu le.

---

[1] 乱说 luànshuō: talk nonsense

生 词 Vocabulary

约会 yuēhuì	make a date	比尔和安娜经常约会。
误会 wùhuì	misunderstand	他不是这个意思，我误会了他。
兼职 jiānzhí	part-time job	当中文翻译是我的兼职工作。
既然 jìrán	since; now that	既然大家误会了，把事情说清楚就行了。
要是 yàoshi	if	要是下雨，我们今天就不去爬山了。
可靠 kěkào	reliable	他说的话都有可靠的根据，可以相信。
根据 gēnjù	grounds; facts	他经常捕风捉影，说话、做事没有根据。

扩展阅读 Extra Reading

一个皇帝的故事

很久以前，有一个皇帝，四十多岁了还没有孩子。他很着急，就相信了一些人的话，天天向神祈祷[1]，花了很多钱，也不认真管理[2]国家的事情。一个大臣[3]经常劝皇帝不要再做这些蠢事[4]了。大臣对皇帝说："现在有些人常常劝您向神祈祷，说这样您就会有孩子。还劝您吃他们的药，说这样就可以长生不老[5]。您看，您给了他们那么多钱，但是现在您还是没有孩子！也没有出现他们说的美好景象！他们说的话就像风和影子一样，看不见，抓不到。所以这样的话是不能相信的。"皇帝觉得这个大臣的话很有道理，就不再祈祷了，又开始管理国家大事了。

Yí Gè Huángdì de Gùshi

Hěn jiǔ yǐqián, yǒu yí gè huángdì, sìshí duō suìle hái méiyǒu háizi.

[1] 祈祷 qídǎo: say one's prayers to god
[2] 管理 guǎnlǐ: manage; administrate
[3] 大臣 dàchén: minister (of a monarchy); high ranking government official
[4] 蠢事 chǔnshì: silly thing
[5] 长生不老 chángshēngbùlǎo: perpetually youthful; immortality

Tā hěn zháojí, jiù xiāngxìnle yìxiē rén de huà, tiāntiān xiàng shén qǐdǎo, huāle hěn duō qián, yě bú rènzhēn guǎnlǐ guójiā de shìqing. Yí gè dàchén jīngcháng quàn huángdì bú yào zài zuò zhèxiē chǔnshì le. Dàchén duì huángdì shuō: "Xiànzài yǒuxiē rén chángcháng quàn nín xiàng shén qǐdǎo, shuō zhèyàng nín jiù huì yǒu háizi. Hái quàn nín chī tāmen de yào, shuō zhèyàng jiù kěyǐ chángshēngbùlǎo. Nín kàn, nín gěile tāmen nàme duō qián, dànshì xiànzài nín háishi méiyǒu háizi! Yě méiyǒu chūxiàn tāmen shuō de měihǎo jǐngxiàng! Tāmen shuō de huà jiùxiàng fēng hé yǐngzi yíyàng, kàn bú jiàn, zhuā bú dào. Suǒyǐ zhèyàng de huà shì bù néng xiāngxìn de." Huángdì juéde zhège dàchén de huà hěn yǒu dàolǐ, jiù bú zài qǐdǎo le, yòu kāishǐ guánlǐ guójiā dàshì le.

8. 不经一事，不长一智
Bù Jīng Yí Shì, Bù Zhǎng Yí Zhì

解释 Explanation

Wisdom（智）comes from experience（经）; One can not gain knowledge without practice. For example:

1. 这个菜他没做好，但是他知道怎么做了。这就叫不经一事，不长一智。

2. 如果想知道书法难不难学，就必须亲自学一学，因为不经一事，不长一智。

对话 Conversation

点菜

服务员：您想吃点儿什么？
Bill：　你们这儿有什么菜？
服务员：这是菜单，您先看看菜单。
Bill：　菜单是中文的，我看不懂。这样吧，我要一个炒鸡肉，一个糖醋排骨[1]和一碗米饭。
服务员：好的。

（过了一会儿，菜做好了。）
Bill：　服务员，这不是我要的炒鸡肉。我上次吃的时候，鸡肉是小块儿，不是肉片儿，而且里面还有炸花生米。
服务员：您说的是宫保鸡丁[2]吧？
Bill：　对，我想起来了，是宫保鸡丁。我想换一个宫保鸡丁，行吗？
服务员：菜做好了，就不能换了。您再要一个宫保鸡丁，怎么样？
Bill：　不用了，三个菜太多了，我吃不完。不经一事，不长一智，下次再点宫保鸡丁吧！

Diǎn Cài

Fúwùyuán: Nín xiǎng chī diǎnr shénme?
Bill: Nǐmen zhèr yǒu shénme cài?
Fúwùyuán: Zhè shì càidān, nín xiān kànkan càidān.
Bill: Càidān shì Zhōngwén de, wǒ kàn bu dǒng. Zhèyàng ba, wǒ yào yí gè chǎojīròu, yí gè tángcùpáigǔ hé yì wǎn mǐfàn.
Fúwùyuán: Hǎo de.

---

[1] 糖醋排骨 tángcùpáigǔ: sweet and sour spare ribs
[2] 宫保鸡丁 gōngbǎojīdīng: Kung Pao chicken, sautéed diced chicken with peanuts and chili

(Guòle yíhuìr, cài zuòhǎo le.)

Bill: Fúwùyuán, zhè búshì wǒ yào de chǎojīròu. Wǒ shàng cì chī de shíhou, jīròu shì xiǎo kuàir, bú shì ròupiànr. Érqiě lǐmiàn háiyǒu zháhuāshēngmǐ.

Fúwùyuán: Nín shuō de shì gōngbǎojīdīng ba?

Bill: Duì, wǒ xiǎng qǐlái le, shì gōngbǎojīdīng. Wǒ xiǎng huàn yí gè gōngbǎojīdīng, xíngma?

Fúwùyuán: Cài zuòhǎo le, jiù bù néng huàn le. Nín zài yào yí gè gōngbǎojīdīng, zěnmeyàng?

Bill: Bú yòng le, sān gè cài tàiduō le, wǒ chī bù wán. Bù jīng yí shì, bù zhǎng yí zhì, xià cì zài diǎn gōngbǎojīdīng ba!

生 词 Vocabulary

点菜 diǎncài	order dishes	去饭店点菜对留学生来说有点儿难。
菜单 càidān	menu	在饭店点菜要先看菜单。
炒 chǎo	stir-fry	安娜会炒中国菜。
块（儿）kuài(r)	piece; lump; chunk	一块蛋糕；一块糖；一小块儿
片（儿）piàn(r)	slice	桌上有很多小纸片儿。
炸 zhá	deep-fry	我爱吃炸花生和炸鸡。
花生米 huāshēngmǐ	peanut	王东喜欢吃花生米。

扩展阅读 Extra Reading

吃一堑，长一智

“不经一事，不长一智”跟“吃一堑，长一智”的意思差不多。“堑”是指很深的沟[1]，比喻困难和失败。在生活中，人们经常会遇到困难和失败，但是经过一次失败，可能会增长一些见识[2]。比如，一个小

[1] 沟 gōu: ditch; trench

[2] 见识 jiànshi: knowledge; experience

孩儿不听妈妈的话，喜欢在楼梯[1]旁边玩儿，不管妈妈怎么说，他都不听。结果他真的跌倒[2]了，腿跌破了。后来，这个小孩儿吃一堑，长一智，不在楼梯旁边玩儿了。

Chī Yí Qiàn，Zhǎng Yí Zhì

“Bù jīng yí shì，bù zháng yí zhì” gēn “chī yí qiàn，zhǎng yí zhì” de yìsi chàbuduō. “Qiàn” shì zhǐ hěn shēn de gōu，bǐyù kùnnan hé shībài. Zài shēnghuó zhōng，rénmen jīngcháng huì yùdào kùnnan hé shībài，dànshì jīngguò yí cì shībài，kěnéng huì zēngzhǎng yìxiē jiànshi. Bǐrú，yí gè xiǎoháir bù tīng māma de huà，xǐhuan zài lóutī pángbiān wánr，bùguǎn māma zěnme shuō，tā dōu bù tīng. Jiéguǒ tā zhēnde diēdǎo le，tuǐ diēpò le. Hòulái，zhège xiǎoháir chī yí qiàn，zhǎng yí zhì，bú zài lóutī pángbiān wánr le.

[1] 楼梯 lóutī: stair; stairway

[2] 跌倒 diēdǎo: fall

9. 不怕不识货，就怕货比货
Bú Pà Bù Shí Huò， Jiù Pà Huò Bǐ Huò

解释 Explanation

Don't worry about not knowing the quality of goods（货）, because superiority or inferiority of a product is revealed by comparison. For example:

1. 如果你不知道这两本书哪本好，比较一下就知道了。俗话说："不怕不识货，就怕货比货。"

2. 买东西的时候，不怕不识货，就怕货比货。只有比较一下，才能买到更好的东西。

对话 Conversation

买羽绒服[1]

（Anna 和白云正在商场买羽绒服。）

Anna：我想买一件羽绒服。你帮我选一件，怎么样？

白云：好！你看，那儿写着"羽绒服 6 折"。

Anna：哦，我们去看看。我觉得这种样式不错。你觉得呢？

白云：还可以。可是颜色只有三种。

[1] 羽绒服 yǔróngfú: down jacket; feather dress

Anna：黄的、白的和黑的。嗯，你觉得我穿哪种颜色比较好看？

白云：你的皮肤[1]白，穿什么颜色都好看。不知道这种羽绒服的质量怎么样。

Anna：怎么才能知道羽绒服的质量好不好呢？

白云：要看鸭绒含量[2]是多少。我们去那边看看吧！

Anna：你看，这件的鸭绒含量是95%，也不太贵。我记得刚才看到的那件只有70%的鸭绒含量。

白云：我也注意到了。还是这里的羽绒服质量好。

Anna：是啊！俗话说："不怕不识货，就怕货比货"嘛！

白云：对啊！这件蓝色的羽绒服不错，你穿上试试！

Anna：挺合适的，我喜欢，就买这件了。

Mǎi Yǔróngfú

(Anna hé Bái Yún zhèngzài shāngchǎng mǎi yǔróngfú.)

Anna: Wǒ xiǎng mǎi yí jiàn yǔróngfú. Nǐ bāng wǒ xuǎn yí jiàn, zěnmeyàng?

Bái Yún: Hǎo! Nǐ kàn, nàr xiězhe "yǔróngfú liù zhé".

Anna: Ò, wǒmen qù kànkan. Wǒ juéde zhè zhǒng yàngshì búcuò. Nǐ juéde ne?

Bái Yún: Hái kěyǐ. Kěshì yánsè zhǐyǒu sān zhǒng.

Anna: Huáng de, bái de hé hēi de. Èn, nǐ juéde wǒ chuān nǎ zhǒng yánsè bǐjiào hǎokàn?

Bái Yún: Nǐ de pífū bái, chuān shénme yánsè dōu hǎokàn. Bù zhīdao zhè zhǒng yǔróngfú de zhìliàng zěnmeyàng.

Anna: Zěnme cái néng zhīdao yǔróngfú de zhìliàng hǎo bu hǎo ne?

Bái Yún: Yào kàn yāróng hánliàng shì duōshao. Wǒmen qù nàbiān kànkan ba!

Anna: Nǐ kàn, zhè jiàn de yāróng hánliàng shì bǎi fēn zhī jiǔshíwǔ, yě bú tài guì. Wǒ jìde gāngcái kàndào de nà jiā zhǐyǒu bǎi fēn zhī

---

[1] 皮肤 pífū: skin

[2] 鸭绒含量 yāróng hánliàng: content of duck down

qīshí de yāróng hánliàng.

Bái Yún: Wǒ yě zhùyìdào le. Háishi zhèlǐ de yǔróngfú zhìliàng hǎo.

Anna: Shì a! Súhuà shuō: "Bú pà bù shí huò, jiù pà huò bǐ huò" ma!

Bái Yún: Duì a! Zhèjiàn lánsè de yǔróngfú búcuò, nǐ chuānshàng shìshi!

Anna: Tǐng héshì de, wǒ xǐhuan, jiù mǎi zhè jiàn le.

生 词 Vocabulary

商场 shāngchǎng	marketplace; department store	这家商场很大，商品很多，质量也比较好。 今天我们逛了西单商场。
折 zhé	discount	这件衣服打3折。
比较 bǐjiào	comparatively	这本书比较好看。
样式 yàngshì	style; pattern	这件衣服的样式很受欢迎。
质量 zhìliàng	quality	这件羽绒服的质量很好。
百分之…… bǎi fēn zhī…	percent	市场上百分之六十的电视机是这家工厂生产的。
适合 shìhé	suit; fit	他很适合做这个工作，所以他取得了很多成绩。

扩展阅读 Extra Reading

讲价[1]的方法

你到商店以后，要先问售货员[2]可不可以讲价，如果可以，你就考虑怎么讲价。首先，把价格降[3]到原来的一半，然后和售货员讨价还价[4]，一点一点地提高价格，最后确定你和售货员或者商店老板都满意的价格。你要有足够的时间和耐心跟售货员或者商店老板继续讲价，不要怕麻烦、浪费时间。当决定要买自己喜欢的东西时，耐

[1] 讲价 jiǎng jià: bargain
[2] 售货员 shòuhuòyuán: salesclerk
[3] 降（价）jiàng（jià）: cut (a price)
[4] 讨价还价 tǎojià-huánjià: bargain

心非常重要。你可以跟售货员或者老板说你要买的东西不太好，假装[1]不想买了，好像要去别的商店买。如果售货员或者老板让你回来商量价格，说明还有降价的可能，如果他们就这样让你离开，价格就不能再降了。

Jiǎng Jià de Fāngfǎ

Nǐ dào shāngdiàn yǐhòu, yào xiān wèn shòuhuòyuán kě bu kěyǐ jiǎng jià, rúguǒ kěyǐ, nǐ jiù kǎolǜ zěnme jiǎng jià. Shǒuxiān, bǎ jiàgé jiàngdào yuánlái de yí bàn, ránhòu hé shòuhuòyuán tǎojià-huánjià, yìdiǎn yìdiǎn de tígāo jiàgé, zuìhòu quèdìng nǐ hé shòuhuòyuán huòzhě shāngdiàn lǎobǎn dōu mǎnyì de jiàgé. Nǐ yào yǒu zúgòu de shíjiān hé nàixīn gēn shòuhuòyuán huòzhě shāngdiàn lǎobǎn jìxù jiǎng jià, bú yào pà máfan, làngfèi shíjiān. Dāng juédìng yào mǎi zìjǐ xǐhuan de dōngxi shí, nàixīn fēicháng zhòngyào. Nǐ kěyǐ gēn shòuhuòyuán huòzhě lǎobǎn shuō nǐ yào mǎi de dōngxi bú tàihǎo, jiǎzhuāng bù xiǎng mǎi le, hǎoxiàng yào qù biéde shāngdiàn mǎi. Rúguǒ shòuhuòyuán huòzhě lǎobǎn ràng nǐ huílái shāngliang jiàgé, shuōmíng háiyǒu jiàng jià de kěnéng, rúguǒ tāmen jiù zhèyàng ràng nǐ líkāi, jiàgé jiù bù néng zài jiàng le.

---

[1] 假装 jiǎzhuāng: pretend

10. 不听老人言，吃亏在眼前
Bù Tīng Lǎorén Yán, Chī Kuī zài Yǎnqián

解释 Explanation

If you do not listen to the words (言) of your elders, you will be sure to suffer. Old people are usually experienced, so you should listen to their advice, otherwise you may fail or suffer losses. For example:

1. 关于这件事，你最好听听你父母的意见。否则，不听老人言，吃亏在眼前。

2. 外面很冷，妈妈让他多穿一件衣服，他不听，结果感冒了。不听老人言，吃亏在眼前。

对话 Conversation

爬长城

（张丽和 Anna 正在爬长城。）

Anna：张丽，快点儿走啊！

张丽：哎哟！不行，我的脚有点儿疼。

Anna：怎么啦？

张丽：我今天穿的是皮鞋，不是运动鞋。

Anna：那你怎么不穿运动鞋啊？

张丽：是啊！我挺后悔的。我妈让我穿运动鞋，可是我看时间来不及了，穿上皮鞋就出门了。真是"不听老人言，吃亏在眼前"。

Anna：现在后悔也没用了，咱们早点儿回去吧！

张丽：那怎么行！俗话说：不到长城非好汉！我们一定要爬上去。

Anna：那好吧！我们慢慢爬！

张丽：你看见那座最高的烽火台[1]了吗？站在那儿，你会感到长城多么壮观！

Anna：那我要多拍些照片！

Pá Chángchéng

(Zhāng Lì hé Anna zhèngzài pá Chángchéng.)

Anna: Zhāng Lì, kuài diǎnr zǒu a!

Zhāng Lì: Āiyō! Bù xíng, wǒ de jiǎo yǒudiǎnr téng.

Anna: Zěnme la?

Zhāng Lì: Wǒ jīntiān chuān de shì píxié, bú shì yùndòngxié.

Anna: Nà nǐ zěnme bù chuān yùndòngxié a?

Zhāng Lì: Shì a! Wǒ tǐng hòuhuǐ de. Wǒ mā ràng wǒ chuān yùndòngxié, kěshì wǒ kàn shíjiān láibují le, chuānshàng píxié jiù chū mén le. Zhēnshi "Bù tīng lǎorén yán, chī kuī zài yǎnqián".

Anna: Xiànzài hòuhuǐ yě méi yòng le, zánmen zǎo diǎnr huíqù ba!

Zhāng Lì: Nà zěnme xíng! Súhuà shuō: Bú dào Chángchéng fēi hǎohàn! Wǒmen yídìng yào pá shàngqù.

Anna: Nà hǎo ba! Wǒmen mànmān pá!

Zhāng Lì: Nǐ kànjiàn nà zuò zuì gāo de fēnghuǒtái le ma? Zhànzài nàr, nǐ huì gǎndào Chángchéng duōme zhuàngguān!

Anna: Nà wǒ yào duō pāi xiē zhàopiàn!

---

[1] 烽火台 fēnghuǒtái: beacon tower

生词 Vocabulary

疼 téng	ache	我的脚很疼。
皮鞋 píxié	leather shoes	这双皮鞋有点儿贵。
运动鞋 yùndòngxié	sports shoes	你应该穿运动鞋去爬山。
后悔 hòuhuǐ	regret	我很后悔没听妈妈的建议。
来不及 láibují	it's too late (to do sth.)	现在已经7点55分了,赶汽车来不及了。
壮观 zhuàngguān	splendid	长城上的景色非常壮观。
拍 pāi	photograph	我想给这壮观的景色拍几张照片。

扩展阅读 Extra Reading

"不听老人言"的故事

战国时期，秦国准备攻打晋国[1]。秦国的国君去问一个叫蹇叔的老人，要不要跟晋国作战。蹇叔说："去攻打那么远的国家，士兵们会很累。而且这么多人要走很长时间才能到晋国，他们可能会提前做好准备。如果对方已经有准备，我们是很难打赢的。还是不要去打晋国吧！"秦国国君不听，一定要去。蹇叔哭着说："我恐怕看不到秦国的将士们[2]回来了。"后来，秦国的军队[3]真的被打败了。秦国国君后悔没听蹇叔的话，可是已经来不及了。"不听老人言，吃亏在眼前"就是说不听老年人的话，很快就会吃苦头[4]。老年人有很多经验，我们经常听听老人的意见是很有帮助的。

"Bù Tīng Lǎorén Yán" de Gùshi

Zhànguó shíqī, Qínguó zhǔnbèi gōngdǎ Jìnguó. Qínguó de guójūn qù wèn yí gè jiào Jiǎn shū de lǎorén, yào bu yào gēn Jìnguó zuòzhàn. Jiǎn shū shuō: "Qù gōngdǎ nàme yuǎn de guójiā, shìbīngmen huì hěn

[1] 秦国准备攻打晋国 Qínguó zhǔnbèi gōngdǎ Jìnguó: The State of Qin planned to attack the State of Jin.

[2] 将士 jiàngshì: officers and soldiers

[3] 军队 jūnduì: army

[4] 吃苦头 chīkǔtóu: endure sufferings

lèi. Érqiě zhème duō rén yào zǒu hěn cháng shíjiān cái néng dào Jìnguó, tāmen kěnéng huì tíqián zuòhǎo zhǔnbèi. Rúguǒ duìfāng yǐjīng yǒu zhǔnbèi, wǒmen shì hěn nán dǎyíng de. Háishi bú yào qù dǎ Jìnguó ba!" Qínguó guójūn bù tīng, yídìng yào qù. Jiǎn shū kūzhe shuō: "Wǒ kǒngpà kàn bú dào Qínguó de jiàngshìmen huílái le." Hòulái, Qínguó de jūnduì zhēnde bèi dǎbài le. Qínguó guójūn hòuhuǐ méi tīng Jiǎn shū de huà, kěshì yǐjīng láibují le. "Bù tīng lǎorén yán, chī kuī zài yǎnqián" jiùshì shuō bù tīng lǎoniánrén de huà, hěn kuài jiù huì chī kǔtóu. Lǎoniánrén yǒu hěn duō jīngyàn, wǒmen jīngcháng tīngting lǎorén de yìjiàn shì hěn yǒu bāngzhù de.

11. 不翼而飞 Búyì'érfēi

解释 Explanation

Fly without wings (翼); (of an object) disappear without trace; (of news, word, etc.) spread quickly, as if on wings. For example:

1. 我在商店买东西的时候，发现我的钱包不翼而飞了。
2. 王东放在桌子上的英语书不翼而飞了。

对话 Conversation

钥匙不翼而飞了

王东：张丽，你看见我的钥匙了吗？
张丽：没有啊，别着急，你好好想想把钥匙放哪儿了。
王东：我一进门就把钥匙放在桌子上了，怎么不见了呢？
张丽：钥匙怎么可能不翼而飞呢？你是不是记错了？
王东：不会的，肯定是放在桌子上了。
张丽：那就奇怪了，我来帮你找找。

（两个人找了半天也没找着，突然……）
张丽：王东，你手里拿着什么？
王东：啊？钥匙！奇怪！什么时候跑到我手里了？
张丽：那要问你自己呀！
王东：我太粗心了。我得赶快去老师那儿。谢谢了！

Yàoshi Búyì'érfēi le

Wáng Dōng: Zhāng Lì, nǐ kànjiàn wǒ de yàoshi le ma?
Zhāng Lì: Méiyǒu a, bié zháojí, nǐ hǎohāo xiǎngxiang bǎ yàoshi fàng nǎr le.
Wáng Dōng: Wǒ yí jìn mén jiù bǎ yàoshi fàng zài zhuōzi shang le, zěnme bú jiàn le ne?
Zhāng Lì: Yàoshi zěnme kěnéng búyì'érfēi ne? Nǐ shì bu shì jì cuò le?
Wáng Dōng: Bú huì de, kěndìng shì fàng zài zhuōzi shang le.
Zhāng Lì: Nà jiù qíguài le, wǒ lái bāng nǐ zhǎozhao.

(Liǎng gè rén zhǎole bàn tiān yě méi zhǎozháo, tūrán...)
Zhāng Lì: Wáng Dōng, nǐ shǒu li názhe shénme?
Wáng Dōng: Á? Yàoshi! Qíguài! Shénme shíhou pǎodào wǒ shǒu li le?
Zhāng Lì: Nà yào wèn nǐ zìjǐ ya!

Wáng Dōng: Wǒ tài cūxīn le. Wǒ děi gǎnkuài qù lǎoshī nàr. Xièxie le!

生 词 Vocabulary

钥匙	yàoshi	key	这个房间的钥匙在哪儿?
肯定	kěndìng	affirm; confirm	他肯定不会来了。
赶快	gǎnkuài	with haste; without delay	你发烧了，赶紧去医院吧。
奇怪	qíguài	strange; odd	我明明把笔放在书包里，怎么不翼而飞了，真奇怪。
粗心	cūxīn	careless	他很粗心，常常忘记自己的东西放在哪儿了。

扩展阅读 Extra Reading

毕加索的名画不翼而飞

“翼”是“翅膀[1]”的意思。“不翼而飞”的意思是没有翅膀却能飞，一般是指言论[2]、消息传得很快。原来指一些重要的人说话和做事都要小心谨慎[3]，因为人们很关注[4]他们，所以他们说的话和做的事会很快被别人知道。现在“不翼而飞”常常用来比喻东西突然不见了，或者丢了。比如，在一个画展上，两幅毕加索的名画《马头》、《玻璃杯和罐壶》不翼而飞了。

Bìjiāsuǒ de Mínghuà Búyì'érfēi

“Yì” shì “chìbǎng” de yìsi. “Búyì'érfēi” de yìsi shì méiyǒu chìbǎng què néng fēi, yìbān shì zhǐ yánlùn, xiāoxi chuán de hěn kuài. Yuánlái zhǐ yìxiē zhòngyào de rén shuō huà hé zuò shì dōu yào xiǎoxīn jǐnshèn, yīnwèi

---

[1] 翅膀 chìbǎng: wing

[2] 言论 yánlùn: one's opinion or speech

[3] 谨慎 jǐnshèn: careful; cautious

[4] 关注 guānzhù: pay close attention to

rénmen hěn guānzhù tāmen, suǒyǐ tāmen shuō de huà hé zuò de shì huì hěn kuài bèi biéren zhīdao. Xiànzài "búyì'érfēi" chángcháng yònglái bǐyù dōngxi tūrán bújiàn le, huòzhě diū le. Bǐrú, Zài yí gè huàzhǎn shang, liǎng fú Bìjiāsuǒ de mínghuà "mǎtóu", "bōlibēi hé guànhú" búyì'érfēi le.

12. 操之过急 Cāozhīguòjí

解 释 Explanation

Act（操）with undue haste（急）; be too eager for success. For example:

1. 这件事得慢慢考虑[1]，千万不能操之过急啊。
2. 他做事情常常是操之过急，做完之后又后悔。

对 话 Conversation

买手机

（Anna 和白云在商店里看手机）

[1] 考虑 kǎolǜ: consider; think over

Anna：昨天我的手机不翼而飞了，我想买一个新手机。你看这个手机怎么样？

白云：还可以。哎，你看那种手机怎么样？

Anna：样式不错，但是太贵了。

白云：这家商店的手机品种太少，我看还是先别买了。

Anna：可是没有手机很不方便。我现在就想买。

白云：我劝你还是别操之过急。这儿的手机又贵又不好看，如果现在就买，你肯定要后悔的。俗话说，不怕不识货，就怕货比货。我有两个手机，你先用我的吧！现在的手机功能很多，品种也多，价格也不一样。

Anna：谢谢！我听你的，再到别的商店看看，买个满意的手机。

Mǎi Shǒujī

(Anna hé Bái Yún zài shāngdiàn li kàn shǒujī)

Anna: Zuótiān wǒ de shǒujī búyì'érfēi le, wǒ xiǎng mǎi yí gè xīn shǒujī. Nǐ kàn zhège shǒujī zěnmeyàng?

Bái Yún: Hái kěyǐ. Āi, nǐ kàn nà zhǒng shǒujī zěnmeyàng?

Anna: Yàngshì búcuò, dànshì tài guì le.

Bái Yún: Zhè jiā shāngdiàn de shǒujī pǐnzhǒng tài shǎo, wǒ kàn háishi xiān bié mǎi le.

Anna: Kěshì méiyǒu shǒujī hěn bù fāngbiàn. Wǒ xiànzài jiù xiǎng mǎi.

Bái Yún: Wǒ quàn nǐ háishi bié cāozhīguòjí. Zhèr de shǒujī yòu guì yòu bù hǎokàn, rúguǒ xiànzài jiù mǎi, nǐ kěndìng yào hòuhuǐ de. Súhuà shuō, bú pà bù shí huò, jiù pà huò bǐ huò. Wǒ yǒu liǎng gè shǒujī, nǐ xiān yòng wǒ de ba! Xiànzài de shǒujī gōngnéng hěn duō, pǐnzhǒng yě duō, jiàgé yě bù yíyàng.

Anna: Xièxie! Wǒ tīng nǐ de, zài dào biéde shāngdiàn kànkan, mǎi ge mǎnyì de shǒujī.

生 词 Vocabulary

手机 shǒujī	cell phone	现在几乎人人都有手机。
品种 pǐnzhǒng	kind; sort	超市里的蔬菜品种很多。
劝 quàn	try to persuade	我劝你别为了一件小事跟他吵了。
又……又…… yòu…yòu…	not only… but also…	迈克又高又帅。
功能 gōngnéng	function	有些手机既能打电话又能看电影，功能很齐全。
价格 jiàgé	price	功能多的手机，价格都贵。

扩展阅读 Extra Reading

"操"字的意思

成语"操之过急"中的"操"是做事、从事的意思。"操之过急"是说做事太着急。"操办"中的"操"意思跟"操之过急"中的"操"一样。比如：你们班的晚会是你安排的，也可以说晚会是你操办的。

操场、体操、健美操[1]中的"操"与体育活动有关系。比如：跳健美操对身体有好处。

"Cāo" Zì de Yìsi

Chéngyǔ "cāozhīguòjí" zhōng de "cāo" shì zuò shì, cóngshì de yìsi. "Cāozhīguòjí" shì shuō zuò shì tài zháojí. "Cāobàn" zhōng de "cāo" yìsi gēn "cāozhīguòjí" zhōng de "cāo" yíyàng. Bǐrú: Nǐmen bān de wǎnhuì shì nǐ ānpái de, yě kéyǐ shuō wǎnhuì shì nǐ cāobàn de.

Cāochǎng, tǐcāo, jiànměicāo zhōng de "cāo" yǔ tǐyù huódòng yǒu guānxi. Bǐrú: Tiào jiànměicāo duì shēntǐ yǒu hǎochu.

---

[1] 体操，健美操 tǐcāo，jiànměicāo: gymnastics and aerobics dancing

13. 常在河边走，哪能不湿鞋
Cháng Zài Hé Biān Zǒu, Nǎ Néng bù Shī Xié

解释 Explanation

If one often walks along the river, how can one never have wet shoes. If one is always in a bad environment or does risky things, they will inevitably make mistakes or be in danger. For example:

1. 他经常偷别人的东西，总有一天会被抓住。常在河边走，哪能不湿鞋。

2. 他最近买的股票 [1] 让他损失了很多钱。他的朋友对他说："常在河边走，哪能不湿鞋。"

对话 Conversation

网上买东西

Bill：Hans，你好像不太高兴。发生了什么事情？

[1] 股票 gǔpiào: shares; stock

Hans：我买了一个假货[1]。你看，这个 MP3 是假的。
Bill： 去退货呀！
Hans：唉，我是在网上买的，退货很麻烦，还是算了吧。
Bill： 你为什么喜欢在网上买东西呢？
Hans：因为网上买的东西便宜啊，而且送货上门，非常方便。以前买的东西都很好，还省了不少钱呢！
Bill： 俗话说，常在河边走，哪能不湿鞋。你经常在网上买便宜的东西，买到一次假货也是难免的。以后买东西不能只看价格，还要看质量才行。
Hans：是的，不经一事，不长一智。以后我得多注意！

Wǎng Shang Mǎi Dōngxi

Bill: Hans, nǐ hǎoxiàng bú tài gāoxìng. Fāshēngle shénme shìqing?
Hans: Wǒ mǎile yí gè jiǎhuò. Nǐ kàn, zhège MP3 shì jiǎ de.
Bill: Qù tuì huò ya!
Hans: Āi, wǒ shì zài wǎng shang mǎi de, tuì huò hěn máfan, háishi suànle ba.
Bill: Nǐ wèi shénme xǐhuan zài wǎng shang mǎi dōngxi ne?
Hans: Yīnwèi wǎng shang mǎi de dōngxi piányi a, érqiě sòng huò shàng mén, fēicháng fāngbiàn. Yǐqián mǎi de dōngxi dōu hěn hǎo, hái shěngle bù shǎo qián ne!
Bill: Súhuà shuō, cháng zài hé biān zǒu, nǎ néng bù shī xié. Nǐ jīngcháng zài wǎng shang mǎi piányi de dōngxi, mǎidào yí cì jiǎhuò yě shì nánmiǎn de. Yǐhòu mǎi dōngxi bù néng zhǐ kàn jiàgé, hái yào kàn zhìliàng cái xíng.
Hans: Shì de, bù jīng yí shì, bù zhǎng yí zhì. Yǐhòu wǒ děi duō zhùyì!

[1] 假货 jiǎhuò: fake goods; a counterfeit of a well-known trademark

生 词 Vocabulary

鞋 xié	shoe	这双鞋样式很好看。
偷 tōu	steal	昨天安娜的钱包和手机被偷了。
退 tuì	return	产品如果有质量问题是可以退货的。
省 shěng	save	这家商场的东西比较便宜，可以省很多钱。
难免 nánmiǎn	difficult to avoid	刚出国的时候难免会想家。
道理 dàolǐ	truth; principle	他讲的话很有道理。

扩展阅读 Extra Reading

小心驶得万年船[1]

“常在河边走，哪能不湿鞋”这句话的意思是：如果一个人经常处在坏的环境中，他就很容易犯错误。这句话也可以用来表示一个人如果经常做危险的事情，早晚会遇到危险。中国还有一句俗话是“小心驶得万年船”，意思是在海上航行[2]的时候，如果非常小心，就不容易出错。也就是说如果一个人在做事的时候，小心谨慎，就不会出问题，能长久平稳地发展下去。

Xiǎoxīn Shǐ dé Wàn Nián Chuán

“Cháng zài hé biān zǒu, nǎ néng bù shī xié” zhè jù huà de yìsi shì: Rúguǒ yí gè rén jīngcháng chǔ zài huài de huánjìng zhōng, tā jiù hěn róngyì fàn cuòwù. Zhè jù huà yě kěyǐ yònglái biǎoshì yí gè rén rúguǒ jīngcháng zuò wēixiǎn de shìqing, zǎowǎn huì yùdào wēixiǎn. Zhōngguó hái yǒu yí jù súhuà shì “Xiǎoxīn shǐ dé wànnián chuán”, yìsi shì zài hǎi shang hángxíng de shíhou, rúguǒ fēicháng xiǎoxīn, jiù bù róngyì chū cuò. Yě jiù shì shuō rúguǒ yí gè rén zài zuò shì de shíhou, xiǎoxīn jǐnshèn, jiù bú huì chū wèntí, néng chángjiǔ píngwěn de fāzhǎn xiàqù.

[1] 小心驶得万年船 xiǎoxīn shǐ dé wàn nián chuán: If cautious in sailing a ship, you will sail for ten thousands years. Caution will make you safe.

[2] 航行 hángxíng: sail on the sea; voyage

14. 车到山前必有路，船到桥头自然直
Chē Dào Shān Qián Bì Yǒu Lù, Chuán Dào Qiáo Tóu Zìrán Zhí

解释 Explanation

The cart（车）will find its way round the hill when it gets there, the boat（船）will pass under the bridge when it meets it. So when you plan to do something you should set out to do it without hesitation, and when you meet unexpected problems, you will eventually solve them. For example：

1. 车到山前必有路，船到桥头自然直。别想那么多，先干起来再说。

2. A：我们去云南[1]的飞机票买好了，可是还没有订到旅馆，我们住在哪儿呢？

B：到那儿再说，车到山前必有路，船到桥头自然直。

[1] 云南 Yúnnán: Yunnan Province, in southwest China.

对 话 Conversation

当老师

王东：Hans，你找我有什么事吗？

Hans：一个中学请我去当英语老师。我很想去，可是我以前没当过老师，你说我能行吗？

王东：你先试试吧！

Hans：我担心孩子们不喜欢我。

王东：不去试一试，你怎么知道孩子们喜不喜欢你？别想那么多了。俗话说，车到山前必有路，船到桥头自然直。

Hans：这句话是什么意思？

王东：这句话告诉我们，人们在开始做事的时候，不知道会遇到什么问题，但是遇到了问题，总是有办法解决的。说不定你还会成为一个好老师呢！

Hans：谢谢你的鼓励，那我就去试试。

王东：祝你成功！

Dāng Lǎoshī

Wáng Dōng: Hans, nǐ zhǎo wǒ yǒu shénme shì ma?

Hans: Yí gè zhōngxué qǐng wǒ qù dāng Yīngyǔ lǎoshī. Wǒ hěn xiǎng qù, kěshì wǒ yǐqián méi dāngguò lǎoshī, nǐ shuō wǒ néng xíng ma?

Wáng Dōng: Nǐ xiān shìshi ba!

Hans: Wǒ dānxīn háizimen bù xǐhuan wǒ.

Wáng Dōng: Bú qù shì yi shì, nǐ zěnme zhīdao háizimen xǐ bu xǐhuan nǐ? Bié xiǎng nàme duō le. Súhuà shuō, chē dào shān qián bì yǒu lù, chuán dào qiáotóu zìrán zhí.

Hans: Zhè jù huà shì shénme yìsi?

Wáng Dōng: Zhè jù huà gàosu wǒmen, rénmen zài kāishǐ zuò shì de shíhou, bù zhīdao huì yùdào shénme wèntí, dànshì zài yùdào

	wèntí de shíhou，zǒngshì yǒu bànfǎ jiějué de. Shuōbudìng nǐ hái huì chéngwéi yí gè hǎo lǎoshī ne!
Hans:	Xièxie nǐ de gǔlì，nà wǒ jiù qù shìshi.
Wáng Dōng:	Zhù nǐ chénggōng!

生 词 Vocabulary

当 dāng	work as; be	大学毕业后，他想当一个老师。
担心 dānxīn	worry; worry about	他很担心汉语口语考试不及格。
遇到 yùdào	meet; encounter	他在街上遇到了一个老同学。

扩展阅读 Extra Reading

不经历风雨，怎么见彩虹[1]

《真心英雄》[2]是一首很有名的流行歌曲。这首歌中有两句是："不经历风雨怎么见彩虹，没有人能随随便便成功。"这首歌告诉我们的道理是：如果我们总是害怕困难，不敢做事情，那我们就不会成功。一个人要在自己努力之后，才能获得成功。这首歌影响了很多人。人们都喜欢唱这首歌。

Bù Jīnglì Fēngyǔ，Zěnme Jiàn Cǎihóng

"Zhēnxīn Yīngxióng" shì yì shǒu hěn yǒumíng de liúxíng gēqǔ. Zhè shǒu gē zhōng yǒu liǎng jù shì: "Bù jīnglì fēngyǔ zěnme jiàn cǎihóng，měiyǒu rén néng suísuí-biànbiàn chénggōng." Zhè shǒu gē gàosu wǒmen de dàolǐ shì: Rúguǒ wǒmen zǒngshì hàipà kùnnan，bù gǎn zuò shìqing，nà wǒmen jiù bú huì chénggōng. Yí gè rén yào zài zìjǐ nǔlì zhīhòu，cái

[1] 彩虹 cǎihóng: rainbow

[2]《真心英雄》"Zhēnxīn Yīngxióng": *A Hero Never Dies*, a famous and popular song sung by Jackie Chan（成龙）the famous Hong Kong kung fu star, and other famous singers.

néng huòdé chénggōng. Zhè shǒu gē yǐngxiǎngle hěn duō rén. Rénmen dōu xǐhuan chàng zhè shǒu gē.

15. 趁热打铁 Chènrèdǎtiě

解 释 Explanation

Strike（打）while（趁）the iron（铁）is hot（热）; seize the chance and lose no time to get things done. For example:

1. 我妻子一直不同意我买汽车，现在好像不反对了，我得趁热打铁，赶紧去买车。

2. 他一直不愿意接受这个工作，现在他同意了。趁热打铁，让他马上开始工作吧！

对 话 Conversation

签合同

老板：小王，今天下午我们要出去一趟。

小王：去哪儿？

老板：去京城大酒店。去见一家汽车公司的经理。这家公司想跟我们合作。现在汽车公司之间的竞争很激烈，我们要抓住这个机会。
小王：知道了。
老板：你把资料、合同准备好，下午3点半我们在公司门口一起坐车去。我们最好趁热打铁跟他们签好合同。
小王：如果他们改变了主意怎么办？
老板：我也很担心。所以我们要赶紧去跟他们见面，让他们多了解一下我们公司。
小王：好的！我马上去准备资料。

Qiān Hétong

Lǎo Bǎn: Xiǎo Wáng, jīntiān xiàwǔ wǒmen yào chūqu yí tàng.
Xiǎo Wáng: Qù nǎr?
Lǎo Bǎn: Qù Jīngchéng Dàjiǔdiàn. Qù jiàn yì jiā qìchē gōngsī de jīnglǐ. Zhè jiā gōngsī xiǎng gēn wǒmen hézuò. Xiànzài qìchē gōngsī zhījiān de jìngzhēng hěn jīliè. Wǒmen yào zhuāzhù zhège jīhuì.
Xiǎo Wáng: Zhīdao le.
Lǎo Bǎn: Nǐ bǎ zīliào, hétong zhǔnbèi hǎo, xiàwǔ sān diǎn bàn wǒmen zài gōngsī ménkǒu yìqǐ zuò chē qù. Wǒmen zuìhǎo chènrè-dǎtiě gēn tāmen qiānhǎo hétong.
Xiǎo Wáng: Rúguǒ tāmen gǎibiànle zhǔyi zěnmebàn?
Lǎo Bǎn: Wǒ yě hěn dānxīn. Suǒyǐ wǒmen yào gǎnjǐn qù gēn tāmen jiànmiàn, ràng tāmen duō liǎojiě yíxià wǒmen gōngsī.
Xiǎo Wáng: Hǎo de! Wǒ mǎshàng qù zhǔnbèi zīliào.

生词 Vocabulary

趟 tàng	(classifier, indicating a trip)	下课以后，我们去一趟商店。
合作 hézuò	cooperate	要做好这个工作，大家一定要好好合作。

资料 zīliào	data; material	这个项目需要很多资料。
竞争 jìngzhēng	compete	现在的汽车市场竞争得很激烈。
激烈 jīliè	intense	这是一场激烈的比赛。
签 qiān	sign	最好今天就把合同签了。
合同 hétong	contract	根据我的劳动合同，我每年有15天的假期。

扩展阅读　Extra Reading

"趁"字的用法

汉字"趁"的意思是利用好时间和机会[1]。"趁机"就是利用机会的意思。比如：小王看老板高兴了，就趁机跟老板请假，这样老板可能会很高兴地同意。"趁早"是抓紧时间，尽量[2]早点儿的意思。比如：这台机器要经常检查，发现问题，要趁早解决。"趁"也可以单独用，比如：小偷常常趁人们不注意的时候偷东西，所以一个人旅游或者在人多的地方玩儿，一定要小心，别让小偷趁机偷走钱包。

"Chèn" Zì de Yòngfǎ

Hànzì "chèn" de yìsi shì lìyònghǎo shíjiān hé jīhuì. "Chènjī" jiùshì lìyòng jīhuì de yìsi. Bǐrú: Xiǎo Wáng kàn lǎobǎn gāoxìng le, jiù chènjī gēn lǎobǎn qǐngjià, zhèyàng lǎobǎn kěnéng huì hěn gāoxìng de tóngyì. "Chènzǎo" shì zhuājǐn shíjiān, jǐnliàng zǎo diǎnr de yìsi. Bǐrú: Zhè tái jīqì yào jīngcháng jiǎnchá, fāxiàn wèntí, yào chènzǎo jiějué. "Chèn" yě kéyǐ dāndú yòng, bǐrú: Xiǎotōu chángcháng chèn rénmen bú zhùyì de shíhou tōu dōngxi, suóyǐ yí gè rén lǚyóu huòzhě zài rén duō de dìfang wánr, yídìng yào xiǎoxīn, bié ràng xiǎotōu chènjī tōuzǒu qiánbāo.

[1] 机会 jīhuì: opportunity; chance
[2] 尽量 jǐnliàng: as ... as possible

16. 吹毛求疵 Chuīmáo-qiúcī

解释 Explanation

Blow apart the hairs（毛）upon a fur to discover any defects（疵）; be hypercritical of something; find fault with something. For example:

1. 我说他做的菜太咸[1]了，不好吃，他说我吹毛求疵。
2. 大家都觉得这个电影很好看，只有小李一个人吹毛求疵，说演员演得不好。

对话 Conversation

找工作

Bill：昨天我去找工作了。
Hans：怎么样？顺利吗？
Bill：不太顺利。老板说我个子矮。
Hans：个子矮怎么啦？
Bill：是啊！我问他："个子矮跟能力有什么关系？"然后，他又说我太年轻，担心我没有工作经验。

[1] 咸 xián: salty

Hans：他也太吹毛求疵了。

Bill：是啊！我对他说，我的专业是财会[1]，我会英语、德语、法语，[2]你不是需要这样的人吗？我很生气。最后他让我工作一个月试试。

Hans：你是怎么打算的？

Bill：我想好了，如果他再吹毛求疵，我就不给他干了。

Hans：就是，他上哪儿去找像你这样有能力的人。

Zhǎo Gōngzuò

Bill: Zuótiān wǒ qù zhǎo gōngzuò le.

Hans: Zěnmeyàng? Shùnlì ma?

Bill: Bú tài shùnlì. Lǎobǎn shuō wǒ gèzi ǎi.

Hans: Gèzi ǎi zěnme la?

Bill: Shì a! Wǒ wèn tā: "Gèzi ǎi gēn nénglì yǒu shénme guānxi?" Ránhòu, tā yòu shuō wǒ tài niánqīng, dānxīn wǒ méiyǒu gōngzuò jīngyàn.

Hans: Tā yě tài chuīmáo-qiúcī le.

Bill: Shì a! Wǒ duì tā shuō, wǒ de zhuānyè shì cáikuài, wǒhuì Yīngyǔ, Déyǔ, Fǎyǔ, nǐ bú shì xūyào zhèyàng de rén ma? Wǒ hěn shēngqì. Zuìhòu tā ràng wǒ gōngzuò yí gè yuè shìshi.

Hans: Nǐ shì zěnme dǎsuan de?

Bill: Wǒ xiǎng hǎo le, rúguǒ tā zài chuīmáo-qiúcī, wǒ jiù bù gěi tā gàn le.

Hans: Jiù shì, tā shàng nǎr qù zhǎo xiàng nǐ zhèyàng yǒu nénglì de rén.

生词 Vocabulary

顺利 shùnlì	smoothly; smooth going	祝你学习顺利！ 他顺利地完成了工作。
个子 gèzi	height	保罗个子很高。

[1] 财会 cáikuài: finance and accounting

[2] 德语、法语 Déyǔ, Fǎyǔ: German, French

矮 ǎi	short; low	这张桌子有点儿矮，换一张吧。
能力 nénglì	capability	新来的员工工作能力很强。
年轻 niánqīng	young	她已经四十多岁了，但是看起来很年轻。
专业 zhuānyè	major; specialty	她在大学学的专业是财会。

扩展阅读 Extra Reading

一个吹毛求疵的人

古时候，有一个人特别喜欢挑毛病[1]。有一次他到商店去买兽皮[2]，他吹开兽皮上的毛，一点儿一点儿地找毛病。后来人们就用成语“吹毛求疵”比喻故意挑毛病。俗语“鸡蛋里面挑骨头[3]”也表达了同样的意思。

Yí gè Chuīmáo-qiúcī de Rén

Gǔ shíhou, yǒu yí gè rén tèbié xǐhuan tiāo máobìng. Yǒu yí cì tā dào shāngdiàn qù mǎi shòupí. Tā chuīkāi shòupí shàngmiàn de máo, yìdiǎnr yìdiǎnr de zhǎo máobìng. Hòulái rénmen jiù yòng chéngyǔ “chuīmáo-qiúcī” bǐyù gùyì tiāo máobìng. Súyǔ “Jīdàn lǐmian tiāo gǔtou” yě biǎodále tóngyàng de yìsi.

[1] 挑毛病 tiāo máobìng: find faults
[2] 兽皮 shòupí: animal skin; hide
[3] 骨头 gǔtou: bone

17. 但愿人长久，千里共婵娟
Dàn Yuàn Rén Chángjiǔ, Qiān Lǐ Gòng Chánjuān

解释 Explanation

We may share the moon even though we are a thousand *li* apart. 婵娟 here refers to the moon. This famous line is often used to express good wishes, such as a long life, love, good health, happiness, etc. to family or friends. For example:

1. 今天是中秋节[1]，Bill 给 Anna 发了一个短信[2]——但愿人长久，千里共婵娟。

2. "但愿人长久，千里共婵娟"这句诗表达[3]了苏东坡对家人的思念。

---

[1] 中秋（节）Zhōngqiū (Jié): Mid-Autumn Festival, which falls on the 15th day of the 8th lunar month

[2] 短信 duǎnxìn: text message

[3] 表达 biǎodá: express

对 话 Conversation

中秋赏月[1]

（在王东的宿舍里，王东和 Hans 站在窗前）

王东：今天是中秋节，过中秋节要吃月饼[2]。来，我们一起吃月饼！你看，今天晚上的月亮又圆又亮。月到中秋分外明[3]！

Hans：我们一边赏月一边吃月饼，真浪漫！你跟我说过，看到月亮就想起了好朋友，对吧？

王东：是的，月亮象征着亲情，看到月亮，我们常常会思念远方的家人和朋友。

Hans：我还真有点儿想在美国[4]的朋友！

王东：那你可以给他们发邮件，对他们说“但愿人长久，千里共婵娟”。

Hans：“婵娟”是什么意思？

王东：“婵娟”就是月亮。中国还有很多关于月亮的故事，你听说过“嫦娥奔月”吗？

Hans：没有。嫦娥是谁啊？

王东：嫦娥是传说中的人物。我这儿有一本书，里面有“嫦娥奔月”的故事，你可以拿回去看看。

Hans：谢谢！

Zhōngqiū Shǎng Yuè

(Zài Wáng Dōng de sùshè li, Wáng Dōng hé Hans zhànzài chuāngqián)

Wáng Dōng: Jīntiān shì Zhōngqiū Jié, guò Zhōngqiū Jié yào chī yuèbing. Lái, wǒmen yìqǐ chī yuèbing! Nǐ kàn, jīntiān wǎnshang de yuèliang yòuyuán-yòuliàng. Yuè dào Zhōngqiū fènwài míng!

Hans: Wǒmen yìbiān shǎng yuè yìbiān chī yuèbing, zhēn làngmàn!

---

[1] 赏月 shǎng yuè: enjoy the bright full moon

[2] 月饼 yuèbing: mooncake

[3] 月到中秋分外明 Yuè dào Zhōngqiū fènwài míng: The moon on mid-autumn day is extremely bright.

[4] 美国 Měiguó: America

Nǐ gēn wǒ shuōguò, kàndào yuèliang jiù xiǎngqǐle hǎo péngyou, duì ba?

Wáng Dōng: Shì de, yuèliang xiàngzhēngzhe qīnqíng, kàndào yuèliang, wǒmen chángcháng huì sīniàn yuǎnfāng de jiārén hé péngyou.

Hans: Wǒ hái zhēn yǒudiǎnr xiǎng zài Měiguó de péngyou!

Wáng Dōng: Nà nǐ kěyǐ gěi tāmen fā yóujiàn, duì tāmen shuō "Dàn yuàn rén chángjiǔ, qiān lǐ gòng Chánjuān".

Hans: "Chánjuān" shì shénme yìsi?

Wáng Dōng: "Chánjuān" jiù shì yuèliang. Zhōngguó háiyǒu hěn duō guānyú yuèliang de gùshi, nǐ tīngshuōguò "Cháng'é bèn yuè" ma?

Hans: Méiyǒu. Cháng'é shì shuí a?

Wáng Dōng: Cháng'é shì chuánshuō zhōng de rénwù. Wǒ zhèr yǒu yì běn shū, lǐmian yǒu "Cháng'é bènyuè" de gùshi, nǐ kěyǐ ná huíqù kànkan.

Hans: Xièxie!

生词 Vocabulary

月亮 yuèliang	moon	中秋节的晚上，月亮又大又圆。
浪漫 làngmàn	romantic	在中秋节的晚上赏月很浪漫。
象征 xiàngzhēng	symbolize	鸽子象征着和平。
思念 sīniàn	think of; miss	安娜经常思念家乡的父母。

扩展阅读 Extra Reading

嫦娥奔月

很久很久以前，天上出现了十个太阳，热得人们无法生活。有个英雄叫后羿，他登上昆仑山[1]顶，射下[2]九个太阳。后来，后羿跟美丽善良的嫦娥结婚了。他们生活得非常幸福。一天，后羿遇到了西王母[3]。西王母给了后羿一包长生不老药。据说，吃了这种药的人能成为仙人[4]。后羿回家以后把长生不老药给了嫦娥，让嫦娥放在秘密的地方。这件事被后羿的徒弟蓬蒙知道了。有一天，趁后羿不在家，蓬蒙让嫦娥把药拿出来给他。嫦娥不想让蓬蒙得到长生不老药，就一口把药吃了。没想到，嫦娥吃了药以后，身子就飞起来了，飞出窗外，飞到天上去了，落到了月亮上。从此以后，嫦娥就成了仙女，月亮也更加明亮。嫦娥在月亮上日日夜夜地思念后羿，后羿也思念着妻子。每到中秋的时候，后羿就在花园里的桌子上摆上月饼和酒，望着月亮。嫦娥也在月亮上望着后羿。他们互相思念，互相祝福！

"Cháng'é Bèn Yuè" de Gùshi

Hěn jiǔ hěn jiǔ yǐqián, tiānshang chūxiànle shí gè tàiyáng, rè de rénmen wúfǎ shēnghuó. Yǒu gè yīngxióng jiào Hòu Yì, tā dēngshàng Kūnlún Shān dǐng, shèxià jiǔ gè tàiyáng. Hòulái, Hòu Yì gēn měilì shànliáng de Cháng'é jiéhūn le. Tāmen shēnghuó de fēicháng xìngfú. Yì tiān, Hòu Yì yùdàole Xīwángmǔ. Xīwángmǔ gěile Hòu Yì yì bāo chángshēngbùlǎo de yào. Jùshuō, chīle zhè zhǒng yào de rén néng chéngwéi xiānrén. Hòu Yì huí jiā yǐhòu bǎ chángshēngbùlǎo yào gěile Cháng'é, ràng Cháng'é fàngzài mìmì de dìfang. Zhè jiàn shì bèi Hòu Yì de túdì Péng Méng zhīdao le. Yǒu yì tiān, chèn Hòu Yì bú zài jiā, Péng Méng ràng Cháng'é bǎ yào ná chūlái gěi tā. Cháng'é bù xiǎng ràng Péng Méng dédào chángshēngbùlǎo yào, jiù yì kǒu bǎ yào chī le. Méi xiǎngdào, Cháng'é chīle yào yǐhòu, shēnzi jiù fēi qǐlái le, fēichū chuāngwài, fēidào tiānshang qù le, luòdàole yuèliang shang. Cóng cǐ yǐhòu, Cháng'é jiù chéngle xiānnǚ, yuèliang yě gèngjiā míngliàng. Cháng'é zài yuèliang

---

[1] 昆仑山 Kūnlún Shān: the Kunlun Mountains

[2] 射下 shè xià: shoot down

[3] 西王母 Xīwángmǔ: Queen Mother of the West, the goddess living in the Jasper Lake in the Kunlun Mountains.

[4] 仙人 xiānrén: celestial being; immortal

shang rìrì-yèyè de sīniàn Hòu Yì, Hòu Yì yě sīniàn zhe qīzi. Měi dào Zhōngqiū de shíhou, Hòu Yì jiù zài huāyuán li de zhuōzi shang bǎishàng yuèbing hé jiǔ, wàngzhe yuèliang. Cháng'é yě zài yuèliang shang wàngzhe Hòu Yì. Tāmen hùxiāng sīniàn, hùxiāng zhùfú!

18. 独在异乡为异客，每逢佳节倍思亲[1]

Dú Zài Yì Xiāng Wéi Yì Kè, Měi Féng Jiājié Bèi Sī Qīn

解释 Explanation

Lonely in a strange land（异乡）I feel like a stranger（异客）, on festive occasions（佳节）more than ever I miss my family（思亲）. For example:

1. 独在异乡为异客，每逢佳节倍思亲，在国外，一到春节和中秋节我就特别想家。

2. 很多不能回国过圣诞节[2]的留学生都很想念自己的亲人，深深感到“独在异乡为异客，每逢佳节倍思亲”。

[1] 独在异乡为异客，每逢佳节倍思亲 Dú zài yì xiāng wéi yì kè, měi féng jiājié bèi sī qīn: These two lines were written by Wang Wei (王维, 701-761), a poet of the Tang Dynasty

[2] 圣诞节 Shèngdàn Jié: Christmas

对话 Conversation

你打算怎么过节

张丽：白云，中秋节要到了，有什么打算吗？
白云：回家去看看父母，好好休息，看看书。
张丽：我的打算跟你差不多。
白云：中秋节那天，我们约王东出来一起吃饭，好吗？
张丽：你怎么突然想到这个主意了？
白云：王东跟我们是好朋友，他家在广州[1]，离北京很远。上次我见到他，他说他很想回家看看，可是时间太短了，就不回了。我觉得他一个人过节挺孤独的，所以想请他出来吃饭，一起玩儿一下。
张丽：行，还是你想得周到。不能回家过节的人都会感到“独在异乡为异客，每逢佳节倍思亲”。你跟他约一下时间，然后把时间、地点告诉我。
白云：好啊，没问题。

Nǐ Dǎsuàn Zěnme Guò Jié

Zhāng Lì: Bái Yún, Zhōngqiū Jié yào dào le, yǒu shénme dǎsuàn ma?
Bái Yún: Huí jiā qù kànkan fùmǔ, hǎohāo xiūxi, kànkan shū.
Zhāng Lì: Wǒ de dǎsuàn gēn nǐ chàbuduō.
Bái Yún: Zhōngqiū Jié nà tiān, wǒmen yuē Wáng Dōng chūlái yìqǐ chīfàn, hǎo ma?
Zhāng Lì: Nǐ zěnme tūrán xiǎngdào zhège zhǔyi le?
Bái Yún: Wáng Dōng gēn wǒmen shì hǎo péngyou, tā jiā zài Guǎngzhōu, lí Běijīng hěn yuǎn. Shàng cì wǒ jiàndào tā, tā shuō tā hěn xiǎng huí jiā kànkan, kěshì shíjiān tài duǎn le, jiù bù huí le. Wǒ juéde tā yí gè rén guò jié tǐng gūdú de, suǒyǐ

[1] 广州 Guǎngzhōu: capital city of Guangdong Province, in the south of China

xiǎng qǐng tā chūlái chī fàn, yìqǐ wánr yíxià.

Zhāng Lì: Xíng, háishi nǐ xiǎngde zhōudào. Bù néng huí jiā guò jié de rén dōu huì gǎndào "Dú zài yì xiāng wéi yì kè, měi féng jiājié bèi sī qīn". Nǐ gēn tā yuē yíxià shíjiān, ránhòu bǎ shíjiān, dìdiǎn gàosu wǒ.

Bái Yún: Hǎo a, méi wèntí.

生词 Vocabulary

打算 dǎsuàn	plan; intend	你打算什么时候去北京?
过节 guò jié	celebrate a festival	过节的时候，他打算回家看望父母。
孤独 gūdú	lonely	他一个人在国外读书，感觉很孤独。
周到 zhōudào	thoughtful; considerate	这个饭馆服务周到，顾客很满意。
约 yuē	invite	她约同学一起去逛街。
地点 dìdiǎn	site; place	晚会的地点在校园俱乐部。

扩展阅读 Extra Reading

九九重阳节

农历[1]九月初九是中国的重阳节[2]。很久以前，有一个瘟神[3]，只要它一出现，就家家有人病倒，天天有人死去。有一个青年，他的父母被瘟神害死了，他决心要杀死这个瘟神。有一天，他碰到一位神仙[4]，神仙告诉他:"明天是九月九日，瘟神又要出来了，他最害怕茱萸和菊花[5]的气味，你回去以后，给每个人一片茱萸叶，一杯菊花

[1] 农历 nónglì: agricultural calendar; lunar calendar

[2] 重阳节 Chóngyáng Jié: Double Ninth Festival, a traditional Chinese festival which falls on the ninth day of the ninth lunar month. It is a custom for Chinese people to go hiking and mountain climbing on this day.

[3] 瘟神 wēnshén: legendary evil god of plague.

[4] 神仙 shénxiān: supernatural being; celestial being

[5] 茱萸和菊花 zhūyú hé júhuā: Cornus and chrysanthemum

酒，让他们站到山上，让风把茱萸和菊花的气味吹到空中。”第二天，瘟神来了，他一闻到茱萸和菊花的香气就没有了力气，这个青年趁机把瘟神杀死了。从此以后，每逢农历九月九日人们都要登山，插[1]茱萸和菊花。现在农历九月九日的重阳节是老人节，表达人们对老人的祝福。

Jiǔjiǔ Chóngyáng Jié

Nónglì jiǔ yuè chū jiǔ shì Zhōngguó de Chóngyáng Jié. Hěn jiǔ yǐqián, yǒu yí gè wēnshén, zhǐyào tā yì chūxiàn, jiù jiājiā yǒu rén bìngdǎo, tiāntiān yǒu rén sǐqù. Yǒu yí gè qīngnián, tā de fùmǔ bèi wēnshén hàisǐ le, tā juéxīn yào shāsǐ zhège wēnshén. Yǒu yì tiān, tā pèngdào yí wèi shénxiān, shénxiān gàosu tā: “Míngtiān shì jiǔ yuè jiǔ rì, wēnshén yòu yào chūlái le, tā zuì hàipà zhūyú hé júhuā de qìwèi, nǐ huíqù yǐhòu, gěi měi ge rén yí piàn zhūyúyè, yì bēi júhuājiǔ, ràng tāmen zhàndào shān shang, ràng fēng bǎ zhūyú hé júhuā de qìwèi chuī dào kōngzhōng.” Dì-èr tiān, wēnshén lái le, tā yì wéndào zhūyú hé júhuā de xiāngqì jiù méiyǒu le lìqi, zhège qīngnián chènjī bǎ wēnshén shāsǐ le. Cóngcǐ yǐhòu, měiféng nónglì jiǔ yuè jiǔ rì rénmen dōu yào dēng shān, chā zhūyú hé júhuā. Xiànzài nónglì jiǔ yuè jiǔ rì de Chóngyáng Jié shì Lǎorén Jié, biǎodá rénmen duì lǎorén de zhùfú.

[1] 插 chā: stick in

19. 废寝忘食 Fèiqǐn-wàngshí

解 释　Explanation

Forget one's sleep (寝) and food. One is doing something day and night to the extent of forgetting to sleep and eat food. For example:

1. 小王废寝忘食地学习，终于 [1] 写完了他的博士 [2] 论文 [3]。
2. 最近他忙得废寝忘食。

对 话　Conversation

看足球比赛

Anna：Bill，快 11 点了，该吃午饭了，你怎么还在睡觉？

Bill：　现在是世界杯 [4] 足球赛期间，我从昨天晚上一直看到今天早上 6 点。

Anna：你看比赛可真是废寝忘食啊！

Bill：　是呀，我一看足球比赛就什么都忘了，忘了睡觉，也忘了吃饭。

---

[1] 终于 zhōngyú: finally; at last
[2] 博士 bóshì: doctor
[3] 论文 lùnwén: paper; thesis
[4] 世界杯 shìjièbēi: the World Cup

Anna：走，咱们一起出去吃午饭吧！

Bill：你还是去帮我买一份饭吧，下一场比赛马上要开始了。

Anna：如果你真的是废寝忘食，午饭也别吃了。

Bill：不吃饭哪儿行啊！

Anna：跟你开个玩笑。这样吧，我们一起出去吃午饭，然后我们找个咖啡馆，一边喝咖啡、聊天儿一边看比赛。

Bill：好主意！很多人在一起看比赛更热闹。不过我不想喝咖啡，我想喝啤酒！

Kàn Zúqiú Bǐsài

Anna: Bill, kuài shíyī diǎn le, gāi chī wǔfàn le, nǐ zěnme hái zài shuìjiào?

Bill: Xiànzài shì Shìjièbēi zúqiúsài qījiān, wǒ cóng zuótiān wǎnshang yìzhí kàndào jīntiān zǎoshang liù diǎn.

Anna: Nǐ kàn bǐsài kě zhēnshi fèiqǐn-wàngshí a!

Bill: Shì ya, wǒ yí kàn zúqiú bǐsài jiù shénme dōu wàng le, wàngle shuìjiào, yě wàngle chī fàn.

Anna: Zǒu, zánmen yìqǐ chūqu chī wǔfàn ba!

Bill: Nǐ háishi qù bāng wǒ mǎi yí fèn fàn ba, xià yì chǎng bǐsài mǎshàng yào kāishǐ le.

Anna: Rúguǒ nǐ zhēnde shì fèiqǐn-wàngshí, wǔfàn yě bié chī le.

Bill: Bù chī fàn nǎr xíng a!

Anna: Gēn nǐ kāi ge wánxiào. Zhèyàng ba, wǒmen yìqǐ chūqu chī wǔfàn, ránhòu wǒmen zhǎo ge kāfēiguǎn, yìbiān hē kāfēi, liáotiānr yìbiān kàn bǐsài.

Bill: Hǎo zhǔyi! Hěn duō rén zài yìqǐ kàn bǐsài gèng rènao. Búguò wǒ bù xiǎng hē kāfēi, wǒ xiǎng hē píjiǔ!

生 词 Vocabulary

一直 yìzhí	all the way; continuously	我们一直是好朋友。 雨一直下了一天一夜。
比赛 bǐsài	game; match	明天有一场足球比赛。
份 fèn	(classifier)(a) set; part; share	我很忙，你帮我买一份儿盒饭吧！ 我昨天买了一份报纸。
聊天儿 liáotiānr	chat	他们经常坐在茶馆聊天儿 。
热闹 rènao	bustling with activity; lively	广场上很热闹。

扩展阅读 Extra Reading

孔子的故事

叶公[1]问孔子[2]的学生子路："孔子是一个什么样的人？"子路没有回答。后来子路把这件事告诉了孔子。孔子对子路说："你应该对他说，孔子这个人，努力学习的时候会忘记吃饭，快乐高兴的时候会忘记忧愁[3]，也从来不为快要老了而感到难过。"孔子废寝忘食地学习、教书，最后成为著名的思想家和教育家。

Kǒngzǐ de Gùshi

Yègōng wèn Kǒngzǐ de xuésheng Zǐlù: "Kǒngzǐ shì yí gè shénmeyàng de rén?" Zǐlù méiyǒu huídá. Hòulái Zǐlù bǎ zhè jiàn shì gàosule Kǒngzǐ. Kǒngzǐ duì Zǐlù shuō: "Nǐ yīnggāi duì tā shuō, Kǒngzǐ zhè gè rén, nǔlì xuéxí de shíhou huì wàngjì chī fàn, kuàilè gāoxìng de shíhou huì wàngjì yōuchóu, yě cónglái bú wéi kuàiyào lǎole ér gǎndào nánguò." Kǒngzǐ fèiqǐn-wàngshí de xuéxí, jiāoshū, zuìhòu chéngwéi zhùmíng de sīxiǎngjiā hé jiàoyùjiā.

[1] 叶公 Yègōng: Lord Ye of ancient times
[2] 孔子 Kǒngzǐ: Confucius（551-479 B C）
[3] 忧愁 yōuchóu: worry

20. 海阔凭鱼跃，天高任鸟飞
Hǎi Kuò Píng Yú Yuè, Tiān Gāo Rèn Niǎo Fēi

解释 Explanation

The vast sea（海阔）allows（凭）the fish to leap（跃）about, and the high sky（天高）allows（任）the birds to fly. The field of activity is vast with brilliant prospects, where much can be accomplished. For example:

1. 小李毕业后去了西部。海阔凭鱼跃，天高任鸟飞。他决定在这片广阔天地干出一番事业。

2. 海阔凭鱼跃，天高任鸟飞。他想当一名优秀的飞行员。

对话 Conversation

摄影[1]的快乐

Bill：王东，你还在学摄影吗?

王东：是的，我打算用一年的时间，骑着自行车周游中国，用照相

[1] 摄影 shèyǐng: photography; take a picture

机拍下我看到的美丽景色。

Bill：你的计划听起来很吸引人，不过很辛苦啊！

王东：只要能做自己喜欢的事情，我就不怕辛苦。

Bill：你为什么喜欢摄影？

王东：我在摄影的时候，非常快乐。在美丽的大自然里我有一种"海阔凭鱼跃，天高任鸟飞"的感觉。你不是也喜欢画画吗？

Bill：对啊！我也喜欢到野外[1]去画画。在画画的时候，我可以用想象力把我想到的一切，自由地表现在画儿上。

王东：大自然给了我们艺术的想象力，给了我们快乐。咱们去酒吧坐坐，好好聊聊，怎么样？

Bill：好，走吧！

Shèyǐng de Kuàilè

Bill: Wáng Dōng, nǐ hái zài xué shèyǐng ma?

Wáng Dōng: Shì de, wǒ dǎsuàn yòng yì nián de shíjiān, qízhe zìxíngchē zhōuyóu Zhōngguó, yòng zhàoxiàngjī pāixià wǒ kàndào de měilì jǐngsè.

Bill: Nǐ de jìhuà tīng qǐlái hěn xīyǐn rén, búguò hěn xīnkǔ a!

Wáng Dōng: Zhǐyào néng zuò zìjǐ xǐhuan de shìqing, wǒ jiù bú pà xīnkǔ.

Bill: Nǐ wèi shénme xǐhuan shèyǐng?

Wáng Dōng: Wǒ zài shèyǐng de shíhou, fēicháng kuàilè. Zài měilì de dàzìrán li wǒ yǒu yì zhǒng "hǎi kuò píng yú yuè, tiān gāo rèn niǎo fēi" de gǎnjué. Nǐ bú shì yě xǐhuan huàhuà ma?

Bill: Duì a! Wǒ yě xǐhuan dào yěwài qù huàhuà. Zài huàhuà de shíhou, wǒ kěyǐ yòng xiǎngxiànglì bǎ wǒ xiǎngdào de yíqiè, zìyóu de biǎoxiàn zài huàr shang.

Wáng Dōng: Dàzìrán gěile wǒmen yìshù de xiǎngxiànglì, gěile wǒmen kuàilè. Zánmen qù jiǔbā zuòzuo, hǎohāo liáoliao, zěnmeyàng?

Bill: Hǎo, zǒu ba!

[1] 野外 yěwài: open country; outdoors

生词 Vocabulary

周游 zhōuyóu	travel round	我想周游世界。
景色 jǐngsè	scenery; landscape	窗外的景色非常美。
辛苦 xīnkǔ	hard; tiresome	最近工作太多，大家很辛苦。
艺术 yìshù	art	他在研究中国的绘画艺术。
想象力 xiǎngxiànglì	imagination	他在绘画的时候有着丰富的想象力。

扩展阅读 Extra Reading

海阔天空

“海阔天空”的意思是：像大海一样辽阔，像天空一样无边无际，形容大自然的广阔，比喻言谈议论等漫无边际，没有中心。

“海阔凭鱼跃，天高任鸟飞”本意是指大自然的广阔无边为鱼跃鸟飞提供了宽广的空间，引申为为人才提供施展才华的空间是多么重要，也可以理解为拥有自由是多么的可贵。在现实中，最自由的也许就是一个人的想象，因为想象是没有边际的。绘画、音乐、摄影等艺术形式为人们提供了一个海阔天空的自由世界。

Hǎikuò-tiānkōng

“Hǎikuò-tiānkōng” de yìsi shì: Xiàng dàhǎi yíyàng liáokuò, xiàng tiānkōng yíyàng wúbiān-wújì, xíngróng dàzìrán de guǎngkuò, bǐyù yántán yìlùn děng mànwúbiānjì, méiyǒu zhōngxīn.

“Hǎi kuò píng yú yuè, tiān gāo rèn niǎo fēi” běnyì shì zhǐ dàzìrán de guǎngkuòwúbiān wèi yú yuè niǎo fēi tígōngle kuānguǎng de kōngjiān, yǐnshēn wéi wèi réncái tígōng shīzhǎn cáihuá de kōngjiān shì duōme zhòngyào, yě kěyǐ lǐjiě wéi yōngyǒu zìyóu shì duōme de kěguì. Zài xiànshí zhōng, zuì zìyóu de yěxǔ jiùshì yí gè rén de xiǎngxiàng, yīnwèi xiǎngxiàng shì méiyǒu biānjì de. Huìhuà, yīnyuè, shèyǐng děng yìshù xíngshì wèi rénmen tígōngle yí gè hǎikuò-tiānkōng de zìyóu shìjiè.

21. 海内存知己，天涯若比邻
Hǎi Nèi Cún Zhījǐ，Tiānyá Ruò Bǐlín

解释 Explanation

Bosom friends（知己）within the seas（海内）are like nextdoor neighbors（比邻）, though they may be in the remotest corner of the earth（天涯）. As long as one has a true friend, they will be close even when far away. For example:

1. 有了互联网，相隔很远的朋友都可以在网上聊天，这可真是“海内存知己，天涯若比邻”。

2. 他的好朋友要回国了，他对朋友说：“海内存知己，天涯若比邻。我不会忘记我们的友情[1]。”

对话 Conversation

要回国了

Hans：下个星期我就要回国了。
王东：这么快就要回国了？真遗憾，我们马上就要分别了。
Hans：是啊，我舍不得离开你和许多好朋友。

[1] 友情 yǒuqíng: friendship

王东：没关系，“海内存知己，天涯若比邻”，无论你走到哪儿，我们都是好朋友。现在互联网这么发达，即使离得很远，我们还可以在网上见面。

Hans：对啊！我们通过 MSN 聊天儿，就好像离得很近。

王东：现在不像古代，朋友一分别，就不知道还能不能见面。今天我请你吃饭，给你饯行[1]。

Hans：什么是“饯行”？

王东：朋友分别的时候，我们一般都要请朋友喝酒，祝朋友平安、幸福！今天我给你饯行。今晚 6 点在校园餐厅[2]见！

Hans：非常感谢！

王东：晚上见！

Yào Huí Guó le

Hans: Xià ge xīngqī wǒ jiù yào huí guó le.

Wáng Dōng: Zhème kuài jiù yào huí guó le? Zhēn yíhàn, wǒmen mǎshàng jiù yào fēnbié le.

Hans: Shì a, wǒ shěbude líkāi nǐ hé xǔduō hǎo péngyou.

Wáng Dōng: Méi guānxi, “hǎi nèi cún zhījǐ, tiānyá ruò bǐlín”, wúlùn nǐ zǒudào nǎr, wǒmen dōu shì hǎo péngyou. Xiànzài hùliánwǎng zhème fādá, jíshǐ lí de hěn yuǎn, wǒmen hái kěyǐ zài wǎng shang jiànmiàn.

Hans: Duì a! Wǒmen tōngguò MSN liáotiānr, jiù hǎoxiàng lí de hěn jìn.

Wáng Dōng: Xiànzài bú xiàng gǔdài, péngyou yì fēnbié, jiù bù zhīdao hái néng bu néng jiànmiàn. Jīntiān wǒ qǐng nǐ chī fàn, gěi nǐ jiànxíng.

Hans: Shénme shì “jiànxíng”?

Wáng Dōng: Péngyou fēnbié de shíhou, wǒmen yìbān dōu yào qǐng péngyou hē jiǔ, zhù péngyou píng'ān, xìngfú! Jīntiān wǒ gěi

---

[1] 饯行 jiànxíng: give a farewell dinner

[2] 餐厅 cāntīng: dinning hall; dinning room

	nǐ jiànxíng. Jīn wǎn liù diǎn zài xiàoyuán cāntīng jiàn!
Hans:	Fēicháng gǎnxiè!
Wáng Dōng:	Wǎnshang jiàn!

生词 Vocabulary

遗憾 yíhàn	regret; pity	我去过北京，但是很遗憾，没去过长城。
分别 fēnbié	part from	一想到要和妈妈分别我就很伤心。
舍不得 shěbude	hate to use or part with	他舍不得花钱买衣服。 上大学的时候，她舍不得离开家。
无论 wúlùn	no matter (who, where, how, when, what, etc.)	无论我走到哪儿，我都要给你写信。
即使 jíshǐ	even if	即使你取得了好成绩，也要继续努力。
平安 píng'ān	safe and sound	祝你平安。

扩展阅读 Extra Reading

诗[1]与友情

中国诗歌里有很多送别的诗句。王维[2]的诗："劝君更进一杯酒，西出阳关无故人[3]"很有名。在送别朋友的时候，大家要在一起喝酒吃饭，为朋友饯行。

李白[4]也写过很多送别诗，比如："故人西辞黄鹤楼，烟花三月下扬州。孤帆远影碧空尽，唯见长江天际流[5]。"李白的朋友坐船离

[1] 诗 shī: poem; poetry. 诗人: poet

[2] 王维 Wáng Wéi: Wang Wei (699–759), a Tang Dynasty poet, musician, painter, and statesman

[3] 劝君更进一杯酒，西出阳关无故人 Quàn jūn gèng jìn yì bēi jiǔ, xī chū Yángguān wú gù rén: Wait till we empty one more cup; In the west of Yang Gate there'll be no old friends.

[4] 李白 Lǐ Bái: Li Bai (701 – 762), a poet of the Tang Dynasty

[5] 故人西辞黄鹤楼……唯见长江天际流 Gù rén xī cí Huánghè Lóu...wéi jiàn Cháng Jiāng tiān jì liú: My friend has left in the Yellow Crane Tower toward the west; For Yangzhou at early spring time. His sail is gradually lost in the boundless blue sky; Where I see but the endless River rolling by.

开了，他还站在长江边，舍不得离开。这些诗句都表现了朋友之间的深情厚谊。

Shī yǔ Yǒuqíng

Zhōngguó shīgē li yǒu hěn duō sòngbié de shījù. Wáng Wéi de shī: “Quàn jūn gèng jìn yì bēi jiǔ, xī chū Yángguān wú gù rén” hěn yǒumíng. Zài sòngbié péngyou de shíhou, dàjiā yào zài yìqǐ hē jiǔ chī fàn, wèi péngyou jiànxíng.

Lǐ Bái yě xiěguò hěn duō sòngbié shī, bǐrú “Gù rén xī cí Huánghè Lóu, yānhuā sān yuè xià YángZhōu. Gū fān yuǎn yǐng bì kōng jìn, wéi jiàn Cháng Jiāng tiānjì liú.” Lǐ Bái de péngyou zuò chuán líkāi le, tā hái zhànzài Cháng Jiāng biān, shěbude líkāi. Zhèxiē shījù dōu biǎoxiànle péngyou zhījiān de shēnqíng-hòuyì.

22. 画蛇添足 Huàshé-tiānzú

解释 Explanation

Draw a snake（蛇）and give it feet（足）. This idiom refers to ruining an effect by adding something unnecessary and superfluous. For example:

1. 他的解释已经很清楚了，你又说了那么多废话[1]，这不是画蛇添足吗？
2 你的作文已经很完美了，再改就是画蛇添足了。

对话 Conversation

买书

（Lucy 和 Anna 在书店买书）

Lucy：Anna，你看，这本书真不错！

Anna：我看看，《成语一百》。你看，里面还有“画蛇添足”的图画和故事。

Lucy：昨天老师给我讲了这个成语。你看，这里写着：一个人在画蛇的时候给蛇添上了脚，而蛇是没有脚的。这个人做了多余而且不合适的事情。

[1] 废话 fèihuà: nonsense; rubbish

Anna：解释得非常清楚。
Lucy：我昨天写作文，老师说我画蛇添足。
Anna：为什么？
Lucy：老师说我的作文写得很好，可是最后一段是多余的，没有什么意思，有点儿画蛇添足，让我把最后一段去掉。
Anna：哦，我也学会“画蛇添足”这个成语了。这本书挺有意思的，我要买一本。

Mǎi Shū

(Lucy hé Anna zài shūdiàn mǎi shū)
Lucy: Anna，nǐ kàn，zhè běn shū zhēn búcuò!
Anna: Wǒ kànkan，“Chéngyǔ Yìbǎi”. Nǐ kàn，lǐmian hái yǒu “huàshé-tiānzú” de túhuà hé gùshi.
Lucy: Zuótiān lǎoshī gěi wǒ jiǎngle zhège chéngyǔ. Nǐ kàn，zhèlǐ xiězhe: yí gè rén zài huà shé de shíhou gěi shé tiānshàngle jiǎo, ér shé shì méiyǒu jiǎo de. Zhège rén zuòle duōyú érqiě bù héshì de shìqing.
Anna: Jiěshì de fēicháng qīngchu.
Lucy: Wǒ zuótiān xiě zuòwén，lǎoshī shuō wǒ huàshé-tiānzú.
Anna: Wèi shénme?
Lucy: Lǎoshī shuō wǒ de zuòwén xiě de hěn hǎo，kěshì zuìhòu yí duàn shì duōyú de，méiyǒu shénme yìsi，yóudiǎnr huàshé-tiānzú，ràng wǒ bǎ zuìhòu yí duàn qùdiào.
Anna: Ò，wǒ yě xuéhuì “huàshé-tiānzú” zhège chéngyǔ le. Zhè běn shū tǐng yǒu yìsi de，wǒ yào mǎi yì běn.

生词 Vocabulary

添 tiān	add; increase	请给我再添点儿茶。
图画 túhuà	picture; drawing	你看，这本图画书多漂亮啊！
多余 duōyú	surplus; unnecessary	我还有多余的笔，这支笔你拿去用吧。

合适 héshì	suitable；appropriate	这件衣服我穿着不合适，我不买了。
作文 zuòwén	composition	老师让我们一个星期写一篇作文。
段 duàn	（classifier）part; section, period of time	这段话是多余的，可以去掉。这段时间，我们很忙。

扩展阅读 Extra Reading

"画蛇添足"的故事

有一个人打算请朋友们喝酒。可是他只有一壶酒，如果朋友们都喝这壶酒，每个人只能喝一点点。大家都认为，一个人喝才能喝得痛快[1]。那么，谁喝呢？他们决定比赛画蛇，谁先画完谁就喝。有一个人画得最快，一会儿就画好了。但是，他看见别人还没有画完，就开始给蛇画脚。可是他还没画完，另外一个人也画好了，拿起酒壶就喝。第一个画好的人很生气，他说："我最先画完蛇，你为什么喝？"喝酒的人笑着回答："蛇没有脚，可是，你给蛇画上了脚，这不对呀。你当然不能喝酒了。哈哈！"

"Huàshé-tiānzú" de Gùshi

Yǒu yí gè rén dǎsuàn qǐng péngyoumen hē jiǔ. Kěshì tā zhǐyǒu yì hú jiǔ, rúguǒ péngyoumen dōu hē zhè hú jiǔ, měi gè rén zhǐnéng hē yìdiǎndiǎn. Dàjiā dōu rènwéi, yí gè rén hē cái néng hē de tòngkuai. Nàme, shuí hē ne? Tāmen juédìng bǐsài huà shé, shuí xiān huà wán shuí jiù hē. Yǒu yí gè rén huà de zuì kuài, yíhuìr jiù huàhǎo le. Dànshì, tā kànjiàn biéren hái méiyǒu huàwán, jiù kāishǐ gěi shé huà jiǎo. Kěshì tā hái méi huàwán, lìngwài yí gè rén yě huàhǎo le, náqǐ jiǔhú jiù hē. Dì-yī gè huàhǎo de rén hěn shēngqì, tā shuō: "Wǒ zuìxiān huàwán shé, nǐ wèi shénme hē?" Hē jiǔ de rén xiàozhe huídá: "Shé méiyǒu jiǎo, kěshì, nǐ gěi shé huà shàngle jiǎo, zhè bú duì ya. Nǐ dāngrán bù néng hē jiǔ le. Hāhā!"

---

[1] 痛快 tòngkuài: to one's heart's content

23. 鸡毛蒜[1]皮
Jīmáo-suànpí

解释 Explanation

Chicken feathers（鸡毛）and garlic skin（蒜皮）. This idiom refers to a completely worthless thing, trifle or an insignificant matter. For example:

1. 那些都是鸡毛蒜皮的小事，不用说了。
2. 不要把鸡毛蒜皮的小事放在心上。

对话 Conversation

不要生气

Anna：张丽，你今天看起来有点儿不高兴，怎么了？
张丽：我跟男朋友生气了。
Anna：为什么？
张丽：我约他去看电影，他不去，他要跟朋友去踢足球。如果他总是不愿意陪我，我就想跟他分手了。
Anna：你的男朋友对你好，长得也帅。如果你跟他分手了，你会后悔的。

[1] 蒜 suàn: garlic

张丽：现在想想，都是一些鸡毛蒜皮的小事，不生气了。
Anna：“鸡毛蒜皮”是什么意思？
张丽：“鸡毛”和“蒜皮”都是又轻又小的东西，比喻不重要的事情。
Anna：汉语真有意思，比喻得真像！我又学会了一条成语。
张丽：啊，你很会找机会学汉语啊！怪不得你每次考试都考得那么好。
Anna：哪里，你过奖了！

Bú Yào Shēngqì

Anna: Zhāng Lì, nǐ jīntiān kàn qǐlái yǒudiǎnr bù gāoxìng, zěnme le?
Zhāng Lì: Wǒ gēn nánpéngyou shēngqì le.
Anna: Wèi shénme?
Zhāng Lì: Wǒ yuē tā qù kàn diànyǐng, tā bú qù, tā yào gēn péngyou qù tī zúqiú. Rúguǒ tā zǒngshì bú yuànyì péi wǒ, wǒ jiù xiǎng gēn tā fēnshǒu le.
Anna: Nǐ de nánpéngyou duì nǐ hǎo, zhǎng de yě shuài. Rúguǒ nǐ gēn tā fēnshǒu le, nǐ huì hòuhuǐ de.
Zhāng Lì: Xiànzài xiǎngxiang, dōu shì yìxiē jīmáo-suànpí de xiǎoshì, bù shēngqì le.
Anna: “Jīmáo-suànpí” shì shénme yìsi?
Zhāng Lì: “Jīmáo” hé “suànpí” dōu shì yòu qīng yòu xiǎo de dōngxi, bǐyù bú zhòngyào de shìqing.
Anna: Hànyǔ zhēn yǒu yìsi, bǐyù de zhēn xiàng! Wǒ yòu xuéhuìle yì tiáo chéngyǔ.
Zhāng Lì: À, nǐ hěn huì zhǎo jīhuì xué Hànyǔ a! Guàibude nǐ měi cì kǎoshì dōu kǎo de nàme hǎo.
Anna: Nǎlǐ, nǐ guòjiǎng le!

生词 Vocabulary

陪 péi	accompany	他陪朋友参观了北京故宫。
帅 shuài	handsome	这个男孩长得很帅。
分手 fēnshǒu	split with	小马和女朋友分手了。
怪不得 guàibude	no wonder	怪不得他今天上班迟到了，原来他的车坏了。
过奖 guòjiǎng	overpraise	A：你的作文写得真好！ B：哪里，你过奖了。

扩展阅读 Extra Reading

鸡——吉祥的象征

在汉语里，“鸡”和“吉”谐音[1]，所以鸡是吉祥[2]的象征。雄鸡[3]天天早上叫醒人们，人们才开始一天的工作，所以鸡又是勤劳[4]的象征。在民间[5]我们常常能看到这样的画儿：一只雄鸡站在大石头上。这是中国传统的绘画题材，因为“石”与“室”是谐音，而“室”有“家”的意思，所以这幅画儿的意思就是“室上大吉”[6]。人们在新年这天把这样一幅画儿挂在家里，希望新年吉祥。

Jī—Jíxiáng de Xiàngzhēng

Zài Hànyǔ li，“jī” hé “jí” xiéyīn，suǒyǐ jī bèi kànzuò shì jíxiáng de xiàngzhēng. Xióngjī tiāntiān zǎoshang jiàoxǐng rénmen，rénmen cái kāishǐ yì tiān de gōngzuò，suǒyǐ jī yòu shì qínláo de xiàngzhēng. Zài mínjiān wǒmen chángcháng néng kàndào zhèyàng de huàr: yì zhī xióngjī zhànzài dà shítou shang. Zhè shì Zhōngguó chuántǒng de huìhuà tícái，yīnwèi “shí”

---

[1] 谐音 xiéyīn: homophone; homonym
[2] 吉祥 jíxiáng: lucky; propitious
[3] 雄鸡 xióngjī: rooster
[4] 勤劳 qínláo: diligent, hardworking
[5] 民间 mínjiān: folk
[6] 室上大吉 shì shàng dà jí: the happy, propitious, and promising family. Here 室 refers to family.

yǔ “shì” shì xiéyīn, ér “shì” yǒu “jiā” de yìsi, suǒyǐ zhè fú huàr de yìsi jiù shì “shì shang dà jí”. Rénmen zài xīnnián zhètiān bǎ zhèyàng yì fú huàr guàzài jiā li, xīwàng xīnnián jíxiáng.

24. 己所不欲，勿施于人 Jǐ Suǒ bú Yù, Wù Shī yú Rén

解释 Explanation

Don't do to others what you don't want others to do to yourself. Don't impose on others what you yourself do not desire. In this line, 己 refers to oneself; 欲, what a person desires; 勿, “don't”; 施, to impose. This is a line from *The Analects of Confucius*. For example:

1. 孔子说：“已所不欲，勿施于人。”这句话的意思是：自已不希望他人对待自已的言行，自已也不要强迫[1]他人去做。

2. 你不喜欢别人对你没有礼貌[2]，你也不要对别人没有礼貌，“己所不欲，勿施于人”嘛！

[1] 强迫 qiángpò: impose sth. on sb; compel sb. to do sth.

[2] 礼貌 lǐmào: politeness; courtesy

对话 Conversation

研究计划

（张丽在电脑前忙着工作，白云来找她看电影）

白云：张丽，今天是周末，你忙什么呢？我们去看电影怎么样？

张丽：不行。老师让我和小王把这些资料整理[1]一下，把研究计划写出来。可是小王觉得整理资料太麻烦，不想做，就让我一个人做。没办法，我只好自己做了。

白云：小王怎么这样对待[2]你啊！我来帮你。

张丽：不用，不用。资料太多了。孔子说"己所不欲，勿施于人"。我不能把自己不愿意做的事情让别人来做。

白云：别客气！来，我们一起整理资料。

张丽：太谢谢你了！

白云：我们是朋友，我应该帮忙。

张丽：等我把研究计划做完，我请你看电影。

白云：好啊，谢谢！

Yánjiū Jìhuà

(Zhāng Lì zài diànnǎo qián mángzhe gōngzuò, Bái Yún lái zhǎo tā kàn diànyǐng)

Bái Yún: Zhāng Lì, jīntiān shì zhōumò, nǐ máng shénme ne? Wǒmen qù kàn diànyǐng zěnmeyàng?

Zhāng Lì: Bù xíng. Lǎoshī ràng wǒ hé Xiǎo Wáng bǎ zhèxiē zīliào zhěnglǐ yíxià, bǎ yánjiū jìhuà xiě chūlái. Kěshì Xiǎo Wáng juéde zhěnglǐ zīliào tài máfan, bù xiǎng zuò, jiù ràng wǒ yí gè rén zuò. Méi bànfǎ, wǒ zhǐhǎo zìjǐ zuò le.

Bái Yún: Xiǎo Wáng zěnme zhèyàng duìdài nǐ a! Wǒ lái bāng nǐ.

---

[1] 整理 zhěnglǐ: sort out; put in order

[2] 对待 duìdài: treat sb. or sth.

Zhāng Lì: Bú yòng, bú yòng. Zīliào tài duō le. Kǒngzǐ shuō "jǐ suǒ bú yù, wù shī yú rén". Wǒ bù néng bǎ zìjǐ bú yuànyì zuò de shìqing ràng biéren lái zuò.

Bái Yún: Bié kèqi! Lái, wǒmen yìqǐ zhěnglǐ zīliào.

Zhāng Lì: Tài xièxie nǐ le!

Bái Yún: Wǒmen shì péngyou, wǒ yīnggāi bāngmáng.

Zhāng Lì: Děng wǒ bǎ yánjiū jìhuà zuòwán, wǒ qǐng nǐ kàn diànyǐng.

Bái Yún: Hǎo a, xièxie!

生词 Vocabulary

电脑 diànnǎo	computer	我的电脑坏了，又买了一个新电脑。
研究 yánjiū	research; study	小李是研究文学的。她是中文系的研究生。
计划 jìhuà	plan; program	我们正在做一个旅游计划。
麻烦 máfan	trouble; troublesome	我们做事情不要怕麻烦。

扩展阅读 Extra Reading

孔子的"仁"

"仁"是儒家学说的核心[1]。"仁"最初的含义是指人与人之间的一种亲善[2]关系。孔子把"仁"定义[3]为"爱人"。孔子说："仁者爱人"，也就是说人与人之间要互相亲善。一个人要做到"爱人"就要做到"推己及人[4]"。"推己及人"的意思是用自己的心推想别人的心，更好地理解别人。孔子说"己所不欲，勿施于人"。这句话的意思是：不要把自己不愿意做的事情让别人去做，或者把自己不喜欢的东西送给别人。孔子还说过"己欲立而立人，己欲达而达人"。这句话是说：

[1] 核心 héxīn: nucleus; core

[2] 亲善 qīnshàn: friendship and goodwill

[3] 定义 dìngyì: define; definition

[4] 推己及人 tuījǐjírén: put oneself in another's place; be considerate

自己要立足社会获得功名[1]，也要帮助别人立足社会获得功名，自己想要达到的事情，也要帮助别人达到。儒家“仁”的思想对中华文化和社会的发展产生了深远影响。

Kǒngzǐ de “Rén”

“Rén” shì Rújiā xuéshuō de héxīn. “Rén” zuìchū de hányì shì zhǐ rén yǔ rén zhījiān de yì zhǒng qīnshàn guānxi. Kǒngzǐ bǎ “rén” dìngyì wéi “ài rén”. Kǒngzǐ shuō: “rén zhě ài rén”, yě jiù shì shuō rén yǔ rén zhījiān yào hùxiāng qīnshàn. Yí gè rén yào zuòdào “ài rén” jiù yào zuòdào “tuījǐjírén”. “Tuījǐjírén” de yìsi shì yòng zìjǐ de xīn tuīxiǎng biérén de xīn, gèng hǎo de lǐjiě biérén. Kǒngzǐ shuō “jǐ suǒ bú yù, wù shī yú rén”. Zhè jù huà de yìsi shì: Bú yào bǎ zìjǐ bú yuànyì zuò de shìqing ràng biérén qù zuò, huòzhě bǎ zìjǐ bù xǐhuan de dōngxi sònggěi biérén. Kǒngzǐ hái shuōguò “jǐ yù lì ér lì rén, jǐ yù dá ér dá rén”. Zhè jù huà shì shuō: Zìjǐ yào lìzú shèhuì huòdé gōngmíng, yě yào bāngzhù biérén lìzú shèhuì huòdé gōngmíng, zìjǐ xiǎng yào dádào de shìqing, yě yào bāngzhù biérén dádào. Rújiā “rén” de sīxiǎng duì Zhōnghuá wénhuà hé shèhuì de fāzhǎn chǎnshēngle shēnyuǎn yǐngxiǎng.

---

[1] 立足社会，获得功名 lìzú shèhuì, huòdé gōngmíng: establish oneself in society, and gain scholarly honor or official rank

25. 家喻户晓 Jiāyù-hùxiǎo

解释 Explanation

Make something known to each household (家，户) and every person. 喻 refers to understanding and 晓 refers to being widely known. For example:

1. 在中国,《红楼梦》故事家喻户晓。
2. 这个演员在中国家喻户晓。

对话 Conversation

电视剧《西游记》

Anna：张丽，现在我每天晚上都要看电视剧《西游记》[1]。
张丽：你觉得怎么样？
Anna：非常有意思。

[1]《西游记》"Xīyóujì": *Journey to the West* is a combination of myth, parable and comedy. It is a story about a Buddhist monk, Tang Seng, and a group of animals with human characteristics. They traveled west to India to find Buddhist scriptures. The animals themselves are celestial beings in mortal forms and they have magical powers that protect them from goblins and evil spirits.

张丽：《西游记》是中国四大名著[1]之一，在中国可以说是家喻户晓。

Anna：《西游记》的演员演得非常好，我非常喜欢。

张丽：你最喜欢谁呀？猪八戒[2]？

Anna：我才不喜欢猪八戒呢。猪八戒长得太难看了。

张丽：唐僧呢[3]？

Anna：嗯，喜欢。唐僧很善良。我也喜欢孙悟空[4]，他的本领[5]好大啊，妖怪[6]都怕他！哎，现在几点了？

张丽：现在7点50了。

Anna：哟，糟糕，《西游记》每天晚上8点开始，我得走了。再见！

张丽：再见！

Diànshìjù "Xīyóujì"

Anna: Zhāng Lì, xiànzài wǒ měi tiān wǎnshang dōu yào kàn diànshìjù "Xīyóujì".

Zhāng Lì: Nǐ juéde zěnmeyàng?

Anna: Fēicháng yǒu yìsi.

Zhāng Lì: "Xīyóujì" shì Zhōngguó sì dà míngzhù zhī yī, zài Zhōngguó kěyǐ shuō shì jiāyù-hùxiǎo.

Anna: "Xīyóujì" de yǎnyuán yǎn de fēicháng hǎo, wǒ fēicháng xǐhuan.

Zhāng Lì: Nǐ zuì xǐhuan shuí ya? Zhūbājiè?

Anna: Wǒ cái bù xǐhuan Zhūbājiè ne. Zhūbājiè zhǎng de tài nánkàn le.

Zhāng Lì: Tángsēng ne?

Anna: Èn, xǐhuan. Tángsēng hěn shànliáng. Wǒ yě xǐhuan Sūnwùkōng,

---

[1] 四大名著 sì dà míngzhù: the four classical Chinese novels, including *The Dream of the Red Chambers* (红楼梦), *Romance of the Three Kingdoms* (三国演义), *Tale of Water Margin* (水浒传), *Journey to the West* (西游记).

[2] 猪八戒 Zhūbājiè: a chief character in *Journey to the West*, who was supposedly incarnated through the spirit of pig, a symbol of man's cupidity.

[3] 唐僧 Tángsēng: a chief character in *Journey to the West*, a Buddhist monk

[4] 孙悟空 Sūnwùkōng: a chief character in *Journey to the West*, who has great magical powers to protect Tang Seng from goblins and evils spirits.

[5] 本领 běnlǐng: ability; skill

[6] 妖怪 yāoguài: goblins and evil spirits

tā de běnlǐng hǎo dà a, yāoguài dōu pà tā! Āi, xiànzài jǐ diǎn le?

Zhāng Lì: Xiànzài qī diǎn wǔshí le.

Anna: Yō, zāogāo, "Xīyóujì" měi tiān wǎnshang bā diǎn kāishǐ, wǒ děi zǒu le. Zàijiàn!

Zhāng Lì: Zàijiàn!

生 词 Vocabulary

演 yǎn	perform; play	他在《西游记》中演孙悟空。
善良 shànliáng	kind-hearted	她是个温柔善良的姑娘。
糟糕 zāogāo	too bad; terrible	这本小说写得太糟糕了，我不想看了。

扩展阅读 Extra Reading

尽人皆知

与"家喻户晓"意思相近的成语还有"尽人皆知"。比如，NBA明星姚明，在中国尽人皆知。还可以说，抽烟对身体不好，这是尽人皆知的事情。这两个成语的意思差不多。但是"尽人皆知"的用法跟"家喻户晓"有点儿不一样，"尽人皆知"既可以用来说好的事情也可以用来说不好的事情，而"家喻户晓"一般只用来说好的事情。

Jìnrénjiēzhī

Yǔ "jiāyù-hùxiǎo" yìsi xiāngjìn de chéngyǔ hái yǒu "jìnrénjiēzhī". Bǐrú, NBA míngxīng Yáo Míng, zài Zhōngguó jìnrénjiēzhī. Hái kěyǐ shuō, Chōu yān duì shēntǐ bù hǎo, zhè shì jìnrénjiēzhī de shìqing. Zhè liǎng gè chéngyǔ de yìsi chàbuduō. Dànshì "jìnrénjiēzhī" de yòngfǎ gēn "jiāyù-hùxiǎo" yǒudiǎnr bù yíyàng, "jìnrénjiēzhī" jì kěyǐ yònglái shuō hǎo de shìqing yě kěyǐ yònglái shuō bù hǎo de shìqing, ér "jiāyù-hùxiǎo" yìbān zhǐ yònglái shuō hǎo de shìqing.

26. 借花 献[1]佛
Jièhuā-xiànfó

解释 Explanation

Borrow a flower and present it to Buddha（佛）as a gift. Offer a present to a guest with other people's things. For example:

1. 这是别人送给我的礼物，现在我借花献佛，转送给你。
2. 今天小李请大家吃饭，我就用小李的酒借花献佛，祝大家百尺竿头，更进一步！

对话 Conversation

参观雍和宫[2]

（在北京雍和宫里）

王东：你看，很多人在这儿烧香拜佛[3]呢！每到新年，特别是在大年初一和正月十五，雍和宫里香客[4]特别多，很热闹。

---

[1] 献 xiàn: offer

[2] 雍和宫 Yōnghé Gōng: Yonghe Palace (The Lama Temple), a famous lamasery located in the northeastern part of the old city of Beijing

[3] 烧香拜佛 shāo xiāng bài fó: burn joss sticks and bow to the Buddha

[4] 香客 xiāngkè: worshipper at a Buddhist temple

Hans：今天我也来烧香拜佛。
王东：我也要给菩萨[1]烧香，请菩萨保佑我平安。你等等，我去买香。
Hans：你不用买了，我买了好多呢！给你一些。
王东：我这不成"借花献佛"了吗？
Hans："借花献佛"是什么意思？
王东：这个成语的意思是用别人的东西送人情[2]。我用你的香拜佛，不就是借花献佛吗？
Hans：哦，没关系，我希望菩萨保佑我们每一个人。
王东：好！我们一起来给菩萨烧香。

Cānguān Yōnghé Gōng

(zài Běijīng Yōnghé Gōng lǐ)

Wáng Dōng: Nǐ kàn, hěn duō rén zài zhèr shāo xiāng bài fó ne! Měi dào xīnnián, tèbié shì zài dànián chūyī hé zhēngyuè shíwǔ, Yōnghé Gōng li xiāngkè tèbié duō, hěn rènao.
Hans: Jīntiān wǒ yě lái shāo xiāng bài fó.
Wáng Dōng: Wǒ yě yào gěi púsà shāo xiāng, qǐng púsà bǎoyòu wǒ píng'ān. Nǐ děngdeng, wǒ qù mǎi xiāng.
Hans: Nǐ bú yòng mǎi le, wǒ mǎi le hǎo duō ne! Gěi nǐ yìxiē.
Wáng Dōng: Wǒ zhè bù chéng "jièhuā-xiànfó" le ma?
Hans: "Jièhuā-xiànfó" shì shénme yìsi?
Wáng Dōng: Zhège chéngyǔ de yìsi shì yòng biéren de dōngxi sòng rénqíng. Wǒ yòng nǐ de xiāng shāo xiāng bài fó, bú jiù shì jièhuā-xiànfó ma?
Hans: Ò, méi guānxi, wǒ xīwàng púsà bǎoyòu wǒmen měi yí gè rén.
Wáng Dōng: Hǎo! Wǒmen yìqǐ lái gěi púsà shāo xiāng.

---

[1] 菩萨 púsà: Bodhisattva
[2] 送人情 sòngrénqíng: do favors at no great cost to oneself

生词 Vocabulary

保佑 bǎoyòu	bless	他祈祷上帝保佑家人平安。
人情 rénqíng	social relationship; human feelings; gift	迈克还不懂中国的人情关系。 你别拿我的东西送人情。

扩展阅读 Extra Reading

莲花与佛教

莲花与佛教的关系十分密切，在佛教寺庙里，到处可以看到莲花的形象。佛教为什么如此推崇莲花呢？因为莲花的品格和特性与佛教教义相吻合。佛教要求人们不要受世间邪恶污秽的侵扰和影响。莲花“出污泥而不染”，开出圣洁的花朵，因此佛经常常将莲性比佛性。另外，莲花即使凋谢了，它的根也不会死，第二年又在根上生长、开花。佛教以莲花的这个特性来象征不灭的灵魂和生死轮回。

Liánhuā yǔ Fójiào

Liánhuā yǔ fójiào de guānxi shífēn mìqiè, zài fójiào sìmiào li, dàochù kěyǐ kàndào liánhuā de xíngxiàng. Fójiào wèi shénme rúcǐ tuīchóng liánhuā ne? Yīnwèi liánhuā de pǐngé hé tèxìng yǔ fójiào jiàoyì xiāng wěnhé. Fójiào yāoqiú rénmen bú yào shòu shìjiān xié'è wūhuì de qīnrǎo hé yǐngxiǎng. Liánhuā “chū wū ní ér bù rǎn”, kāi chū shèngjié de huāduǒ, yīncǐ fójīng chángcháng jiāng liánxìng bǐ fóxìng. Lìngwài, liánhuā jíshǐ diāoxiè le, tā de gēn yě bú huì sǐ, dì-èr nián yòu zài gēn shang shēngzhǎng, kāihuā. Fójiào yǐ liánhuā de zhège tèxìng lái xiàngzhēng bú miè de línghún hé shēngsǐ lúnhuí.

27. 津津有味
Jīnjīnyǒuwèi

解 释 Explanation

Eat with gusto; do something with relish and great interest. 津津 refers to eat or do things with relish and pleasure. For example:

1. 玛丽津津有味地吃着饺子。
2. 比尔津津有味地看着新买的图画书。

对 话 Conversation

炸酱面

（在一家饭馆）

Bill：王冬，吃什么呢，吃得这么津津有味。

王东：炸酱面。

Bill：都两点啦，你怎么才吃午饭呀？

王东：刚才一直在看书，忘了时间。

Bill：你真是废寝忘食啊！

王东：你怎么也这么晚才吃午饭？

Bill：我的电脑坏了，所有的文件都打不开了。我现在才把电脑修好。

王东：那你赶快吃点儿什么吧！
Bill：看你吃炸酱面吃得津津有味，我也想吃了。你要几两？
王东：一碗二两，我要了两碗。
Bill：那我也来两碗吧！

Zhájiàngmiàn

(zài yì jiā fànguǎn)
Bill: Wáng Dōng, chī shénme ne, chī de zhème jīnjīnyǒuwèi.
Wáng Dōng: Zhájiàngmiàn.
Bill: Dōu liǎng diǎn la, nǐ zěnme cái chī wǔfàn ya?
Wáng Dōng: Gāngcái yìzhí zài kàn shū, wàngle shíjiān.
Bill: Nǐ zhēnshi fèiqǐn-wàngshí a!
Wáng Dōng: Nǐ zěnme yě zhème wǎn cái chī wǔfàn?
Bill: Wǒ de diànnǎo huài le, suǒyǒu de wénjiàn dōu dǎ bù kāi le. Wǒ xiànzài cái bǎ diànnǎo xiūhǎo.
Wáng Dōng: Nà nǐ gǎnkuài chī diǎnr shénme ba!
Bill: Kàn nǐ chī zhájiàngmiàn chī de jīnjīnyǒuwèi, wǒ yě xiǎng chī le. Nǐ yàole jǐ liǎng?
Wáng Dōng: Yì wǎn èr liǎng, wǒ yàole liǎng wǎn.
Bill: Nà wǒ yě lái liǎng wǎn ba!

生 词 Vocabulary

炸酱面 zhájiàngmiàn	noodles with bean sauce	这家饭馆儿的炸酱面很好吃。
文件 wénjiàn	file; document	请把开会要用的文件准备好。
两 liǎng	unit of weight, 50 grams	我买了二两茶叶。
来 lái	order (a dish, beer, etc.)	来一盘凉菜，再来一瓶啤酒！

扩展阅读 Extra Reading

“津津有味”和“津津乐道”

“津津”形容有滋味，有趣味。“津津有味”形容食物很好吃或对某事物很有兴趣。如：“他们在津津有味地吃着羊肉串。”“爷爷在津津有味地听着京剧。”

“津津乐道”指饶有兴趣地谈论某事。比如，“这幅画一直为人们所津津乐道。”“球迷们所津津乐道的是他在上次比赛中连进两球。”

“Jīnjīnyǒuwèi” hé “Jīnjīnlèdào”

“Jīnjīn” xíngróng yǒu zīwèi, yǒu qùwèi. “Jīnjīnyǒuwèi” xíngróng shíwù hěn hǎochī huò duì mǒu shìwù hěn yǒu xìngqù. Rú: “Tāmen zài jīnjīnyǒuwèi de chīzhe yángròuchuàn.” “Yéye zài jīnjīnyǒuwèi de tīngzhe Jīngjù.”

“Jīnjīnlèdào” zhǐ ráoyǒu xìngqù de tánlùn mǒu shì. Bǐrú, “Zhè fú huà yìzhí wéi rénmen suǒ jīnjīnlèdào.” “Qiúmímen suǒ jīnjīnlèdào de shì tā zài shàng cì bǐsài zhōng lián jìn liǎng qiú.”

28. 精益求精 Jīngyìqiújīng

解 释 Explanation

Refine on; constantly strive for perfection; seek forever greater perfection. For example:

1. 他对每件事都精益求精。
2. 为了精益求精，这篇文章他已经修改了五遍了。

对 话 Conversation

修改文章

Anna：白云，你再帮我看看这篇文章吧。这是我给校报[1]写的文章。
白云：你这篇文章我不是已经看过三遍了吗？
Anna：昨天晚上我又修改了一些地方，请你再帮我看一遍吧。
白云：你可真是精益求精啊！
Anna：只有精益求精，才能写出好文章啊！
白云：是的。我画画儿也是这样的。每次在画画儿之前，我要仔细

[1] 校报 xiàobào: campus newspaper

构思[1]。画完后，要总结经验，想想这幅画哪些地方画得好，哪些地方不太好。

Anna：所以你才画得那么好。

白云：过奖了。你学习那么认真，我也要向你学习！

Anna：这次又请你帮我修改，麻烦你了。

白云：别客气，我会认真看的。我看完以后，再提出一些问题，我们一起讨论。

Anna：好的，谢谢！

Xiūgǎi Wénzhāng

Anna: Bái Yún, nǐ zài bāng wǒ kànkan zhè piān wénzhāng ba. Zhè shì wǒ gěi xiàobào xiě de wénzhāng.

Bái Yún: Nǐ zhè piān wénzhāng wǒ bú shì yǐjīng kànguò sān biàn le ma?

Anna: Zuótiān wǎnshang wǒ yòu xiūgǎile yìxiē dìfang, qǐng nǐ zài bāng wǒ kàn yí biàn ba.

Bái Yún: Nǐ kě zhēnshi jīngyìqiújīng a!

Anna: Zhǐyǒu jīngyìqiújīng, cáinéng xiěchū hǎo wénzhāng a!

Bái Yún: Shì de. Wǒ huà huàr yě shì zhèyàng de. Měi cì zài huà huàr zhīqián, wǒ yào zǐxì gòusī. Huàwán hòu, yào zǒngjié jīngyàn, xiǎngxiang zhè fú huà nǎxiē dìfang huà de hǎo, nǎxiē dìfang bú tài hǎo.

Anna: Suǒyǐ nǐ cái huà de nàme hǎo.

Bái Yún: Guòjiǎng le. Nǐ xuéxí nàme rènzhēn, wǒ yě yào xiàng nǐ xuéxí a!

Anna: Zhè cì yòu qǐng nǐ bāng wǒ xiūgǎi, máfan nǐ le.

Bái Yún: Bié kèqi, wǒ huì rènzhēn kàn de. Wǒ kànwán yǐhòu, zài tíchū yìxiē wèntí, wǒmen yìqǐ tǎolùn.

Anna: Hǎo de, xièxie!

---

[1] 构思 gòusī: conceive; design

生词 Vocabulary

文章 wénzhāng	article	这篇文章写得真好。
修改 xiūgǎi	alter; revise	你最好修改一下这篇文章。
仔细 zǐxì	carefully	他在仔细地做笔记。
总结 zǒngjié	summarize	聪明的学生经常总结学过的知识。
经验 jīngyàn	experience	他有很丰富的工作经验。
客气 kèqi	polite; courteous	他对人非常客气。
讨论 tǎolùn	discuss	我们正在讨论这个计划。

扩展阅读 Extra Reading

"精"和"粗"

汉字"精"是指"细米",引申为"精华、精细、精心"等意思。古时候"精"是指生成万物的灵气,引申为"精力、精神"。"精"字的成语有"精益求精",表示已经很好了,还要做得更好;"精打细算"表示计算得非常精细;"精雕细刻"的意思是对艺术品非常认真仔细地加工。

"粗"与"精"相对。"粗"是指"粗米"、"粗粮",引申为"粗糙"。"粗"也有粗大的意思,引申为"大概"。"粗"的成语有"粗心大意"——做事不认真,或者经常忘记一些重要的事情;"粗枝大叶"——做事马马虎虎;"粗茶淡饭"——简单的饭菜和简单的生活。

"Jīng" hé "Cū"

Hànzì "jīng" shì zhǐ "xì mǐ", yǐnshēn wéi "jīnghuá, jīngxì, jīngxīn" děng yìsi. Gǔshíhou "jīng" shì zhǐ shēngchéng wànwù de língqì, yǐnshēn wéi "jīnglì, jīngshen". "Jīng" zì de chéngyǔ yǒu "jīngyìqiújīng", biǎoshì yǐjīng hěn hǎo le, hái yào zuò de gèng hǎo; "jīngdǎ-xìsuàn" biǎoshì jìsuàn de fēicháng jīngxì; "jīngdiāo-xìkè" de yìsi shì duì yìshùpǐn fēicháng rènzhēn zǐxì de jiāgōng.

“Cū” yǔ “jīng” xiāngduì. “Cū” shì zhǐ “cū mǐ”, “cūliáng”, yǐnshēn wéi “cūcāo”. “Cū” yě yǒu cūdà de yìsi, yǐnshēn wéi “dàgài”. “Cū” de chéngyǔ yǒu “cūxīn-dàyì”—zuò shì bú rènzhēn, huòzhě jīngcháng wàngjì yìxiē zhòngyào de shìqing; “cūzhī-dàyè”—zuò shì mǎmǎ-hūhū; “cūchá-dànfàn”—jiǎndān de fàncài hé jiǎndān de shēnghuó.

29. 镜花水月 Jìnghuā-shuǐyuè

解释 Explanation

Flowers in the mirror（镜花）, and the moon's reflection in the water（水月）; illusion; a mirage. For example:

1. 想通过买彩票发财[1]是镜花水月。
2. 不管一个人有多么伟大的理想，如果不去做，也只能是镜花水月。

[1] 买彩票发财 mǎi cǎipiào fācái: become rich by buying a lottery ticket

对话 Conversation

苏州的夜景[1]

导游：各位游客，苏州是一座有两千多年历史的古城。今天晚上我们观赏苏州的夜景。你们看，我们走的这条路已经有几百年的历史了。这种船叫乌篷船[2]。

Lucy：这么古老的小路，还有这么可爱的小船。你听，亭子[3]里的那些人唱得真好听。这是什么歌儿？

导游：他们唱的是昆曲[4]。

Lucy：我虽然一句也听不懂，可是我觉得这优美的音乐可以使人忘记快节奏[5]的生活。

导游：是的，苏州人很会享受生活。很多外地人喜欢到这里来放松、休息。

Lucy：古老的城市，优美的音乐，静静的小河，明亮的月亮，我觉得好像在梦里一样，这儿真是美啊！

导游：苏州美丽的夜景就好像是一个"镜花水月"的世界。

Lucy：苏州的夜景[6]给我留下了美好的印象。

Sūzhōu de Yèjǐng

Dǎoyóu: Gè wèi yóukè, Sūzhōu shì yí zuò yǒu liǎng qiān duō nián lìshǐ de gǔchéng. Jīntiān wǎnshang wǒmen guānshǎng Sūzhōu de yèjǐng. Nǐmen kàn, wǒmen zǒu de zhè tiáo lù yǐjīng yǒu jǐ bǎi nián de lìshǐ le. Zhè zhǒng chuán jiào wūpéngchuán.

Lucy: Zhème gǔlǎo de xiǎo lù, hái yǒu zhème kě'ài de xiǎo chuán.

---

[1] 苏州的夜景 Sūzhōu de yèjǐng: the night scene of Suzhou, a city in Jiangsu（江苏）Province

[2] 乌篷船 wūpéngchuán: mat-covered boat

[3] 亭子 tíngzi: pavilion

[4] 昆曲 Kūnqǔ: *kunqu*, a type of opera in Jiangsu Province and some parts in the south of China.

[5] 节奏 jiézòu: pace; rhythm

[6] 夜景 yèjǐng: night scene

Nǐ tīng, tíngzi li de nàxiē rén chàng de zhēn hǎotīng. Zhè shì shénme gēr?

Dǎoyóu: Tāmen chàng de shì Kūnqǔ.

Lucy: Wǒ suīrán yí jù yě tīng bu dǒng, kěshì wǒ juéde zhè yōuměi de yīnyuè kěyǐ shǐ rén wàngjì kuài jiézòu de shēnghuó.

Dǎoyóu: Shì de, Sūzhōurén hěn huì xiǎngshòu shēnghuó. Hěn duō wàidìrén xǐhuan dào zhèlǐ lái fàngsōng, xiūxi.

Lucy: Gǔlǎo de chéngshì, yōuměi de yīnyuè, jìngjìng de xiǎo hé, míng-liàng de yuèliang, wǒ juéde hǎoxiàng zài mèng li yíyàng, zhèr zhēnshi měi a!

Dǎoyóu: Sūzhōu měilì de yèjǐng jiù hǎoxiàng shì yí gè "jìnghuā-shuǐyuè" de shìjiè.

Lucy: Sūzhōu de yèjǐng gěi wǒ liúxiàle měihǎo de yìnxiàng.

生词 Vocabulary

导游 dǎoyóu	tour guide	我的朋友给我当导游。
古老 gǔlǎo	ancient	中国有很多古老的城市。
优美 yōuměi	fine	我们坐在亭子里欣赏周围优美的风景。
享受 xiǎngshòu	enjoy	露西正在吃火锅，享受中国美食。
放松 fàngsōng	relax	听音乐是放松心情的好方法。
梦 mèng	dream	女儿喜欢给我讲她的那些有趣的梦。
印象 yìnxiàng	impression	小伙子给她的第一印象不错。

扩展阅读 Extra Reading

深远的意境

"镜花水月"原指诗中空灵而不可捉摸的意境。诗人们认为，不能从字面去理解诗的意境，还应该去理解诗句中所包含的深层含义。在佛教中，"镜花水月"象征空幻的世界，用来比喻人生空幻不实。

后来，这个成语比喻虚幻的景象。

Shēnyuǎn de Yìjìng

"Jìnghuā-shuǐyuè" yuán zhǐ shī zhōng kōnglíng ér bù kě zhuōmō de yìjìng. Shīrénmen rènwéi, bù néng cóng zìmiàn qù lǐjiě shī de yìjìng, hái yīnggāi qù lǐjiě shījù zhōng suǒ bāohán de shēncéng hányì. Zài fójiào zhōng, "jìnghuā-shuǐyuè" xiàngzhēng kōnghuàn de shìjiè, yòng lái bǐyù rénshēng kōnghuàn bù shí. Hòulái, zhège chéngyǔ bǐyù xūhuàn de jǐngxiàng.

30. 酒逢知己千杯少，话不投机半句多
Jiǔ Féng Zhījǐ Qiān Bēi Shǎo, Huà bù Tóujī Bàn Jù Duō

解释 Explanation

If you drink with a bosom friend（知己）, a thousand cups are too few, but if you talk with a person who is not agreeable（投机）, to say half a sentence is a waste of breath. For example:

1. 他们两个人虽然在一起工作很久了，但是话不投机半句多，他们很少说话。

2. 王东和自己喜欢的人在一起，就会“酒逢知己千杯少”，要是碰到不喜欢的人，就会“话不投机半句多”。

对 话　Conversation

认识新朋友

（Anna 和白云来到 Lucy 的宿舍，Lucy 正在画画儿）

Anna：　Lucy，我给你介绍一下。这是我的朋友白云，她很喜欢画画儿。（对白云说）这是 Lucy，她也喜欢画画儿。

Lucy：　你好，白云！很高兴认识你。

白云：　你好，Lucy！我也很高兴认识你。

Anna：　白云，你觉得 Lucy 画得怎么样？

白云：　不错。Lucy，你的画儿看上去既古朴又有现代感[1]，真是别开生面，是什么给了你灵感[2]呢？

Lucy：　是苏州！我去了一趟苏州，在那座古老的城市里，人们过着既传统又现代的生活，给我留下了深刻的印象。

白云：　苏州的夜景好像是镜花水月，这使你的想象力更加丰富。

Anna：　你们两个人一见面就有这么多话说。

Lucy：　我们是酒逢知己千杯少，话不投机半句多。今天我请你们两个吃饭。

Anna、白云：好主意！让我们痛痛快快地聊一聊！

---

[1] 既古朴又有现代感 jì gǔpǔ yòu yǒu xiàndàigǎn: ancient and simple, but with a flavor of modern times

[2] 灵感 línggǎn: inspiration

Rènshi Xīn Péngyou

(Anna hé Bái Yún láidào Lucy de sùshè, Lucy zhèngzài huà huàr)

Anna: Lucy, wǒ gěi nǐ jièshào yíxià. Zhè shì wǒ de péngyou Bái Yún, tā hěn xǐhuan huà huàr. (duì Bái Yún shuō) Zhè shì Lucy, tā yě xǐhuan huà huàr.

Lucy: Nǐ hǎo, Bái Yún! Hěn gāoxìng rènshi nǐ.

Bái Yún: Nǐ hǎo, Lucy! Wǒ yě hěn gāoxìng rènshi nǐ.

Anna: Bái Yún, nǐ juéde Lucy huà de zěnmeyàng?

Bái Yún: Bú cuò. Lucy, nǐ de huàr kàn shàngqù jì gǔpǔ yòu yǒu xiàndàigǎn, zhēnshi biékāishēngmiàn. Shì shénme gěile nǐ línggǎn ne?

Lucy: Shì Sūzhōu! Wǒ qùle yí tàng Sūzhōu, zài nà zuò gǔlǎo de chéngshì li, rénmen guòzhe jì chuántǒng yòu xiàndài de shēnghuó, gěi wǒ liúxiàle shēnkè de yìnxiàng.

Bái Yún: Sūzhōu de yèjǐng hǎoxiàng shì jìnghuā-shuǐyuè, zhè shǐ nǐ de xiǎngxiànglì gèngjiā fēngfù.

Anna: Nǐmen liǎng gè rén yí jiànmiàn jiù yǒu zhème duō huà shuō.

Lucy: Wǒmen shì jiǔ féng zhījǐ qiān bēi shǎo, huà bù tóujī bàn jù duō. Jīntiān wǒ qǐng nǐmen liǎng gè chī fàn.

Anna, Bái Yún: Hǎo zhǔyi! Ràng wǒmen tòngtòng-kuàikuài de liáo yi liáo!

生 词 Vocabulary

逢 féng	meet; encounter	每逢春节人们都要在门上贴“福”字。
既……又…… jì...yòu...	both ... and ...	这家饭馆的菜既便宜又好吃。
传统 chuántǒng	traditional	他的思想很传统。
现代 xiàndài	modern	上海是一座很现代的城市。

扩展阅读 Extra Reading

劝酒的风俗

“酒逢知己千杯少”，好朋友在一起喝酒聊天儿，是一件很开心的事情。中国有一种待客的风俗——“劝酒”。“劝酒”就是主人请客人吃饭时，要劝客人多喝一点儿酒，表示主人的热情和礼貌。客人看到主人非常热情，也就一杯接着一杯地喝，主人和客人都喜欢一醉方休[1]。近年来，中国人这种劝酒的风俗也在发生改变。如果客人不能喝酒，主人会尊重客人，不劝酒，使客人感到轻松愉快。

Quàn Jiǔ de Fēngsú

“Jiǔ féng zhījǐ qiān bēi shǎo”, hǎo péngyou zài yìqǐ hē jiǔ liáotiānr, shì yí jiàn hěn kāixīn de shìqing. Zhōngguó yǒu yì zhǒng dài kè de fēngsú— “quàn jiǔ” . “Quànjiǔ” jiùshì zhǔrén qǐng kèrén chī fàn shí, yào quàn kèrén duō hē yìdiǎnr jiǔ, biǎoshì zhǔrén de rèqíng hé lǐmào. Kèrén kàndào zhǔrén fēicháng rèqíng, yě jiù yì bēi jiēzhe yì bēi de hē, zhǔrén hé kèrén dōu xǐhuan yízuìfāngxiū. Jìn nián lái, Zhōngguórén zhè zhǒng quàn jiǔ de fēngsú yě zài fāshēng gǎibiàn. Rúguǒ kèrén bù néng hē jiǔ, zhǔrén huì zūnzhòng kèrén, bú quàn jiǔ, shǐ kèrén gǎndào qīngsōng yúkuài.

[1] 一醉方休 yízuìfāngxiū: drink until everyone gets drunk

31. 聚精会神 Jùjīng-huìshén

解释 Explanation

Concentrate one's mind on; be absorbed. For example:

1. 开车时要聚精会神，注意安全。
2. 同学们聚精会神地听老师讲课。

对话 Conversation

小猫钓鱼[1]

Bill： Anna，咱们一边看电视一边写作业吧，这样可以一举两得。

Anna：你是想学小猫钓鱼吗？

Bill： 小猫钓鱼？

Anna：这是一个寓言[2]故事：一只小猫去钓鱼，它一边钓鱼一边捉蝴蝶[3]，结果什么都没得到。所以你做作业不要像小猫钓鱼，应该聚精会神。

Bill： "聚精会神"是什么意思？

[1] 钓鱼 diào yú: go fishing
[2] 寓言 yùyán: fable
[3] 蝴蝶 húdié: butterfly

Anna："聚"和"会"都有集中的意思，"精"和"神"在这个成语里是指注意力。简单一点儿说吧，就是在做事的时候要集中注意力。

Bill：我想想，可是"神"不是天神的"神"吗？

Anna：对。汉字很有趣，老师讲过"神"是由"示、申"两个字组成的，"申"在古代表示天空中的闪电[1]。因为闪电的威力[2]大，又很难预测，所以古人就用"申"代表天神。但是在"聚精会神"这个成语里的"神"是指精神，是"注意力"的意思。

Bill：哦，明白了！

Xiǎomāo Diào Yú

Bill: Anna, zánmen yìbiān kàn diànshì yìbiān xiě zuòyè ba, zhèyàng kěyǐ yìjǔ-liǎngdé.

Anna: Nǐ shì xiǎng xué xiǎomāo diào yú ma?

Bill: Xiǎomāo diào yú?

Anna: Zhè shì yí gè yùyán gùshi: Yì zhī xiǎomāo qù diào yú, tā yìbiān diàoyú yìbiān zhuō húdié, jiéguǒ shénme yě méi dédào. Suǒyǐ nǐ zuò zuòyè bú yào xiàng xiǎomāo diào yú, yīnggāi jùjīng-huìshén.

Bill: "Jùjīng-huìshén" shì shénme yìsi?

Anna: "Jù" hé "huì" dōu yǒu jízhōng de yìsi, "jīng" hé "shén" zài zhège chéngyǔ li shì zhǐ zhùyìlì. Jiǎndān yì diǎnr shuō ba, jiùshì zài zuò shì de shíhou yào jízhōng zhùyìlì.

Bill: Wǒ xiǎngxiang, kěshì "shén" bú shì tiānshén de "shén" ma?

Anna: Duì. Hànzì hěn yǒuqù, lǎoshī jiǎngguò "shén" shì yóu "shì, shēn" liǎng gè zì zǔchéng de, "shēn" zài gǔdài biǎoshì tiānkōng zhōng de shǎndiàn. Yīnwèi shǎndiàn de wēilì dà, yòu hěn nán yùcè, suǒyǐ gǔrén jiù yòng "shēn" dàibiǎo tiānshén. Dànshì zài "jùjīng-huìshén" zhège chéngyǔ li de "shén" shì zhǐ jīngshen, shì "zhùyìlì" de yìsi.

Bill: Ò, míngbai le!

---

[1] 闪电 shǎndiàn: lightning

[2] 威力 wēilì: power; might

生词 Vocabulary

一举两得 yìjǔ-liǎngdé	kill two birds with one stone	我去北京开会，顺便去看了姐姐，一举两得。
集中 jízhōng	concentrate on	外面太吵了，我很难集中精神。
简单 jiǎndān	simple; easy	汉语拼音很简单，但是声调很难。
注意力 zhùyìlì	attention	听课的时候要集中注意力。
有趣 yǒuqù	interesting	这个电影很有趣。
组成 zǔchéng	compose; make up	他们六个人组成了一个小小的旅游团。
预测 yùcè	predict	你能预测这场比赛的结果吗？

扩展阅读 Extra Reading

专心致志

成语“专心致志”的意思是做事情和学习的时候要聚精会神，集中注意力。从前，有一个著名的棋手[1]叫秋，他有两个学生。秋在讲解棋艺[2]的时候，一个学生聚精会神地听，专心致志地学。另一个学生虽然也在听，但是注意力不集中，心里在想着用弓箭射大雁[3]呢！秋的课讲完了，让两个学生开始下棋。结果，那个想着射大雁的学生输了。秋对他说：“你输了，是因为你没有他聪明吗？不是！是因为你没有专心致志地听课，总想着别的事情，没有听到那些重要的棋艺。”

[1] 棋手 qíshǒu: chess player

[2] 棋艺 qíyì: art and skill of playing chess

[3] 用弓箭射大雁 yòng gōngjiàn shè dàyàn: shoot a wild goose with a bow and arrow

Zhuānxīnzhìzhì

Chéngyǔ "zhuānxīnzhìzhì" de yìsi shì zuò shìqing hé xuéxí de shíhou yào jùjīng-huìshén, jízhōng zhùyìlì. Cóngqián, yǒu yí gè zhùmíng de qíshǒu jiào Qiū, tā yōu liǎng gè xuésheng. Qiū zài jiángjiě qíyì de shíhou, yí gè xuésheng jùjīng-huìshén de tīng, zhuānxīnzhìzhì de xué. Lìng yí gè xuésheng suīrán yě zài tīng, dànshì zhùyìlì bù jízhōng, xīn li zài xiǎngzhe yòng gōngjiàn shè dàyàn ne! Qiū de kè jiǎngwán le, ràng liǎng gè xuésheng kāishǐ xià qí. Jiéguǒ, nàge xiǎngzhe shè dàyàn de xuésheng shū le. Qiū duì tā shuō: "Nǐ shū le, shì yīnwèi nǐ méiyǒu tā cōngmíng ma? Bú shì! Shì yīnwèi nǐ méiyǒu zhuānxīnzhìzhì de tīng kè, zǒng xiǎngzhe biéde shìqing, méiyǒu tīngdào nàxiē zhòngyào de qíyì."

32. 君子 成 人之美
Jūnzǐ Chéng Rén Zhī Měi

解释 Explanation

A gentleman（君子）is always ready to help others attain their aims. 君子 refers to men of virtue, 人 are the people around 君子 , and 美 is happiness. Nowadays we also say 成人之美 . For example：

1. 他很善良，总是为别人着想。他有一种“君子成人之美”的美德。
2. 各个国家和文明都要有存容异已的胆识和成人之美的度量。

对话 Conversation

成人之美

Hans：王东，听说你出国留学去了，怎么没去？
王东：我本来是打算出国的，学校也同意了。但是我把这个机会让给我的同学了。
Hans：这样的机会很难得，你怎么让给同学了呢？
王东：我同学的论文需要很多国外的资料，所以我就让他去了。
Hans：你真是一个“成人之美”的君子啊。
王东：“君子”算不上，多为别人着想是应该的。
Hans：这是一种美德啊！
王东：你经常帮助我查英文资料，你不也是“君子成人之美”吗！
Hans：那是举手之劳，你还记着呢！
王东：当然记得！

Chéngrénzhīměi

Hans: Wáng Dōng, tīngshuō nǐ chū guó liúxué qù le, zěnme méi qù?
Wáng Dōng: Wǒ běnlái shì dǎsuan chūguó de, xuéxiào yě tóngyì le. Dànshì wǒ bǎ zhège jīhuì rànggěi wǒ de tóngxué le.
Hans: Zhèyàng de jīhuì hěn nándé, nǐ zěnme ràng gěi tóngxué le ne?
Wáng Dōng: Wǒ tóngxué de lùnwén xūyào hěn duō guówài de zīliào, suǒyǐ wǒ jiù ràng tā qù le.
Hans: Nǐ zhēn shì yí gè “chéngrénzhīměi” de jūnzǐ a.
Wáng Dōng: “Jūnzǐ” suàn bú shàng, duō wèi biéren zhuóxiǎng shì yīnggāi de.
Hans: Zhè shì yì zhǒng měidé a!

Wáng Dōng: Nǐ jīngcháng bāngzhù wǒ chá Yīngwén zīliào, nǐ bù yěshì "jūnzǐ chéngrénzhīměi" ma!

Hans: Nà shì jǔshǒuzhīláo, nǐ hái jìzhe ne!

Wáng Dōng: Dāngrán jìde!

生 词 Vocabulary

算 suàn	regard as; consider	他学习努力，算是一个很不错的学生。
难得 nándé	hard to come by	免费旅游的机会很难得。
着想 zhuóxiǎng	consider (the interests of sb.)	妈妈总是为孩子着想。
美德 měidé	virtue; goodness	喜欢帮助别人是一种美德。
举手之劳 jǔshǒuzhīláo	needing only a slight effort	这只是举手之劳，用不着说谢谢。

扩展阅读 Extra Reading

管仲与鲍叔牙的故事[1]

在汉语中，最好的朋友常被称为“管鲍之交[2]”。管仲和鲍叔牙是中国古代人物。他们是几十年的知心朋友。管仲很有智慧和能力，是政治奇才[3]。但是他家很穷，如果没有鲍叔牙的帮助，即使管仲再有智慧和能力，也没有机会表现出来。鲍叔牙很了解管仲，帮助他解决了很多生活中的困难。后来，鲍叔牙又推荐[4]管仲做了大官，这样管仲才有了机会表现他的智慧和能力。鲍叔牙和管仲的故事表现了鲍叔牙“成人之美”的美德和朋友之间深厚的友情。

[1] 管仲与鲍叔牙的故事 Guǎn Zhòng yǔ Bào Shūyá de gùshi: the story of Guan Zhong and Bao Shuya

[2] 管鲍之交 guǎnbàozhījiāo: the friendship between Guan Zhong and Bao Shuya was very close

[3] 政治奇才 zhèngzhì qícái: political genius

[4] 推荐 tuījiàn: recommend

Guǎn Zhòng yǔ Bào Shūyá de Gùshi

Zài Hànyǔ zhōng, zuì hǎo de péngyou cháng bèi chēngwéi "guǎnbào-zhījiāo". Guǎn Zhòng hé Bào Shūyá shì Zhōngguó gǔdài rénwù. Tāmen shì jǐshí nián de zhīxīn péngyou. Guǎn Zhòng hěn yǒu zhìhuì hé nénglì, shì zhèngzhì qícái. Dànshì tā jiā hěn qióng, rúguǒ méiyǒu Bào Shūyá de bāngzhù, jíshǐ Guǎn Zhòng zài yǒu zhìhuì hé nénglì, yě méiyǒu jīhuì biǎoxiàn chūlái. Bào Shūyá hěn liǎojiě Guǎn Zhòng, bāngzhù tā jiějuéle hěn duō shēnghuó zhōng de kùnnan. Hòulái, Bào Shūyá yòu tuījiàn Guǎn Zhòng zuòle dà guān, zhèyàng Guǎn Zhòng cái yǒule jīhuì biǎoxiàn tā de zhìhuì hé nénglì. Bào Shūyá hé Guǎn Zhòng de gùshi biǎoxiànle Bào Shūyá "chéngrénzhīměi" de měidé hé péngyou zhījiān shēnhòu de yǒuqíng.

33. 君子之交淡如水
Jūnzǐ zhī Jiāo Dàn Rú Shuǐ

解释 Explanation

The friendship between men of virtue（君子）is as pure as water. For example:

1. 君子之交淡如水，他们天天一起吃喝玩乐，这只能算是酒肉朋友[1]，不能算是真正的友情。

2. Anna想请白云吃饭，感谢白云帮助她修改文章。可是白云总是说："君子之交淡如水，我们都是好朋友，不用客气。"

对话 Conversation

好朋友

Anna：比尔，你在看什么？
Bill：我在看王东帮我修改的文章。
Anna：我觉得王东对你的帮助很大。
Bill：是的，他经常帮我修改文章。我们俩没事儿的时候喜欢坐在茶馆里聊天儿，谈我们感兴趣的话题。有时候我把我的画儿送给他，他送给我他写的诗。
Anna：真正的好朋友非常看重友情，有句古语是"君子之交淡如水"。
Bill：我懂这句话。中国人经常把"君子"看做是善良、正直的人。王东就是一个这样的人。
Anna：以后我也参加你们的聊天儿。
Bill：欢迎你参加！

Hǎo Péngyou

Anna: Bill, nǐ zài kàn shénme?
Bill: Wǒ zài kàn Wáng Dōng bāng wǒ xiūgǎi de wénzhāng.
Anna: Wǒ juéde Wáng Dōng duì nǐ de bāngzhù hěn dà.
Bill: Shì de, tā jīngcháng bāng wǒ xiūgǎi wénzhāng. Wǒmenliǎ méi shìr de shíhou, xǐhuan zuò zài cháguǎn li liáotiānr, tán wǒmen gǎn xìngqù de huàtí. Yǒu shíhou wǒ bǎ wǒ de huàr sònggěi tā, tā sònggěi wǒ tā xiě de shī.

---

[1] 酒肉朋友 jiǔròu péngyou: fair-weather friend

Anna: Zhēnzhèng de hǎo péngyou fēicháng kànzhòng yǒuqíng，yǒu jù gǔyǔ shì "jūnzǐ zhī jiāo dàn rú shuǐ".

Bill: Wǒ dǒng zhè jù huà. Zhōngguórén jīngcháng bǎ "jūnzǐ" kànzuò shì shànliáng，zhèngzhí de rén. Wáng Dōng jiù shì yí gè zhèyàng de rén.

Anna: Yǐhòu wǒ yě cānjiā nǐmen de liáotiānr.

Bill: Huānyíng nǐ cānjiā!

生 词 Vocabulary

俩 liǎ	two	咱们俩去吃火锅吧！
话题 huàtí	subject (of a talk or conversation)	电影是我们都感兴趣的话题。
看重 kànzhòng	regard as important	这个公司老板很看重一个人的能力。
淡 dàn	light	他喜欢淡蓝色。
正直 zhèngzhí	honest; upright	他是一个正直的人。

扩展阅读 Extra Reading

老子[1]的水哲学

中国古代思想家和哲学家老子最早把水提到哲学的高度进行论述[2]。老子认为，天下最柔弱的东西是水，但是水可以攻击坚硬的东西[3]，没有什么力量能胜过[4]水。老子主张以弱胜强，以柔克刚[5]。老

[1] 老子 Lǎozǐ: Lao Zi , the ancient Chinese philosopher and founder of Taoism, lived in the Spring and Autumn Period around 6th century BC

[2] 论述 lùnshù: analyze; expound

[3] 攻击坚硬的东西 gōngjī jiānyìng de dōngxi: attack sth. hard

[4] 胜过 shèngguò: excel; surpass

[5] 以弱胜强，以柔克刚 yǐ ruò shèng qiáng，yǐ róu kè gāng: the weak overcoming the strong

子的《道德经》[1]里有句话是"上善若水，水善利万物而不争。"[2]这句话的意思是：最高的善就像水一样，因为水善于帮助万物，又不跟万物争什么好处。

Lǎozǐ de Shuǐ Zhéxué

Zhōngguó gǔdài sīxiǎngjiā hé zhéxuéjiā Lǎozǐ zuì zǎo bǎ shuǐ tídào zhéxué de gāodù jìnxíng lùnshù. Lǎozǐ rènwéi, tiānxià zuì róuruò de dōngxi shì shuǐ, dànshì shuǐ kěyǐ gōngjī jiānyìng de dōngxi, méiyǒu shénme lìliàng néng shèngguò shuǐ. Lǎozǐ zhǔzhāng yǐ ruò shèng qiáng, yǐ róu kè gāng. Lǎozǐ de "Dàodéjīng" li yǒu jù huà shì "shàng shàn ruò shuǐ, shuǐ shàn lì wàn wù ér bù zhēng." Zhè jù huà de yìsi shì: Zuì gāo de shàn jiù xiàng shuǐ yíyàng, yīnwèi shuǐ shànyú bāngzhù wànwù,yòu bù gēn wànwù zhēng shénme hǎochu.

---

[1]《道德经》"Dàodéjīng": *Tao Te Ching* by Lao Zi

[2] 上善若水，水善利万物而不争 shàng shàn ruò shuǐ, shuǐ shàn lì wàn wù ér bù zhēng: **The highest good is like that of water, and the goodness of water benefits all the things in the world, yet water itself does not strive.**

34. 开卷有益 Kāijuàn-yǒuyì

解释 Explanation

There are always advantages（益）in opening a book; reading always enriches the mind. For example:

1. 开卷有益，多读点书没有坏处[1]。
2. 我经常逛书店，翻开新书看看，开卷有益，我还真学到不少东西。

对话 Conversation

开卷考试[2]

Anna：Bill，快考试了，你怎么还不复习？
Bill： 不要紧，这次是开卷考试，多带些参考书[3]就行了。
Anna：谁告诉你是开卷考试？
Bill： 老师不是说开卷有益吗？“开卷有益”就是开卷考试有好处，对吧？

[1] 坏处 huàichu: harm; disadvantage
[2] 开卷考试 kāijuàn kǎoshì: open-book exam
[3] 参考书 cānkǎoshū: reference book

Anna：哈哈，开卷有益不是这个意思。你肯定没有聚精会神地听老师讲课。

Bill：那“开卷有益”是什么意思？

Anna：开卷有益的“卷”指的是书，“开卷”就是把书翻开，读书。“益”是好处。成语“开卷有益“的意思是：读书对人有好处。老师说“开卷有益”是鼓励我们要经常读书，不是考试开卷。你快回去复习吧！

Bill：我明白了。谢谢你的提醒！

Anna：不用谢！以后上课认真听课就行了。

Kāijuàn Kǎoshì

Anna: Bill, kuài kǎoshì le, nǐ zěnme hái bù fùxí?

Bill: Bú yàojǐn, zhè cì shì kāijuàn kǎoshì, duō dài xiē cānkǎoshū jiù xíng le.

Anna: Shuí gàosu nǐ shì kāijuàn kǎoshì?

Bill: Lǎoshī bú shì shuō kāijuàn-yǒuyì ma? “Kāijuàn-yǒuyì” jiùshì kāijuàn kǎoshì yǒu hǎochu, duì ba?

Anna: Hāhā, kāijuàn-yǒuyì bú shì zhège yìsi. Nǐ kěndìng méiyǒu jùjīng-huìshén de tīng lǎoshī jiǎngkè.

Bill: Nà “kāijuàn-yǒuyì” shì shénme yìsi?

Anna: Kāijuàn-yǒuyì de “juàn” zhǐ de shì shū, “kāijuàn” jiùshì bǎ shū fānkāi, dú shū. “Yì” shì hǎochu. Chéngyǔ “kāijuàn-yǒuyì” de yìsi shì: Dúshū duì rén yǒu hǎochu. Lǎoshī shuō “kāijuàn-yǒuyì” shì gǔlì wǒmen jīngcháng dú shū, bú shì kāijuàn kǎoshì. Nǐ kuài huíqù fùxí ba!

Bill: Wǒ míngbai le. Xièxie nǐ de tíxǐng!

Anna: Bú yòng xiè!

生 词 Vocabulary

不要紧 bú yàojǐn	It doesn't matter.; Never mind.	我的病不要紧，吃点药就好了。
好处 hǎochu	benefit; advantage	多吃蔬菜对健康有好处。
复习 fùxí	review	考试前需要复习功课。
提醒 tíxǐng	remind	如果我忘记了，你要提醒我。

扩展阅读 Extra Reading

读书的好处

读书是一件很有趣、很有意义的事情。喜欢读书的人走到哪儿都离不开书。很多人工作很忙，但是一有空儿就会把书翻开，开始读书。宋太宗赵光义 [1] 每天都要读书，如果有事耽误 [2] 了，就找时间补上。他说，“开卷有益，读书不是使人劳累 [3] 的事情。”读书不仅让人学到很多东西，而且还常常让人觉得愉快，忘记了劳累。

Dú Shū de Hǎochu

Dú shū shì yí jiàn hěn yǒuqù, hěn yǒu yìyì de shìqing. Xǐhuan dú shū de rén zǒudào nǎr dōu lí bu kāi shū. Hěn duō rén gōngzuò hěn máng, dànshì yì yǒukòngr, jiù huì bǎ shū fānkāi, kāishǐ dú shū. Sòngtàizōng zhào Guāngyì měi tiān dōu yào dú shū, rúguǒ yǒu shì dānwu le, jiù zhǎo shíjiān bǔshàng. Tā shuō, “Kāijuàn-yǒuyì, wǒ rènwéi dú shū bú shì shǐ rén láolèi de shìqing.” Dú shū bùjǐn ràng rén xuédào hěn duō dōngxi, érqiě hái chángcháng ràng rén juéde yúkuài, wàngjìle láolèi.

---

[1] 宋太宗 Sòngtàizōng: Emperor Taizong (939-997), of the Northern Song Dynasty

[2] 耽误 dānwu: be late for sth. or fail to achieve a desired goal or perform a job because of a delay

[3] 劳累 láolèi: exhausting

35. 刻舟求剑
Kèzhōu-qiújiàn

解释 Explanation

Nick the boat（舟）to seek the lost sword（剑）. To carve the gunwale of a moving boat to seek sword dropped into the water; do something in disregard of changed circumstances. For example:

1. 时代变了，还按十年前的方法去做是不对的。这是刻舟求剑的想法。

2. 解决问题要根据现实情况找出最合适的办法，不要刻舟求剑。

对话 Conversation

吃了吗？

Anna：王东，我问你一个问题。

王东：什么问题？

Anna：是怎么打招呼[1]的问题。昨天晚上，我碰见李老师在散步，我对她说："吃了吗？"她说我的中文很地道。

王东：对啊！

[1] 打招呼 dǎ zhāohu: greet sb.

Anna：可是今天我碰到张丽，我也对她说："你吃了吗？"她就笑了，她说现在是下午三点，你问的是吃午饭吗？

王东：哦，是时间不对。

Anna：熟人见面，问一句"吃了吗"就跟说"你好"一样啊，不是显得很亲切吗？

王东：这两句话的意思和用法不完全一样。说"吃了吗"要看时间、环境，还要看你跟谁说。而"你好"什么时间都能说。你要灵活一点儿，不能刻舟求剑。

Anna：明白了。我还是用"你好"跟人打招呼吧！

Chī le ma?

Anna: Wáng Dōng, wǒ wèn nǐ yí gè wèntí.

Wáng Dōng: Shénme wèntí?

Anna: Shì zěnme dǎ zhāohu de wèntí. Zuótiān wǎnshang, wǒ pèngjiàn Lǐ lǎoshī zài sànbù, wǒ duì tā shuō: "Chī le ma?" Tā shuō wǒ de Zhōngwén hěn dìdao.

Wáng Dōng: Duì a!

Anna: Kěshì jīntiān wǒ pèngdào Zhāng Lì, wǒ yě duì tā shuō: "Nǐ chī le ma?" Tā jiù xiào le, tā shuō xiànzài shì xiàwǔ sān diǎn, nǐ wèn de shì chī wǔfàn ma?

Wáng Dōng: Ò, shì shíjiān bú duì.

Anna: Shúrén jiàn miàn, wèn yí jù "Chī le ma" jiù gēn shuō "Nǐ hǎo" yíyàng a, bú shì xiǎnde hěn qīnqiè ma?

Wáng Dōng: Zhè liǎng jù huà de yìsi hé yòngfǎ bù wánquán yíyàng. Shuō "chī le ma" yào kàn shíjiān, huánjìng, hái yào kàn nǐ gēn shuí shuō huà. Ér "nǐ hǎo" shénme shíjiān dōu néng shuō. Nǐ yào línghuó yìdiǎnr, bù néng kèzhōu-qiújiàn.

Anna: Míngbai le. Wǒ háishi yòng "nǐ hǎo" gēn rén dǎ zhāohu ba!

生 词 Vocabulary

碰见	pèngjiàn	meet with; come across	我昨天在街上碰见了老同学。
散步	sànbù	take a walk	我每天晚上都要散步。
地道	dìdao	very good; real; pure	杰克的汉语说得很地道。
熟人	shúrén	acquaintance	杰克刚到这个学校，一个熟人都没有。
显得	xiǎnde	look; seem; appear	节日的天安门显得更加壮丽。
亲切	qīnqiè	kind	老师对我们说话很亲切。
环境	huánjìng	environment	环境卫生，人人有责。

扩展阅读 Extra Reading

"刻舟求剑"的故事

楚国有个人坐船过河时，不小心把剑掉入河中。他在船上刻下记号，说："我的剑就是从这儿掉下去的"。船一靠岸，他就在有记号的地方跳入河中找剑，找了半天，也没找到。别人对他说："船一直在走，而你的剑早就沉到河底一动也不动了，你怎么会在这儿找到剑呢？"

"Kèzhōu-qiújiàn" de Gùshi

Chǔguó yǒu gè rén zuò chuán guò hé shí, bù xiǎoxīn bǎ jiàn diàorù hé zhōng. Tā zài chuán shang kèxià jìhào, shuō: "Wǒ de jiàn jiùshi cóng zhèr diào xiàqù de." Chuán yí kào àn, tā jiù zài yǒu jìhào de dìfang tiàorù hé zhōng zhǎo jiàn, zhǎole bàntiān, yě méi zhǎodào. Biéren duì tā shuō: "Chuán yìzhí zài zǒu, ér nǐ de jiàn zǎojiù chén dào hédǐ yí dòng yě bú dòng le, nǐ zěnme huì zài zhèr zhǎodào jiàn ne?"

36. 礼之用，和为贵
Lǐ zhī Yòng， Hé wéi Guì

解释 Explanation

In practicing the rites（礼）, it is harmony（和）that is prized. In ancient China, the emperors practiced rites to rule their countries and educate the people. They attached great importance to harmony. This is a line from *The Analects of Confucius*. Now 和为贵 is often used to indicate that harmony is the best policy when interacting with others. For example:

1. 礼之用，和为贵。在工作中，他和同事[1]们互相尊重，讲礼貌，相处得非常愉快。

2. 人与人相处应该“和为贵”，也就是大家在一起要互相尊重[2]，和睦相处[3]。

对话 Conversation

和为贵

（张丽很不高兴地走进教室）

[1] 同事 tóngshì: colleague

[2] 尊重 zūnzhòng: respect; value

[3] 和睦 hémù: harmonious; in harmony

白云：张丽，怎么了？脸拉这么长[1]。
张丽：真倒霉！我跟楼下商店的服务员吵架了。
白云：怎么回事呀？
张丽：我刚才想买一杯咖啡，可是服务员拿给我一杯茶。我说，我要的是咖啡，不是茶，请她换一杯咖啡，她不给我换，我们就吵起来了。
白云：是挺气人的。后来呢？
张丽：很多人都过来劝我们，说大家要"和为贵"。
白云：是啊！特别是做生意的人，"和气生财[2]"嘛。最后怎么办了？
张丽：最后，那个服务员只好重新给了我一杯咖啡。
白云：别生气了，如果你的态度好一点儿，可能也不会吵起来。都是一些鸡毛蒜皮的小事，大家相处还是要"和为贵"。
张丽：是的，我说话的态度不好，以后我也要注意，有话好好说。

Hé Wéi Guì

(Zhāng Lì hěn bù gāoxìng de zǒujìn jiàoshì)
Bái Yún: Zhāng Lì, zěnme le? Liǎn lā zhème cháng.
Zhāng Lì: Zhēn dǎoméi! Wǒ gēn lóuxià shāngdiàn de fúwùyuán chǎojià le.
Bái Yún: Zěnme huíshì ya?
Zhāng Lì: Wǒ gāngcái xiǎng mǎi yì bēi kāfēi, kěshì fúwùyuán nágěi wǒ yì bēi chá. Wǒ shuō, wǒ yào de shì kāfēi, bú shì chá, qǐng tā huàn yì bēi kāfēi, tā bù gěi wǒ huàn, wǒmen jiù chǎo qǐlái le.
Bái Yún: Shì tǐng qìrén de. Hòulái ne?
Zhāng Lì: Hěn duō rén dōu guòlái quàn wǒmen, shuō dàjiā yào "hé wéi guì".
Bái Yún: Shì a! Tèbié shì zuò shēngyi de rén, "héqishēngcái" ma. Zuìhòu zěnmebàn le?
Zhāng Lì: Zuìhòu, nàge fúwùyuán zhǐhǎo chóngxīn gěile wǒ yì bēi kāfēi.

---

[1] 脸拉这么长 liǎn lā zhème cháng: pull a long face (being angry, unhappy)
[2] 和气生财 héqishēngcái: friendliness is conducive to business success; harmony brings wealth

Bái Yún: Bié shēngqì le, rúguǒ nǐ de tàidù hǎo yìdiǎnr, kěnéng yě bú huì chǎo qǐlái. Dōu shì yìxiē jīmáo-suànpí de xiǎo shì, dàjiā xiāngchǔ háishi yào "hé wéi guì".

Zhāng Lì: Shì de, wǒ shuō huà de tàidù bù hǎo, yǐhòu wǒ yě yào zhùyì, yǒu huà hǎohāo shuō.

生词 Vocabulary

相处 xiāngchǔ	get along with one another	大家相处得很好。
倒霉 dǎoméi	have bad luck; be out of luck	每个人都会碰上倒霉的事。
生意 shēngyi	business	他们的生意做得不错。
态度 tàidù	attitude	这家商店的服务员态度很好。

扩展阅读 Extra Reading

郑和下西洋[1]

1405年，中国航海家郑和带着62条"宝船"[2]、27800多人的船队开始了第一次航海。以后郑和率领他的船队又出海远航了六次，访问了30多个西太平洋[3]和印度洋[4]的国家和地区，同东南亚[5]和东非[6]各国建立了友好关系，并进行了经济和文化交流。无论是大国还

[1] 郑和下西洋 Zhèng Hé xià Xīyáng: Zheng He (1371–1433), a Chinese navigator, explorer and diplomat, who made seven voyages to the west from 1405 to 1433

[2] 宝船 bǎochuán: the largest ship in Zheng He's fleet. The ship was about 148 meters long and 60 meters wide, could hold about 1000 sailors, and carried Chinese silk, chinaware, etc., for foreign trading during the seven voyages.

[3] 西太平洋 Xī Tàipíngyáng: West Pacific Ocean

[4] 印度洋 Yìndùyáng: Indian Ocean

[5] 东南亚 Dōngnányà: Southeast Asia

[6] 东非 Dōngfēi: East Africa

是小国，强国还是弱国[1]，郑和的船队都是以礼相待[2]，表现了中国“和为贵”的传统思想。

Zhèng Hé Xià Xīyáng

1450 nián, Zhōngguó hánghǎijiā Zhèng Hé dàizhe 62 tiáo "bǎo chuán", 27800 duō rén de chuánduì kāishǐle dì-yī cì hánghǎi. Yǐhòu Zhèng Hé shuàilǐng tā de chuánduì yòu chū hǎi yuǎnhángle liù cì, fǎngwènle 30 duō gè xī Tàipíngyáng hé Yìndùyáng de guójiā hé dìqū, tóng Dōngnányà hé Dōngfēi gè guó jiànlìle yǒuhǎo guānxi, bìng jìnxíngle jīngjì hé wénhuà jiāoliú. Wúlùn shì dà guó háishi xiǎo guó, qiáng guó háishi ruò guó, Zhèng Hé de chuánduì dōu shì yǐlǐxiāngdài, biǎoxiànle Zhōngguó "hé wéi guì" de chuántǒng sīxiǎng.

[1] 弱国 ruò guó: weak country
[2] 以礼相待 yǐlǐxiāngdài: treat sb. with due respect

37. 良药苦口利于病，忠言逆耳利于行
Liángyào Kǔ Kǒu Lì yú Bìng, Zhōngyán Nì Ěr Lì yú Xíng

解释 Explanation

Good medicine（良药）is bitter in the mouth（苦口）but good for the disease; sincere advice（忠言）offends the ear（逆耳）but is good for the conduct; a bitter medicine cures sickness, and honest advice may sound unpleasant to the ear (逆耳), but it is useful. For example:

1. 良药苦口利于病，忠言逆耳利于行。大家的批评[1]虽然不好听，但是对我有好处。

2. 他天天玩电子游戏[2]，妈妈经常批评他。妈妈的话是良药苦口利于病，忠言逆耳利于行。

[1] 批评 pīpíng: criticize; criticism

[2] 电子游戏 diànzǐ yóuxì: electronic game

对 话 Conversation

看中医

中医：请问，你哪儿不舒服？

Hans：我的胃[1]不舒服，经常胃疼。

中医：我看看你的舌头。嗯，我再给你诊诊脉[2]。

Hans：我的病严重吗？

中医：不严重。你的消化功能[3]不太好。我给你开点儿中药。一天吃三次，连续吃三天。如果你还不舒服，就再来看看。

Hans：医生，听说中药很苦啊！

中医：是挺苦的，俗话说“良药苦口利于病”。

Hans：哦，明白了！谢谢大夫！

医生：不客气！

Kàn Zhōngyī

Yīshēng: Qǐngwèn, nǐ nǎr bù shūfu?

Hans: Wǒ de wèi bù shūfu, jīngcháng wèiténg.

Yīshēng: Wǒ kànkan nǐ de shétou. Èn, wǒ zàigěi nǐ zhěnzhen mài.

Hans: Wǒ de bìng yánzhòng ma?

Yīshēng: Bù yánzhòng. Nǐ de xiāohuà gōngnéng bú tài hǎo. Wǒ gěi nǐ kāi diǎnr Zhōngyào. Yì tiān chī sān cì, liánxù chī sān tiān. Rúguǒ nǐ hái bù shūfu, jiù zài lái kànkan.

Hans: Yīshēng, tīngshuō Zhōngyào hěn kǔ a!

Yīshēng: Shì tǐng kǔ de, súhuà shuō “liángyào kǔ kǒu lì yú bìng”.

Hans: Ò, míngbai le! Xièxie dàifu!

Yīsheng: Bú kèqi!

---

[1] 胃 wèi: stomach

[2] 诊脉 zhěnmài: feel the pulse at the wrist of a patient and make a diagnosis according to the pulse

[3] 消化功能 xiāohuà gōngnéng: digestion

生词 Vocabulary

中医 Zhōngyī	Chinese medical science; doctor of Chinese medicine	中医历史悠久。
严重 yánzhòng	serious	你的错误很严重。
中药 Zhōngyào	traditional Chinese medicine	中药的味道都很苦。
连续 liánxù	continuously	雨连续下了三天。
苦 kǔ	bitter	中药比较苦。 他干工作不怕苦，不怕累。
治 zhì	cure	他的胃病治好了。

扩展阅读 Extra Reading

忠言逆耳

“忠言”是对朋友真心和正直的劝告[1]。“忠言”对一个人是很有帮助的。但是有时候“忠言”听起来让人感到不舒服，也就是“逆耳”的意思，因为人们都喜欢听漂亮话[2]。在中国历史上，有很多忠臣[3]都给皇帝提过“忠言”，可是有些皇帝不愿意听，于是他们被贬职[4]，有的忠臣回老家种田，有的被送到边远地区做官[5]。大诗人屈原[6]、苏东坡等都有过这样的经历。

[1] 劝告 quàngào: advise; warn

[2] 漂亮话 piàolianghuà: flattery; compliment

[3] 忠臣 zhōngchén: loyal court official

[4] 贬职 biǎn zhí: demote

[5] 做官 zuò guān: hold an official post

[6] 屈原 Qū Yuán: Qu Yuan (about 340-278 BC), a poet of Chu during the Warring States Period. His works are known as *Chu Ci*（楚辞）. His death is traditionally commemorated on 端午节, Dragon Boat Festival.

Zhōngyán-nì'ěr

"Zhōngyán" shì duì péngyou zhēnxīn hé zhèngzhí de quàngào. "Zhōngyán" duì yí gè rén shì hěn yǒu bāngzhù de. Dànshì yǒushíhou "zhōngyán" tīng qǐlái ràng rén gǎndào bù shūfu, yě jiùshì "nì'ěr" de yìsi, yīnwèi rénmen dōu xǐhuan tīng piàolianghuà. Zài Zhōngguó lìshǐ shang, yǒu hěn duō zhōngchén dōu gěi huángdì tíguò "zhōngyán", kěshì yǒuxiē huángdì bú yuànyì tīng, yúshì tāmen bèi biǎn zhí, yǒude zhōngchén huí lǎojiā zhòng tián, yǒude bèi sòngdào biānyuǎn dìqū zuò guān. Dà shīrén Qū Yuán, Sū Dōngpō děng dōu yǒuguò zhèyàng de jīnglì.

38. 两全其美 Liǎngquánqíměi

解释 Explanation

Satisfy both sides; to the satisfaction of both parties. For example:

1. 只给妻子买礼物，妈妈会不高兴。只给妈妈买礼物，妻子也会不高兴。他想了一个两全其美的办法，给妻子买一条项链[1]，给妈妈买一副手镯[2]。

[1] 项链 xiàngliàn: necklace
[2] 一副手镯 yí fù shǒuzhuó: a pair of bracelets

2. 他和朋友竞争同一个工作，他既想得到工作，又不想失去[1]朋友，但没有办法做到两全其美。

对话 Conversation

旅游计划

王东：Hans，下个星期就开始放暑假了，你有什么打算？

Hans：当然是去旅游。我想去四川的九寨沟看看，听说那里的风景美极了，吸引了很多游客。

王东：我也想去。咱们一起去吧！你打算跟旅行社去吗？

Hans：不，我不喜欢按照旅行社的路线去旅游。

王东：我也是，但是如果不参加旅行社，买机票、订旅馆可能有点儿麻烦，因为暑假是旅游的旺季，游客太多了。

Hans：那怎么办呢？

王东：你看这样行不行，我们跟旅行社签一个合同，我们自己决定旅行路线，让旅行社按照我们的路线来订票、订房间。

Hans：这个主意不错，真是两全其美啊！

王东：那我们就这样决定了。

Lǚyóu Jìhuà

Wáng Dōng: Hans, xià gè xīngqī jiù kāishǐ fàng shǔjià le, nǐ yǒu shénme dǎsuàn?

Hans: Dāngrán shì qù lǚyóu. Wǒ xiǎng qù Sìchuān de Jiǔzhàigōu kànkan, tīngshuō nàlǐ de fēngjǐng měi jíle, xīyǐnle hěn duō yóukè.

Wáng Dōng: Wǒ yě xiǎng qù. Zánmen yìqǐ qù ba! Nǐ dǎsuàn gēn lǚxíngshè qù ma?

[1] 失去 shīqù: lose

Hans:	Bù, wǒ bù xǐhuan ànzhào lǚxíngshè de lùxiàn qù lǚyóu.
Wáng Dōng:	Wǒ yě shì, dànshì rúguǒ bù cānjiā lǚxíngshè, mǎi jīpiào, dìng lǘguǎn kěnéng yǒudiǎnr máfan, yīnwèi shǔjià shì lǚyóu de wàngjì, yóukè tài duō le.
Hans:	Nà zěnme bàn ne?
Wáng Dōng:	Nǐ kàn zhèyàng xíng bu xíng, wǒmen gēn lǚxíngshè qiān yí gè hétong, wǒmen zìjǐ juédìng lǚxíng lùxiàn, ràng lǚxíngshè ànzhào wǒmen de lùxiàn lái dìngpiào, dìng fángjiān.
Hans:	Zhège zhǔyi búcuò, zhēnshi liǎngquánqíměi a!
Wáng Dōng:	Nà wǒmen jiù zhèyàng juédìng le.

生 词 Vocabulary

暑假 shǔjià	summer holiday	孩子们都希望快点儿放暑假。
……极了 …jíle	extremely; to the greatest extent	他们爬了一天的山，累极了。
吸引 xīyǐn	attract; fascinate	电视剧《西游记》很好看，吸引了很多观众。
旅行社 lǚxíngshè	travel agency	玛丽在一家旅行社工作。
按照 ànzhào	according to	我们要按照老师的要求做作业。

扩展阅读 Extra Reading

"两全其美"的小故事

王东的诗很好，Bill 的画儿画得不错。学校要举行一个画展，Bill 准备参加。他画了一幅九寨沟的风景画儿，准备送去展览。可是他觉得这幅画儿看上去少了点儿什么，于是就请王东提意见。王东以前写过一首诗叫"九寨神韵"。王东看了 Bill 的画儿，说："你的画儿上没有字，我的诗没有画儿，干脆[1]把我的诗写在你的画儿上，这样诗情画意都有了，两全其美。" Bill 一听，高兴地说："这真是一

[1] 干脆 gāncuì: simply; just

个好主意！”于是王东就把他的诗写在了 Bill 的画儿上。

“Liǎngquánqíměi” de Xiǎo Gùshi

Wáng Dōng de shī hěn hǎo, Bill de huàr huà de búcuò. Xuéxiào yào jǔxíng yí gè huàzhǎn, Bill zhǔnbèi cānjiā. Tā huàle yì fú Jiǔzhàigōu de fēngjǐnghuàr, zhǔnbèi sòngqù zhǎnlǎn. Kěshì tā juéde zhè fú huàr kàn shàngqù shǎole diǎnr shénme, yúshì jiù qǐng Wáng Dōng tí yìjiàn. Wáng Dōng yǐqián xiěguò yì shǒu shī jiào “Jiǔzhài shényùn”. Wáng Dōng kànle Bill de huàr, shuō: “Nǐ de huàr shang méiyǒu zì, wǒ de shī méiyǒu huàr, gāncuì bǎ wǒ de shī xiězài nǐ de huàr shang, zhèyàng shīqíng-huàyì dōu yǒu le, liǎngquánqíměi.” Bill yì tīng, gāoxìng de shuō: “Zhè zhēnshi yí gè hǎo zhǔyi!” Yúshì Wáng Dōng jiù bǎ tā de shī xiězàile Bill de huàr shang.

39. 两相情愿 Liǎngxiāng-qíngyuàn

解释 Explanation

Both parties are willing to do something; both sides agree of their own free will; two people getting married of their own free choice. For example:

1. 买东西和卖东西要两相情愿才行。

2. 小张喜欢小李的那张熊猫邮票[1]，小李喜欢小张的一幅画儿，他俩两相情愿，互相交换[2]。

对话 Conversation

租房子

Anna：Lucy，我们租房的合同到期了。我打电话问问房东[3]，要不要重新签合同。

（Anna 给房东打了电话）

Lucy：房东怎么说？

Anna：房东说他要涨房租。

Lucy：那我们就不租他的房子了。

Anna：对！他要涨租金，我们就不租了。做生意要两相情愿！

Lucy：现在租房的广告很多，不怕不识货，就怕货比货。我们再找找看。

Anna：对啊！你看，这儿有一个租房广告！两室一厅[4]的，离我们学校也不太远。价格也比较合理。

Lucy：我们打电话问一问吧！

Anna：行！

Zū Fángzi

Anna: Lucy, wǒmen zū fáng de hétong dào qī le. Wǒ dǎ diànhuà wènwen fángdōng, yào bu yào chóngxīn qiān hétong.

---

[1] 熊猫邮票 xióngmāo yóupiào: a stamp printed with a giant panda

[2] 交换 jiāohuàn: exchange; change for

[3] 房东 fángdōng: landlord

[4] 两室一厅 liǎng shì yì tīng: an apartment with two bedrooms and one living room

(Anna gěi fángdōng dǎle diànhuà)

Lucy: Fángdōng zěnme shuō?

Anna: Fángdōng shuō tā yào zhǎng fāngzū.

Lucy: Nà wǒmen jiù bù zū tā de fángzi le.

Anna: Duì! Tā yào zhǎng zūjīn, wǒmen jiù bù zū le. Zuò shēngyi yào liǎngxiāng-qíngyuàn!

Lucy: Xiànzài zūfáng de guǎnggào hěn duō, bú pà bù shí huò, jiù pà huò bǐ huò. Wǒmen zài zhǎozhao kàn.

Anna: Duì a! Nǐ kàn, zhèr yǒu yí gè zū fáng guǎnggào! Liǎng shì yì tīng de, lí wǒmen xuéxiào yě bú tài yuǎn. Jiàgé yě bǐjiào hélǐ.

Lucy: Wǒmen dǎ diànhuà wèn yi wèn ba!

Anna: Xíng!

生 词 Vocabulary

租 zū	rent	我想在学校里租一间房子。
到期 dào qī	expire; become due	工作的合同到期了，他又开始找工作了。
租金 zūjīn	rent	租金虽然有点儿贵，但是房子很不错。
涨 zhǎng	increase	房东准备涨租金。
广告 guǎnggào	advertisement	小王在一家广告公司找到了工作。
合理 hélǐ	reasonable	这家商店的价格比较合理。

扩展阅读 Extra Reading

周瑜打黄盖[1]，两相情愿

“周瑜打黄盖”是《三国演义》里一个很有名的故事。曹操[2]带了很多士兵要攻打吴国。他为了了解吴国的情况，就让两个人去吴

[1] 周瑜打黄盖 Zhōu Yú dǎ Huáng Gài: Zhou Yu whips Huang Gai, a story in *Romance of the Three Kingdoms*

[2] 曹操 Cáo Cāo: Cao Cao (155-220), a politician and strategist of the Kingdom of Wei (魏国)

国假装投降。周瑜[1]为了让曹操上当,和他的老将军黄盖[2]商量了一下,决定使用苦肉计[3]迷惑曹操的使者。在周瑜和部下们开会的时候,黄盖假装与周瑜意见不同,对周瑜说话没有礼貌。周瑜也假装非常生气,要把黄盖处死[4]。周瑜的将军们苦苦地请求他不要杀死黄盖。周瑜假装决定不杀死黄盖,但是要打黄盖。周瑜让人狠狠地打了黄盖。打完之后,黄盖连床都起不来了。周瑜故意让曹操的使者[5]看到了这一切。然后,黄盖让曹操的使者给曹操送去自己的诈降书[6]。曹操看了诈降书,又听了周瑜打黄盖的事,就相信了黄盖。结果曹操上当[7]了,在赤壁大战[8]中大败。这就是周瑜打黄盖的故事。周瑜故意打,黄盖也愿意被打,这就是"两相情愿"。

Zhōu Yú dǎ Huáng Gài, Liǎngxiāng-qíngyuàn

"Zhōu Yú dǎ Huáng Gài" shì "Sānguó Yǎnyì" li yí gè hěn yǒumíng de gùshi. Cáo Cāo dàile hěn duō shìbīng yào gōngdǎ Wúguó. Tā wèile liǎojiě Wúguó de qíngkuàng, jiù ràng liǎng gè rén qù Wúguó jiǎzhuāng tóuxiáng. Zhōu Yú wèile ràng Cáo Cāo shàng dàng, hé tā de lǎo jiāngjūn Huáng Gài shāngliangle yíxià, juédìng shǐyòng kǔròujì míhuò Cáo Cāo de shǐzhě. Zài Zhōu Yú hé bùxiàmen kāi huì de shíhou, Huáng Gài jiǎzhuāng yǔ Zhōu Yú yìjiàn bù tóng, duì Zhōu Yú shuō huà méiyǒu lǐmào. Zhōu Yú yě jiǎzhuāng fēicháng shēngqì, yào bǎ Huáng Gài chǔsǐ. Zhōu Yú de jiāngjūnmen kǔkǔ de qǐngqiú bú yào shāsǐ Huáng Gài. Zhōu Yú jiǎzhuāng juédìng bù shāsǐ Huáng Gài, dànshì yào dǎ tā. Zhōu Yú ràng

[1] 周瑜 Zhōu Yú: Zhou Yu (175-210), a commander-in-chief of the Kingdom of Wu (吴国)

[2] 黄盖 Huáng Gài: Huang Gai (154-218), a general of the Kingdom of Wu

[3] 苦肉计 kǔròujì: ruse of self-injury (inflicting an injury on oneself to win the confidence of the enemy)

[4] 处死 chǔsǐ: execute; put sb. to death

[5] 使者 shǐzhě: emissary; envoy

[6] 诈降书 zhàxiángshū: letter pretending to surrender

[7] 上当 shàng dàng: be taken in; be fooled

[8] 赤壁大战 Chìbì Dàzhàn: The Battle of Red Cliffs in 208 AD, where the allied forces of Liu Bei (刘备) and Sun Quan (孙权) fought against Cao Cao (曹操). Liu Bei and Sun Quan successfully frustrated Cao Cao's efforts to conquer the land south of the Yangtze River and reunite the territories of the Eastern Han Dynasty.

rén hěnhěn de dǎle Huáng Gài. Dǎ wán zhīhòu, Huáng Gài lián chuáng dōu qǐ bu lái le. Zhōu Yú gùyì ràng Cáo Cāo de shǐzhě kàn dàole zhè yíqiè. Ránhòu, Huáng Gài ràng Cáo Cāo de shǐzhě gěi Cáo Cāo sòngqù zìjǐ de zhàxiángshū. Cáo Cāo kànle zhàxiángshū, yòu tīngle Zhōu Yú dǎ Huáng Gài de shì, jiù xiāngxìnle Huáng Gài. Jiéguǒ Cáo Cāo shàng dàng le, zài Chìbì Dàzhàn zhōng dà bài. Zhè jiùshì Zhōu Yú dǎ Huáng Gài de gùshi. Zhōu Yú gùyì dǎ, Huáng Gài yě yuànyì bèi dǎ, zhè jiùshì "liǎngxiāng-qíngyuàn".

40. 眉飞色舞 Méifēi-sèwǔ

解释 Explanation

With dancing eyebrows (眉) and radiant face; a look of exultation

For example:

1. 一看见他眉飞色舞的样子，我就知道他通过这次考试了。
2. 因为受到了老师的表扬 [1]，他高兴得眉飞色舞。

[1] 表扬 biǎoyáng: praise; commend

对 话 Conversation

开公司

Lucy：看你眉飞色舞的样子，你一定遇到了高兴的事儿，是不是？
Hans：算是吧！我的一个朋友让我帮他开公司。
Lucy：开公司？做生意可不容易啊！
Hans：我不是真的做生意，只是帮一下朋友。现在资金[1]有了，房子也找到了。
Lucy：你们准备卖什么商品？
Hans：卖运动商品，比如运动鞋、运动服装、体恤衫[2]、背包、帽子等等。我熟悉大学生喜欢的样式和品牌，还有……
Lucy：看来你还真熟悉运动商品。
Hans：是啊，你看我身上穿的都是大学生喜欢的品牌。
Lucy：你们什么时候开始营业？
Hans：下个星期六，你来参加我们商店的开业典礼[3]，怎么样？
Lucy：好，一定来。祝你生意兴隆！

Kāi Gōngsī

Lucy: Kàn nǐ méifēi-sèwǔ de yàngzi, nǐ yídìng yùdàole gāoxìng de shìr, shì bu shì?
Hans: Suàn shì ba! Wǒ de yí gè péngyou ràng wǒ bāng tā kāi gōngsī.
Lucy: Kāi gōngsī? Zuò shēngyi kě bù róngyì a!
Hans: Wǒ bú shì zhēn de zuò shēngyi, zhǐshì bāng yíxià péngyou. Xiànzài zījīn yǒu le, fángzi yě zhǎodào le.
Lucy: Nǐmen zhǔnbèi mài shénme shāngpǐn?
Hans: Mài yùndòng shāngpǐn, bǐrú yùndòngxié, yùndòng fúzhuāng, tǐxùshān, bēibāo, màozi děngděng. Wǒ shúxī dàxuéshēng xǐhuan

---

[1] 资金 zījīn: capital; fund
[2] 体恤衫 tǐxùshān: T-shirt
[3] 开业典礼 kāiyè diǎnlǐ: opening ceremony for a new business

de yàngshì hé pǐnpái, háiyǒu...
Lucy: Kànlái nǐ hái zhēn shúxī yùndòng shāngpǐn.
Hans: Shì a, nǐ kàn wǒ shēn shang chuān de dōu shì dàxuéshēng xǐhuan de pǐnpái.
Lucy: Nǐmen shénme shíhou kāishǐ yíngyè?
Hans: Xià gè xīngqīliù, nǐ lái cānjiā wǒmen shāngdiàn de kāiyè diǎnlǐ, zěnmeyàng?
Lucy: Hǎo, yídìng lái. Zhù nǐ shēngyi xīnglóng!

生 词 Vocabulary

商品 shāngpǐn	goods; commodity	运动商品很受学生的欢迎。
运动 yùndòng	sport; athletics	年轻人都喜欢运动。
帽子 màozi	cap; hat	他想买一顶帽子。
品牌 pǐnpái	brand	这个品牌的运动鞋卖完了。
熟悉 shúxī	be familiar with	他很熟悉这方面的情况。
营业 yíngyè	(business) open	这家商店每天都营业。

扩展阅读 Extra Reading

眉开眼笑

汉语里形容高兴、喜悦[1]的成语很多，除了“眉飞色舞”以外，还有“兴高采烈[2]”和“眉开眼笑”。但是它们的用法不太一样。“兴高采烈”有高兴和激动的意思，表示对所做的事情很有兴趣，很高兴。比如：在晚会上，同学们兴高采烈，不停地唱，不停地笑。而“眉开眼笑”的意思是眉头舒展[3]，眼中带笑，形容心情很好。比如：小宝宝[4]会说话了，爸爸妈妈眉开眼笑。

[1] 喜悦 xǐyuè: happy; joyous
[2] 兴高采烈 xìnggāo-cǎiliè: in high spirits; excited
[3] 眉头舒展 méitóu shūzhǎn: unknit one's brows
[4] 小宝宝 xiǎo bǎobao: baby

Méikāi-yǎnxiào

Hànyǔ li xíngróng gāoxìng, xǐyuè de chéngyǔ hěn duō, chúle "méifēi-sèwǔ" yǐwài, háiyǒu "xìnggāo-cǎiliè" hé "méikāi-yǎnxiào". Dànshì tāmen de yòngfǎ bú tài yíyàng. "Xìnggāo-cǎiliè" yǒu gāoxìng hé jīdòng de yìsi, biǎoshì duì suǒ zuò de shìqing hěn yǒu xìngqù, hěn gāoxìng. Bǐrú: Zài wǎnhuì shang, tóngxuémen xìnggāo-cǎiliè, bùtíng de chàng, bùtíng de xiào. Ér "méikāi-yǎnxiào" de yìsi shì méitóu shūzhǎn, yǎn zhōng dài xiào, xíng róng xīnqíng hěn hǎo. Bǐrú: Xiǎo bǎobao huì shuō huà le, bàba māma méikāi-yǎnxiào.

41. 没精打采 Méijīngdǎcǎi

解释 Explanation

Be in low spirit and discouraged; be out of spirits. 精 and 采 in the idiom means spirit. For example:

1. 他失去了工作，整天都没精打采。
2. 比赛输 [1] 了，足球队员们 [2] 没精打采地离开了比赛场。

[1] 输 shū: lose; be defeated

[2] 足球队员们 zúqiú duìyuánmen: players of a football team

对话 Conversation

王冬病了

Bill： 王东，你怎么没精打采的，是不是病了？
王东：我肚子疼。
Bill： 那你得去医院看看，我陪你去。
王东：不用了，我自己去吧！

（在医院）
医生：你哪儿不舒服？
王东：我拉肚子，肚子疼。
医生：昨天都吃什么了？
王东：昨天晚上吃饭时，喝了很多冰镇[1]啤酒，还吃了一些凉菜。
医生：哦，可能是吃了太多的凉东西。没什么大问题，先吃点儿药看看。吃点儿容易消化的食物，比如面条、稀饭什么的。休息两天就好了！
王东：谢谢医生。

Wáng Dōng Bìng le

Bill: Wáng Dōng, nǐ zěnme méijīngdǎcǎi de, shì bu shì bìngle?
Wáng Dōng: Wǒ dùzi téng.
Bill: Nà nǐ děi qù yīyuàn kànkan, wǒ péi nǐ qù.
Wáng Dōng: Bú yòng le, wǒ zìjǐ qù ba!

(zài yīyuàn)
Yīshēng: Nǐ nǎr bù shūfu?
Wáng Dōng: Wǒ lā dùzi, dùzi téng.
Yīshēng: Zuótiān dōu chī shénme le?

[1] 冰镇 bīngzhèn: iced

Wáng Dōng: Zuótiān wǎnshang chī fàn shí, hēle hěn duō bīngzhèn píjiǔ, hái chīle yìxiē liángcài.

Yīshēng: Ò, kěnéng shì chīle tài duō de liáng dōngxi. Méi shénme dà wèntí, xiān chī diǎnr yào kànkan. Chī diǎnr róngyì xiāohuà de shíwù, bǐrú miàntiáo, xīfàn shénme de. Xiūxi liǎng tiān jiù hǎo le!

Wáng Dōng: Xièxie yīshēng.

生 词 Vocabulary

肚子 dùzi	abdomen; belly	他肚子不舒服，就去看医生，吃了点药。
拉肚子 lā dùzi	suffer from diarrhea	他昨天吃了不干净的食物，今天就拉肚子了。
凉菜 liángcài	cold dish	妈妈做的凉菜很好吃。
食物 shíwù	food	孩子们喜欢有甜味儿的食物。
面条 miàntiáo	noodles	中午我们吃面条吧！
稀饭 xīfàn	porridge	稀饭很容易消化。

扩展阅读 Extra Reading

"没精打采"与"兴高采烈"

"没精打采"形容没有精神，情绪[1]低落，也可以说"无精打采"。比如：小梅英语考试没通过，整天都无精打采的。又比如：小张最近被老板炒鱿鱼[2]了，又没找到新的工作，这段时间总是无精打采的。

"没精打采"的反义词是"兴高采烈"。比如：小王买了一辆新车，兴高采烈地开着车回家了；要过春节了，人们兴高采烈地买年货。

[1] 情绪 qíngxù: moods and emotions

[2] 炒鱿鱼 chǎo yóuyú: (of a squid) roll up when being cooked, like rolling up one's quilt to prepare for departure; be fired

"Méijīngdǎcǎi" yǔ "Xìnggāo-cǎiliè"

Chéngyǔ "méijīngdǎcǎi" xíngróng méiyǒu jīngshen, qíngxù dīluò, yě kěyǐ shuō "wújīngdǎcǎi". Bǐrú: Xiǎo Méi Yīngyǔ kǎoshì méi tōngguò, zhěng tiān dōu wújīngdǎcǎi de. Yòu bǐrú: Xiǎo Zhāng zuìjìn bèi lǎobǎn chǎo yóuyú le, yòu méi zhǎodào xīn de gōngzuò, zhè duàn shíjiān zǒngshì wújīngdǎcǎi de.

"Méijīngdǎcǎi" de fǎnyìcí shì "xìnggāo-cǎiliè". Bǐrú: Xiǎo Wáng mǎile yí liàng xīn chē, xìnggāo-cǎiliè de kāizhe chē huí jiā le; Yào guò Chūn Jié le, rénmen xìnggāo-cǎiliè de mǎi niánhuò.

42. 美中不足 Měizhōng-bùzú

解 释 Explanation

Beautiful yet incomplete (不足); a flaw in apparent perfection. For example:

1. 菜的味道很好，美中不足的是有点儿咸了。
2. 这篇小说写得非常好，美中不足的是太长了。

对话 Conversation

中国式[1]的英语

王东：Hans，我在帮一个公园翻译路牌。你看看我翻译得对不对。
Hans：好吧！我看一下。你翻译得不错，只有一句翻译得不太好，有点儿美中不足。
王东：哪一句？
Hans：你看"游人止步"这句话。你的翻译是"Visitors No More Steps"。我觉得应该翻译成"No Visitors!"
王东：对啊，我的翻译有点儿像中国式的英语！
Hans：对，你是把中文一个字一个字翻译成英语了，其实在英语里不这样表达。
王东：谢谢你的指点。
Hans：不客气。我说汉语的时候也是经常遇到这样的问题。
王东：我们学习外语都差不多。以后我们互相指点吧！
Hans：好的，我们互相帮助！

Zhōngguóshì de Yīngyǔ

Wáng Dōng: Hans, wǒ zài bāng yí gè gōngyuán fānyì lùpái. Nǐ kànkan wǒ fānyì de duì bu duì?
Hans: Hǎo ba! Wǒ kàn yíxià. Nǐ fānyì de búcuò, zhǐyǒu yí jù fānyì de bú tài hǎo, yóudiǎnr měizhōng-bùzú.
Wáng Dōng: Nǎ yí jù?
Hans: Nǐ kàn "yóurén zhǐbù" zhè jù huà. Nǐ de fānyì shì "Visitors No More Steps". Wǒ juéde yīnggāi fānyì chéng "No Visitors!"
Wáng Dōng: Duì a, wǒ de fānyì yǒudiǎnr xiàng Zhōngguóshì de Yīngyǔ!
Hans: Duì, nǐ shì bǎ Zhōngwén yí gè zì yí gè zì fānyì chéng Yīngyǔ

---

[1] 中国式 Zhōngguóshì: Chinese style

	le，qíshí zài Yīngyǔ li bú zhèyàng biǎodá.
Wáng Dōng:	Xièxie nǐ de zhǐdiǎn.
Hans:	Bú kèqi. Wǒ shuō Hànyǔ de shíhou yě shì jīngcháng yùdào zhèyàng de wèntí.
Wáng Dōng:	Wǒmen xuéxí wàiyǔ dōu chàbuduō. Yǐhòu wǒmen hùxiāng zhǐdiǎn ba!
Hans:	Hǎo de，wǒmen hùxiāng bāngzhù!

生 词　Vocabulary

公园 gōngyuán	park	我爷爷每天去公园锻炼身体。
路牌 lùpái	street sign	我没看见路牌，结果走错了路。
其实 qíshí	actually; in fact	其实我根本不想去。
指点 zhǐdiǎn	give directions, guidance, or useful tips	谢谢你的指点。

扩展阅读　Extra Reading

生活中的“美”

在生活中我们到处都可以看到“美”，感受到“美”。比如，我们把好吃的食物叫做“美食”或者“美味”，把漂亮的风景叫做“美景”，把好的品德叫做“美德”。把漂亮的姑娘叫做“美人”或者“美女”。还有很多用“美”来形容的抽象事物[1]，比如“美妙[2]的音乐”，“美好的生活”、“美好的前途[3]”、“美好的愿望”等。可以说，人们时时刻刻都[4]在追求美。对一件事非常满意，我们也经常用“十全十美”来形容。

[1] 抽象事物 chōuxiàng shìwù: abstract thing
[2] 美妙 měimiào: beautiful; splendid; wonderful
[3] 前途 qiántú: future prospect
[4] 时时刻刻 shíshí-kèkè: at every moment

Shēnghuó Zhōng de "Měi"

Zài shēnghuó zhōng wǒmen dàochù dōu kěyǐ kàndào "měi", gǎnshòu dào "měi". Bǐrú, wǒmen bǎ hǎo chī de shíwù jiàozuò "měishí" huòzhě "měiwèi", bǎ piàoliang de fēngjǐng jiàozuò "měijǐng", bǎ hǎo de pǐndé jiàozuò "měidé", bǎ piàoliang de gūniang jiàozuò "měirén" huòzhě "měinǚ". Háiyǒu hěn duō yòng "měi" lái xíngróng de chōuxiàng shìwù, bǐrú "měimiào de yīnyuè", "měihǎo de shēnghuó", "měihǎo de qiántú", "měihǎo de yuànwàng" děng. Kěyǐ shuō, rénmen shíshí-kèkè dōu zài zhuīqiú "měi". Duì yí jiàn shì fēicháng mǎnyì, wǒmen yě jīngcháng yòng "shíquán-shíměi" lái xíngróng.

43. 梦寐以求 Mèngmèiyǐqiú

解释 Explanation

Long for something even in one's sleep (寐); try to find something that one dreams of having. For example:

1. 周游世界是我梦寐以求的事情。
2. 这是一个许多年轻人梦寐以求的工作机会，但是他拒绝[1]了。

对话 Conversation

去西藏旅游

Bill：今年暑假我准备和一个叫李江的朋友去西藏旅游。李江喜欢摄影，他说他要拍青藏高原[2]的景色。这是他多年以来梦寐以求的事情。我喜欢画画儿，我想描绘西藏的美丽风景。这也是我梦寐以求的事情。

Anna：我也想去，行吗？

Bill：不行。李江说我们要租一辆汽车，开到雪山上去，那些地方

[1] 拒绝 jùjué: refuse; reject

[2] 青藏高原 Qīngzàng Gāoyuán: Qinghai-Tibet Plateau

很少有人去。你是个女的，跟我们去不方便。

Anna：那你们准备去多长时间？

Bill：至少一个月。

Anna：只有你们两个人去，安全吗？

Bill：我们还邀请了 Hans 和王东。他们也想到西藏去寻找一种神圣的美。

Anna：祝你们一路顺风[1]！

Qù Xīzàng Lǚyóu

Bill: Jīnnián shǔjià wǒ zhǔnbèi hé yí gè jiào Lǐ Jiāng de péngyou qù Xīzàng lǚyóu. Lǐ Jiāng xǐhuan shèyǐng, tā shuō tā yào pāi Qīngzàng Gāoyuán de jǐngsè. Zhè shì tā duō nián yǐlái mèngmèiyǐqiú de shìqing. Wǒ xǐhuan huàhuàr, wǒ xiǎng miáohuì Xīzàng de měilì fēngjǐng. Zhè yě shì wǒ mèngmèiyǐqiú de shìqing.

Anna: Wǒ yě xiǎng qù, xíng ma?

Bill: Bù xíng. Lǐ Jiāng shuō wǒmen yào zū yí liàng qìchē, kāidào xuěshān shang qù, nàxiē dìfang hěn shǎo yǒu rén qù. Nǐ shì ge nǚ de, gēn wǒmen qù bù fāngbiàn.

Anna: Nà nǐmen zhǔnbèi qù duō cháng shíjiān?

Bill: Zhìshǎo yí gè yuè.

Anna: Zhǐyǒu nǐmen liǎng gè rén qù, ānquán ma?

Bill: Wǒmen hái yāoqǐngle Hans hé Wáng Dōng. Tāmen yě xiǎng dào Xīzàng qù xúnzhǎo yì zhǒng shénshèng de měi.

Anna: Zhù nǐmen yílùshùnfēng.

生词 Vocabulary

至少 zhìshǎo	at least	我每个星期至少要去一次超市。
邀请 yāoqǐng	invite	他们邀请留学生一起参加晚会。
神圣 shénshèng	sacred; holy	高山上的白雪是纯洁和神圣的象征。

[1] 祝你们一路顺风 zhù nǐmen yílùshùnfēng: wishing you a good journey

扩展阅读 Extra Reading

"梦寐以求"的小故事

《诗经》[1]是中国第一部诗歌总集,《诗经》里的第一首是爱情诗，叫《关雎》：关关雎鸠，在河之洲。窈窕淑女，君子好逑[2]。参差荇菜，左右流之。窈窕淑女，寤寐求之[3]。这首诗的意思是：古时候有一个小伙子在河边遇见了一位美丽的姑娘。回家以后，他天天想念这位姑娘。这首诗里"寤寐求之"的意思是：无论是醒着还是睡着了，都时时刻刻在想怎样去追求这位美丽的姑娘。"梦寐以求"这个成语由此而来，意思是一个人在睡梦中都不能忘记自己想要得到的东西和想做的事情。

"Mèngmèiyǐqiú" de Xiǎo Gùshi

"Shījīng" shì Zhōngguó dì-yī bù shīgē zǒngjí, "Shījīng" li de dì-yī shǒu shì àiqíng shī, jiào "Guānjū": Guān guān jū jiū, zài hé zhī zhōu. Yáo tiǎo shū nǚ, jūn zǐ hǎo qiú. Zhè shǒu shī de yìsi shì: gǔshíhou yǒu yí gè xiǎohuǒzi zài hé biān yùjiànle yí wèi měilì de gūniang. Huí jiā yǐhòu, tā tiāntiān xiǎngniàn zhè wèi gūniang. Zhè shǒu shī li "wù mèi qiú zhī" de yìsi shì: wúlùn shì xǐngzhe háishi shuìzháo le, dōu shíshí-kèkè zài xiǎng zěnyàng qù zhuīqiú zhè wèi měilì de gūniang. "Mèngmèiyǐqiú" zhège chéngyǔ yóucǐ'érlái, yìsi shì yí gè rén zài shuìmèng zhōng dōu bù néng wàngjì zìjǐ xiǎng yào dédào de dōngxi hé xiǎngzuò de shìqing.

---

[1]《诗经》"Shījīng": *The Book of Songs*, the earliest existing collection of Chinese poems

[2] 关关雎鸠，在河之洲。窈窕淑女，君子好逑 Guān guān jū jiū, zài hé zhī zhōu. Yáo tiǎo shū nǚ, jūn zǐ hǎo qiú: Gwan-Gwan go the ospreys, On the islet in the river. This graceful, gentle young lady, For our prince she is a good mate.

[3] 参差荇菜，左右流之。窈窕淑女，寤寐求之 Cēn cī xìng cài, zuǒ yòu liú zhī. Yáo tiǎo shū nǚ, wù mèi qiú zhī: The spatterdocks grow high or low, She gathers them along the stream; This lady is so fair and chaste, Beloved of the prince, awake or in dream.

44. 名师出高徒
Míngshī Chū Gāotú

解释 Explanation

A great and famous teacher (名师) will produce a brilliant disciple (高徒). An accomplished student owes their accomplishment to their great teacher. For example:

1. 名师出高徒，老师的水平[1]高，学生的水平也高。

2. 小王的老师是有名的教授，小王的论文也写得很不错，真是名师出高徒。

对话 Conversation

画荷花

Lucy：白云，你画的荷花真漂亮啊！

白云：谢谢。我喜欢荷花。它生长在水塘里，虽然下面是污泥，可是荷花“出污泥而不染”[2]，象征着美丽和纯洁。

Lucy：我也喜欢荷花。

[1] 水平 shuǐpíng: level; standard

[2] 出污泥而不染 chū wū ní ér bù rǎn: live in the dirt but not get dirty

白云：那我把这幅画儿送给你吧！

Lucy：太谢谢了！你画得这么好，是跟谁学的？

白云：我的老师是一位著名的画家，我跟他学了五年。

Lucy：怪不得你画得这么好。名师出高徒嘛！我也想学中国画，你来做我的老师，我做你的学生，可以吗？

白云：当然可以。学画画儿很辛苦，你行吗？

Lucy：我不怕。有你这样的好老师，我一定能学好中国画！

白云：我可不是名师，不过我愿意教你这个学生。

Lucy：谢谢！

Huà Héhuā

Lucy: Bái Yún, nǐ huà de héhuā zhēn piàoliang a!

Bái Yún: Xièxie. Wǒ xǐhuan héhuā. Tā shēngzhǎng zài shuǐtáng li, suīrán xiàmian shì wūní, kěshì héhuā “chū wūní ér bù rǎn”, xiàngzhēngzhe měilì hé chúnjié.

Lucy: Wǒ yě xǐhuan héhuā.

Bái Yún: Nà wǒ bǎ zhè fú huàr sònggěi nǐ ba!

Lucy: Tài xièxie le! Nǐ huà de zhème hǎo, shì gēn shuí xué de?

Bái Yún: Wǒ de lǎoshī shì yí wèi zhùmíng de huàjiā, wǒ gēn tā xuéle wǔ nián.

Lucy: Guàibude nǐ huà de zhème hǎo. Míngshī chū gāotú ma! Wǒ yě xiǎng xué Zhōngguóhuà, nǐ lái zuò wǒ de lǎoshī, wǒ zuò nǐ de xuésheng, kěyǐ ma?

Bái Yún: Dāngrán kěyǐ. Xué huà huàr hěn xīnkǔ, nǐ xíng ma?

Lucy: Wǒ bú pà. Yǒu nǐ zhèyàng de hǎo lǎoshī, wǒ yídìng néng xuéhǎo Zhōngguóhuà!

Bái Yún: Wǒ kě bú shì míngshī a, búguò wǒ yuànyì jiāo nǐ zhège xuésheng.

Lucy: Xièxie!

生 词 Vocabulary

水塘 shuǐtáng　pond　公园里有一个水塘。
纯洁 chúnjié　pure and clean　这幅画上的女孩看上去既纯洁又美丽。
著名 zhùmíng　famous　我的老师是一位著名歌唱家。

扩展阅读 Extra Reading

李小龙和他的师傅叶问

很多外国人都知道著名的功夫明星李小龙[1]。在20世纪40年代，他跟随香港武术界的领袖[2]人物叶问[3]学了6年武功。俗话说"名师出高徒"，在叶问的指点下，李小龙成为一个武术高手[4]。后来，李小龙到美国的好莱坞[5]拍了很多功夫电影，外国人由此开始了解中国武术。李小龙比较有名的电影有:《龙争虎斗》、《唐山大兄》、《精武门》等。

Lǐ Xiǎolóng hé Tā de Shīfu Yè Wèn

Hěn duō wàiguórén dōu zhīdao zhùmíng de gōngfu míngxīng Lǐ Xiǎolóng. Zài èrshí shìjì sìshí niándài, tā gēnsuí Xiānggǎng wǔshùjiè de lǐngxiù rénwù Yè Wèn xuéle liù nián wǔgōng. Súhuà shuō "míngshī chū gāotú", zài Yè Wèn de zhǐdiǎn xià, Lǐ Xiǎolóng chéngwéi yí gè wǔshù gāoshǒu. Hòulái, Lǐ Xiǎolóng dào Měiguó de Hǎoláiwù pāile hěn duō gōngfu diànyǐng, wàiguórén yóu cǐ kāishǐ liǎojiě Zhōngguó wǔshù. Lǐ Xiǎolóng bǐjiào yǒumíng de diànyǐng yǒu: "Lóngzhēng-Hǔdòu", "Tángshān dàxiōng", "Jīngwǔmén" děng.

---

[1] 李小龙 Lǐ Xiǎolóng: Bruce Lee (1940-1973), a famous kung fu film star of Hong Kong
[2] 领袖 lǐngxiù: leader
[3] 叶问 Yè Wèn: Yip Man (1893-1972) , a martial arts master in Hong Kong
[4] 武术高手 wǔshù gāoshǒu: master hand at kung fu
[5] 好莱坞 Hǎoláiwū: Hollywood

45. 谋事在人，成事在天
Móu Shì Zài Rén, Chéng Shì Zài Tiān

解释 Explanation

Man proposes and god disposes. The planning（谋）lies with man, the outcome with Heaven. For example:

1. “谋事在人，成事在天”，只要我们努力了，就不会留下遗憾。

2. 这次比赛，虽然我们准备得非常仔细，但是最后还是输了。这真是“谋事在人，成事在天”啊。

对话 Conversation

谈恋爱

王东：李江，你怎么没精打采的，碰到什么烦恼了？

李江：上次在新年晚会上我认识了一个女孩，我就一直忘不了她。

王东：那你跟她谈恋爱了？

李江：没有，我还没找到机会跟她谈恋爱呢！

王东：你是男的，去追她呀！

李江：怎么追啊？

王东：办法很多，写情书、送花、约她看电影、跳舞等等。等你们熟悉了，你就约她出来吃饭！

李江：听你的，我一定把她追到手！

王东：不过，谋事在人，成事在天，你们能不能恋爱，就看你们的缘分啦。祝你好运！

Tán Liàn'ài

Wáng Dōng: Lǐ Jiāng, nǐ zěnme méijīngdǎcǎi de, pèngdào shénme fánnǎo le?

Lǐ Jiāng: Shàng cì zài xīnnián wǎnhuì shang wǒ rènshile yí gè nǚhái, wǒ jiù yìzhí wàng bu liǎo tā.

Wáng Dōng: Nà nǐ gēn tā tán liàn'ài le?

Lǐ Jiāng: Méiyǒu, wǒ hái méi zhǎodào jīhuì gēn tā tán liàn'ài ne!

Wáng Dōng: Nǐ shì nán de, qù zhuī tā ya!

Lǐ Jiāng: Zěnme zhuī a?

Wáng Dōng: Bànfǎ hěn duō, xiě qíngshū, sòng huā, yuē tā kàn diànyǐng, tiàowǔ děngděng. Děng nǐmen shúxī le, nǐ jiù yuē tā chūlái chī fàn!

Lǐ Jiāng: Tīng nǐ de, wǒ yídìng bǎ tā zhuī dào shǒu!

Wáng Dōng: Búguò, móu shì zài rén, chéng shì zài tiān, nǐmen néng bu néng liàn'ài, jiù kàn nǐmen de yuánfèn la. Zhù nǐ hǎoyùn!

生 词 Vocabulary

谈恋爱 tán liàn'ài	be in love	张丽和李飞正在谈恋爱。
烦恼 fánnǎo	worry; be vexed	张丽看上去有很多烦恼。
追 zhuī	pursue; (of a man) court (a woman)	李江在追一个女孩，每天都给她送花，挺浪漫的。
缘分 yuánfèn	predestined affinity or relationship	我们两个能成为知己是缘分。

扩展阅读 Extra Reading

"天"在成语里的不同意义

天在成语里大致有三种意思，一个是指自然的天空，通常和"地"在一起用，比如：天崩地裂、天塌地陷、惊天动地、天寒地冻、天罗地网，等等。另外，天地连用，经常指差别很大，如：天差地远、天南地北、天壤之别，等等。另一个是指上天、天命、苍天、大自然，如：天从人愿、天理不容、天造地设、天作之合、天与人归、天理昭昭，等等。有时候"天下"连用指国家、社会，如：天下大乱、天下归心、天下一家、天下无敌，等等。

"Tiān" zài Chéngyǔ Lǐ de bù Tóng Yìyì

"Tiān" zài chéngyǔ li dàzhì yǒu sān zhǒng yìsi, yí gè shì zhǐ zìrán de tiānkōng, tōngcháng hé "dì" zài yìqǐ yòng, bǐrú: tiānbēng-dìliè, tiāntā-dìxiàn, jīngtiān-dòngdì, tiānhán-dìdòng, tiānluó-dìwǎng, děngděng. Lìngwài, tiāndì lián yòng, jīngcháng zhǐ chābié hěn dà, rú: tiānchà-dìyuǎn, tiānnán-dìběi, tiānrǎng-zhībié, děngděng. Lìng yí gè shì zhǐ shàngtiān, tiānmìng, cāngtiān, dàzìrán, rú: tiāncóngrényuàn, tiānlǐ-bùróng, tiānzào-dìshè, tiānzuòzhīhé, tiānyǔréngguī, tiānlǐzhāozhāo, děngděng. Yǒushíhou "tiānxià" lián yòng zhǐ guójiā, shèhuì, rú: tiānxià-dàluàn, tiānxià-guīxīn, tiānxià-yìjiā, tiānxià-wúdí, děngděng.

46. 弄巧成拙 Nòngqiǎo-chéngzhuō

解释 Explanation

In trying to be smart (巧), one makes himself look stupid (拙); do a seemingly clever thing which turns out to be a foolish one instead. For example:

1. 做人要老实本分，否则会弄巧成拙。

2. 他为了提升[1]，说了假话，结果弄巧成拙，被老板发现以后失去了工作。

对话 Conversation

修电脑

Lucy：Anna，昨天我重新装了电脑系统，今天怎么老是自动关机[2]？

Anna：可能是有病毒！你装一个杀毒软件试试。

Lucy：我已经装了杀毒软件。

Anna：那我们打电话问问 Hans。

[1] 提升 tíshēng: get a promotion

[2] 自动关机 zìdòng guān jī: turn off automatically

（Lucy 给 Hans 打电话）

Lucy：Hans，我的电脑老是自动关机。这是怎么回事？

Hans：你是不是设置了自动关机？

Lucy：我看看！哎呀！我真的设置了自动关机。我想把电脑设置得好一点儿，结果弄错了。我是弄巧成拙了。

Hans：你再重新设置一下。

Lucy：我试试，……好了，电脑可以用了。谢谢你！

Hans：不用谢！

Xiū Diànnǎo

Lucy: Anna, zuótiān wǒ chóngxīn zhuāngle diànnǎo xìtǒng, jīntiān zěnme lǎoshì zìdòng guān jī?

Anna: Kěnéng shì yǒu bìngdú! Nǐ zhuāng yí gè shādú ruǎnjiàn shìshi.

Lucy: Wǒ yǐjīng zhuāngle shādú ruǎnjiàn.

Anna: Nà wǒmen dǎ diànhuà wènwen Hans.

(Lucy gěi Hans dǎ diànhuà)

Lucy: Hans, wǒ de diànnǎo lǎoshì zìdòng guān jī. Zhè shì zěnme huíshì?

Hans: Nǐ shì bu shì shèzhìle zìdòng guānjī?

Lucy: Wǒ kànkan! Āiyā! Wǒ zhēn de shèzhìle zìdòng guān jī. Wǒ xiǎng bǎ diànnǎo shèzhì de hǎo yìdiǎnr, jiéguǒ nòng cuò le. Wǒ shì nòngqiǎo-chéngzhuō le.

Hans: Nǐ zài chóngxīn shèzhì yíxià.

Lucy: Wǒ shìshi, ... Hǎo le, diànnǎo kěyǐ yòng le. Xièxie nǐ!

Hans: Bú yòng xiè!

生 词 Vocabulary

却 què	yet; but	大家都同意这个计划，他却不同意。
电脑系统 diànnǎo xìtǒng	computer system	我的电脑系统出问题了。
病毒 bìngdú	(computer) virus	我的电脑被病毒弄得死机了。
软件 ruǎnjiàn	software	他是一名软件工程师。
设置 shèzhì	set up	警察在路口设置了交通灯。

扩展阅读 Extra Reading

“弄巧成拙”的小故事

宋朝有位画家叫孙知微，擅长人物画。一次，他受一个寺庙的委托，画一幅《九耀星君图》。他画好线条，只剩下着色这最后一道工序。恰好此时有朋友请他去饮酒，他便让弟子们着色。

有一个弟子，平时专门卖弄小聪明，他故作高深地说：“水暖星君身边的童子神态很传神，只是他手中的水晶瓶好像少了点东西。老师每次画瓶子，总要在瓶中画一枝鲜花，可这次却没有。也许是急于出门，来不及画好，我们还是画好了再着色吧。”于是他在瓶口画了一枝红莲花。

孙知微回来后，发现童子手中的瓶子生出一朵莲花，生气地说：“这是谁干的蠢事，若仅仅是画蛇添足倒还罢了，这简直是弄巧成拙嘛。童子手中的瓶子，是水暖星君用来降服水怪的神物，你们给添上莲花，把宝瓶变成了普通的花瓶，岂不成了天大的笑话。”说着，把画撕个粉碎。

“Nòngqiǎo-chéngzhuō ” de Xiǎo Gùshi

Sòngcháo yǒu wèi huàjiā jiào Sūn Zhīwēi, shàncháng rénwùhuà. Yí cì, tā shòu yí gè sìmiào de wěituō, huà yì fú “Jiǔyàoxīngjūntú” . Tā huà hǎo xiàntiáo, zhǐ shèngxià zhuósè zhè zuìhòu yí dào gōngxù. Qiàhǎo cǐ shí yǒu péngyou qǐng tā qù yǐn jiǔ, tā biàn ràng dìzǐmen zhuósè.

Yǒu yí gè dìzǐ, píngshí zhuānmén màinòng xiǎo cōngming, tā gùzuò gāoshēn de shuō: "Shuǐnuǎnxīngjūn shēnbiān de tóngzǐ shéntài hěn chuánshén, zhǐ shì tā shǒu zhōng de shuǐjīngpíng hǎoxiàng shǎole diǎn dōngxi. Lǎoshī měi cì huà píngzi, zǒng yào zài píng zhōng huà yì zhī xiānhuā, kě zhè cì què méiyǒu. Yěxǔ shì jí yú chū mén, láibují huàhǎo, wǒmen háishi huàhǎole zài zhuósè ba." Yúshì tā zài píng kǒu huàle yì zhī hóng liánhuā.

Sūn Zhīwēi huílái hòu, fāxiàn tóngzǐ shǒu zhōng de píngzi shēngchū yì duǒ liánhuā, shēngqì de shuō : "Zhè shì shuí gàn de chǔnshì, ruò jǐnjǐn shì huàshé-tiānzú dǎo hái bàle, zhè jiǎnzhí shì nòngqiǎo-chéngzhuō ma. Tóngzǐ shǒu zhōng de píngzi, shì shuǐnuǎnxīngjūn yònglái xiángfú shuǐguài de shénwù, nǐmen gěi tiānshàng liánhuā, bǎ bǎopíng biànchéngle pǔtōng de huāpíng, qǐ bù chéngle tiāndà de xiàohua." Shuōzhe, bǎ huà sī ge fěnsuì.

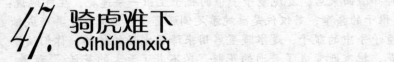

47. 骑虎难下
Qíhǔnánxià

解 释 Explanation

Ride a tiger and find it hard to get off; be unable to extricate oneself from a difficult situation. For example:

1. 小王请一家公司开发一个软件，软件做好了，可是他的钱却不够了，真是骑虎难下啊。

2. 这家公司为开发新产品投入了很多资金，现在新产品失败[1]了，公司骑虎难下。

对话 Conversation

唱京剧忘词了

（Lucy 和 Hans 在看留学生表演）

Lucy：你看，那个人演得不错。不过，他看上去怎么有点儿眼熟呢？

Hans：那就是 Bill，没认出来吧。

Lucy：天哪，他什么时候去学京剧的？

Hans：他已经学了半年了，你看，他唱得有模有样[2]的。

Lucy：是啊。……哎呀，Bill 太紧张了，忘词了。

Hans：糟糕，怎么办？他现在是骑虎难下。

Lucy：你看，Bill 又开始唱了。

Hans：还好，还好！

Lucy：你听，他唱的什么？

Hans：听不清楚，肯定是他临时想的。

Chàng Jīngjù Wàng Cí le

(Lucy hé Hans zài kàn liúxuéshēng biǎoyǎn)

Lucy: Nǐ kàn, nàge rén yǎn de búcuò. Búguò, Tā kàn shàngqù zěnme yǒudiǎnr yǎnshú ne?

Hans: Nà jiù shì Bill, méi rèn chūlái ba.

Lucy: Tiān na, tā shénme shíhou qù xué Jīngjù de?

---

[1] 失败 shībài: fail

[2] 有模有样 yǒumó-yǒuyàng: presentable

Hans: Tā yǐjīng xuéle bàn nián le, nǐ kàn, tā chàng de yǒumó-yǒuyàng de.
Lucy: Shì a ... Āiyā, Bill tài jǐnzhāng le, wàng cí le.
Hans: Zāogāo, zěnme bàn? Tā xiànzài shì qíhǔnánxià.
Lucy: Nǐ kàn, Bill yòu kāishǐ chàng le.
Hans: Hái hǎo, hái hǎo!
Lucy: Nǐ tīng, tā chàng de shénme?
Hans: Tīng bu qīngchu, kěndìng shì tā línshí xiǎng de.

生 词 Vocabulary

京剧 Jīngjù	Beijing Opera	爷爷喜欢听京剧。
紧张 jǐnzhāng	nervous	在演讲比赛中，他紧张得说不出话来。
临时 línshí	temporarily; impromptu	我们临时决定不去参加演唱会了。

扩展阅读 Extra Reading

"虎"字成语

在中国，老虎象征着有活力、生机勃勃，有威风；另外，老虎是凶猛的动物，所以它还有危险的意思。和"虎"有关系的成语很多："生龙活虎"形容活泼矫健，富有生气。"虎背熊腰"形容人的身体魁梧强壮。"龙腾虎跃"形容威武雄壮，非常活跃。"虎口拔牙"比喻做十分危险的事。"龙潭虎穴"比喻危险的境地。

"Hǔ" Zì Chéngyǔ

Zài Zhōngguó, lǎohǔ xiàngzhēngzhe yǒu huólì, shēngjībóbó, yǒu wēifēng; lìngwài, lǎohǔ shì xiōngměng de dòngwù, suǒyǐ tā hái yǒu wēixiǎn de yìsi. Hé "hǔ" yǒu guānxi de chéngyǔ hěn duō: "Shēnglóng-huóhǔ" xíngróng huópō jiǎojiàn, fùyǒu shēngqì. "Hǔbèi-xióngyāo" xíngróng rén de shēntǐ kuíwú qiángzhuàng. “Lóngténg-hǔyuè” xíngróng wēiwǔ xióngzhuàng，fēicháng huóyuè. “Hǔkǒu-báyá” bǐyù zuò shífēn wēixiǎn de shì. “Lóngtán-hǔxué” bǐyù wēixiǎn de jìngdì.

48. 千里送鹅毛，礼轻情义[1]重
Qiān Lǐ Sòng Émáo， Lǐ Qīng Qíngyì Zhòng

解释 Explanation

Traveling a thousand *li*（千里）to send the feather of a swan（鹅毛），the gift is trifling, but the feeling is profound. The gift itself may be light as a goose feather, but sent from afar, it conveys deep feeling. For example:

1. 千里送鹅毛，礼轻情义重。这东西虽然不贵，但它是我的一片心意，你就收下吧！

2. 白云的朋友从美国给她寄[2]来了一个漂亮的发卡[3]，祝贺她生日快乐。白云接到发卡，高兴地说：“千里送鹅毛，礼轻情义重。我非常喜欢这个发卡。”

[1] 情义 qíngyì: friendship; true feelings
[2] 寄 jì: send; post; mail
[3] 发卡 fàqiǎ: hair clip

对话 Conversation

开心果[1]

（Bill 来到王东的宿舍）

Bill： 你好，王东。

王东：嘿，Bill！你什么时候从美国回来的？

Bill： 昨天下午。

王东：快请坐！请喝茶。

Bill： 谢谢！我给你带了一件小礼物，是一盒开心果。祝你天天开心！

王东：你看你，真客气。

Bill： 虽然开心果不贵，但是代表了我的一点儿心意。我希望你天天开心。

王东：俗话说“千里送鹅毛，礼轻情义重”。你在美国那么远还想着我，太谢谢你了。

Bill： 我们是好朋友嘛！

王东：今晚我请你吃饭，给你接风[2]。我把朋友们也叫上，咱们大家好久不见了，一起热闹热闹。

Kāixīnguǒ

(Bill láidào Wáng Dōng de sùshè)

Bill: Nǐ hǎo, Wáng Dōng.

Wáng Dōng: Hēi, Bill! Nǐ shénme shíhou cóng Měiguó huílái de?

Bill: Zuótiān xiàwǔ.

Wáng Dōng: Kuài qǐng zuò! Qǐng hē chá.

Bill: Xièxie! Wǒ gěi nǐ dàile yí jiàn xiǎo lǐwù, shì yì hé kāixīnguǒ. Zhù nǐ tiāntiān kāixīn!

[1] 开心果 kāixīnguǒ: pistachio

[2] 接风 jiēfēng: give a dinner for a visitor from far away

Wáng Dōng: Nǐ kàn nǐ, zhēn kèqi.

Bill: Suīrán kāixīnguǒ bú guì, dànshì dàibiǎole wǒ de yìdiǎnr xīnyì. Wǒ xīwàng nǐ tiāntiān kāixīn.

Wáng Dōng: Súhuà shuō “qiān lǐ sòng é'máo, lǐ qīng qíngyì zhòng” . Nǐ zài Měiguó nàme yuǎn hái xiǎngzhe wǒ, tài xièxie nǐ le.

Bill: Wǒmen shì hǎo péngyou ma!

Wáng Dōng: Jīnwǎn wǒ qǐng nǐ chī fàn, gěi nǐ jiē fēng. Wǒ bǎ péngyoumen yě jiàoshàng, zánmen dàjiā hǎojiǔ bú jiàn le, yìqǐ rènao rènao.

生词 Vocabulary

盒 hé	(classifier) a box of	朋友送我一盒点心。
开心 kāixīn	feel happy; rejoice	看到生日礼物，孩子开心地笑了。
代表 dàibiǎo	represent	我代表公司向你们表示祝贺！
心意 xīnyì	regard; kindly feelings	我送给妈妈一个礼物，表示我的心意。

扩展阅读 Extra Reading

“鹅毛”与情义

唐朝的时候，回纥国[1]是大唐的藩国。一次，回纥国为了表示对大唐的友好，就派一个使者带上很多好东西去拜见唐朝皇帝。其中最贵重的是一只白天鹅[2]。有一天，使者发现天鹅口渴了，就打开笼子[3]，抱着它到河边去喝水。没想到，天鹅喝足了水，突然飞走了。使者连忙去抓天鹅，却只抓到几根天鹅的羽毛。使者只好用丝绸把鹅毛包好，献给唐朝皇帝。他还写了一首诗，说明天鹅飞走的经过，并且表示礼物虽然轻，但是表达的情义却很重。唐朝皇帝看了诗，

[1] 回纥国 Huíhéguó: Huihe, an ethnic group. During the Tang Dynasty (618-907), they established the Huihe State.

[2] 白天鹅 bái tiān'é: white swan

[3] 笼子 lóngzi: cage

很高兴，重重地赏赐[1]了他。后来，人们就用“千里送鹅毛，礼轻情义重”来表示虽然礼物不贵重，但是代表了深厚的情义。

“Émáo” yǔ Qíngyì

Tángcháo de shíhou, Huíhéguó shì Dàtáng de fānguó. Yí cì, Huíhéguó wèile biǎoshì duì Dàtáng de yǒuhǎo, jiù pài yí gè shǐzhě dàishàng hěn duō hǎo dōngxi qù bàijiàn Tángcháo huángdì. Qízhōng zuì guìzhòng de shì yì zhī bái tiān'é. Yǒu yì tiān, shǐzhě fāxiàn tiān'é kǒukě le, jiù dǎkāi lóngzi, bàozhe tā dào hébiān qù hē shuǐ. Méi xiǎngdào, tiān'é hēzúle shuǐ, tūrán fēizǒu le. Shǐzhě liánmáng qù zhuā tiān'é, què zhǐ zhuādào jǐ gēn tiān'é de yǔmáo. Shǐzhě zhǐhǎo yòng sīchóu bǎ jǐ gēn émáo bāohǎo, xiàn gěi Tángcháo de huángdì. Tā hái xiěle yì shǒu shī, shuōmíng tiān'é fēizǒu de jīngguò, bìngqiě biǎoshì lǐwù suīrán qīng, dànshì biǎodá de qíngyì què hěn zhòng. Tángcháo huángdì kànle shī, hěn gāoxìng, zhòngzhòng de shǎngcìle tā. Hòulái, rénmen jiù yòng “qiān lǐ sòng émáo, lǐ qīng qíngyì zhòng” lái biǎoshì suīrán lǐwù bú guìzhòng, dànshì tā dàibiǎole shēnhòu de qíngyì.

[1] 赏赐 shǎngcì: reward; award

49. 巧妇难为无米之炊 Qiǎofù Nán WéiWú Mǐ zhī Chuī

解释 Explanation

A skillful housewife（巧妇）can not cook a meal（炊）if she has no rice. If there are not the necessary conditions, no one can finish anything successfully. For example:

1. 巧妇难为无米之炊，没有药，最好的医生也治不了病啊！
2. 没有钱怎么办公司，巧妇难为无米之炊啊！

对话 Conversation

麻婆豆腐

Hans：我很喜欢吃川菜，你呢？
Bill：我也喜欢，川菜的特点是麻辣。
Hans：对了，我刚学会做"麻婆豆腐"[1]。
Bill：真的？我很喜欢吃麻婆豆腐。你能教我做吗？
Hans：好啊。
Bill：明天你有空儿吗？到我那儿去做麻婆豆腐，可以吗？

[1] 麻婆豆腐 mápódòufu: a Sichuan dish made of bean curd and spices that is hot

Hans：让我想想……行，我明天中午有空儿。
Bill：太棒了！我去买豆腐。
Hans：你家有豆瓣酱[1]和花椒[2]吗？
Bill：没有。
Hans：唉，巧妇难为无米之炊呀。没有豆瓣酱和花椒就做不成麻婆豆腐了。
Bill：没关系，我去买。明天一定要来啊！
Hans：好，我一定来。

Mápódòufu

Hans: Wǒ hěn xǐhuan chī Chuāncài, nǐ ne?
Bill: Wǒ yě xǐhuan, Chuāncài de tèdiǎn shì málà.
Hans: Duì le, wǒ gāng xuéhuì zuò "mápódòufu".
Bill: Zhēn de? Wǒ hěn xǐhuan chī mápódòufu. Nǐ néng jiāo wǒ zuò ma?
Hans: Hǎo a.
Bill: Míngtiān nǐ yǒu kòngr ma? Dào wǒ nàr qùzuò mápódòufu, kěyǐ ma?
Hans: Ràng wǒ xiǎngxiang ... Xíng, wǒ míngtiān zhōngwǔ yǒu kòngr.
Bill: Tài bàng le! Wǒ qù mǎi dòufu.
Hans: Nǐ jiā yǒu dòubànjiàng hé huājiāo ma?
Bill: Méiyǒu.
Hans: Āi, qiǎofù nán wéi wú mǐ zhī chuī ya. Méiyǒu dòubànjiàng hé huājiāo jiù zuò bu chéng mápódòufu le.
Bill: Méi guānxi, wǒ qù mǎi. Míngtiān yídìng yào lái a!
Hans: Hǎo, Wǒ yídìng lái.

---

[1] 豆瓣酱 dòubànjiàng: thick soya bean sauce
[2] 花椒 huājiāo: Chinese prickly ash

生词 Vocabulary

川菜 Chuāncài	Sichuan dish	川菜的味道不错，就是太辣了。
特点 tèdiǎn	feature; characteristic	川菜的特点是又麻又辣。
麻 má	pungent	吃了花椒，我舌头有点麻。
辣 là	spicy	这个菜很辣。
豆腐 dòufu	bean curd	很多菜都是用豆腐做的。
有空儿 yǒu kòngr	have spare time	我只有周末才有空儿看看书、听听歌。
棒 bàng	great	妈妈做的麻婆豆腐真棒，大家都喜欢吃。

扩展阅读 Extra Reading

巧妇

在古代，中国人认为好女人应该是心灵手巧[1]的，比如会做饭、织布[2]、做衣服、做鞋、刺绣[3]等。每年农历的七月七日是中国的传统节日七夕节,也叫“乞巧节”。女人们在这一天都“乞求[4]”上天[5]让自己成为“巧”女人，也就是让自己成为“巧妇”。“巧妇难为无米之炊”的意思是：如果没有米，即使是心灵手巧的女人也做不出饭来，也就是说，没有必要的条件，很难办成事。

Qiǎofù

Zài gǔdài, Zhōngguórén rènwéi hǎo nǚrén yīnggāi shì xīnlíng-shǒuqiǎo de, bǐrú huì zuò fàn, zhībù, zuò yīfu, zuò xié, cìxiù děng. Měi nián nónglì de qī yuè qī rì shì Zhōngguó de chuántǒng jiérì Qīxī Jié, yě jiào “Qǐqiǎo Jié”, Nǚrénmen zài zhè yì tiān dōu “qǐqiú” shàngtiān ràng zìjǐ chéngwéi “qiǎo” nǚrén, yě jiùshì ràng zìjǐ chéngwéi “qiǎofù” .

[1] 心灵手巧 xīnlíng-shǒuqiǎo: quick-witted and skillful with one’s hands
[2] 织布 zhībù: weave
[3] 刺绣 cìxiù: embroidery
[4] 乞求 qǐqiú: plead for; beg for
[5] 上天 shàngtiān: Heaven

"Qiǎofù nán wéi wú mǐ zhī chuī" de yìsi shì: Rúguǒ méiyǒu mǐ, jíshǐ shì xīnlíng-shǒuqiǎo de nǚrén yě zuò bù chū fàn lái, yě jiù shì shuō, méiyǒu bìyào de tiáojiàn, hěn nán bànchéng shì.

50. 情人眼里出西施
Qíngrén Yǎn Li Chū Xīshī

解释 Explanation

In the eye of a lover(情人), his beloved is a beauty (西施, one of the four beauties in ancient China). Beauty lies in lovers' eyes. For example:

1. 因为你喜欢她，所以就觉得她漂亮。这叫"情人眼里出西施"。
2. 在李江的眼里，没有人比他的女朋友更漂亮了，这真是情人眼里出西施。

对话 Conversation

单相思[1]

Bill：今晚的演讲比赛真精彩。六个选手都讲得很好。

Hans：是啊，他们是从几百个留学生里选出来的。你觉得三号女生怎么样？

Bill：还可以，怎么，你认识她？

Hans：当然认识。她叫 Cathy，是我们学校的留学生，我们经常在一起搞活动。你看，她不仅普通话说得好，而且人也漂亮！

Bill：我看出来了，你喜欢她，对不对？

Hans：是的，我很喜欢她。

Bill：怪不得你觉得她漂亮，情人眼里出西施嘛。

Hans：谁是西施？

Bill：西施是中国古代的四大美女之一。Cathy 在你的眼里就是西施。

Hans：哦，我喜欢她，可是我不知道她喜不喜欢我呀！

Bill：原来你是单相思啊！

Dānxiāngsī

Bill: Jīnwǎn de yǎnjiǎng bǐsài zhēn jīngcǎi. Liù gè xuǎnshǒu dōu jiǎng de hěn hǎo.

Hans: Shì a, tāmen shì cóng jǐ bǎi gè liúxuéshēng li xuǎn chūlái de. Nǐ juéde sān hào nǚshēng zěnmeyàng?

Bill: Hái kěyǐ, zěnme, nǐ rènshi tā?

Hans: Dāngrán rènshi. Tā jiào Cathy, shì wǒmen xuéxiào de liúxuéshēng, wǒmen jīngcháng zài yìqǐ gǎo huódòng. Nǐ kàn, tā bùjǐn pǔtōnghuà shuō de hǎo, érqiě rén yě piàoliang!

Bill: Wǒ kàn chūlái le, nǐ xǐhuan tā, duì bu duì?

Hans: Shì de, wǒ hěn xǐhuan tā.

---

[1] 单相思 dānxiāngsī: unrequited love

Bill: Guàibude nǐ juéde tā piàoliang, qíngrén yǎnli chū Xīshī ma.
Hans: Shuí shì Xīshī?
Bill: Xīshī shì Zhōngguó gǔdài de sì dà měinǚ zhī yī. Cathy zài nǐ de yǎn li jiùshì Xīshī.
Hans: Ò, wǒ xǐhuan tā, kěshì wǒ bù zhīdao tā xǐ bu xǐhuan wǒ ya!
Bill: Yuánlái nǐ shì dānxiāngsī a!

生词 Vocabulary

演讲 yǎnjiǎng	speech	这位经济学家的演讲很精彩。
选手 xuǎnshǒu	competitor; player	有10名选手参加这场游泳比赛。
选 xuǎn	choose; select	我们选了两个同学参加演讲比赛。
活动 huódòng	activity	我们经常参加课外活动。
不仅……而且…… bùjǐn…érqiě…	not only…, but also	他不仅是我们的老师，而且也是我们的朋友。
普通话 pǔtōnghuà	mandarin Chinese	他的普通话说得很地道。
原来 yuánlái	originally; it turns out	我以为他是美国人，原来他是英国人。

扩展阅读 Extra Reading

中国古代的四大美女

西施、貂蝉、王昭君、杨玉环[1]是中国古代的四大美女。传说西施在河边洗纱的时候，鱼儿看见她这么美，就不好意思地沉入水底。王昭君被皇帝送到塞外去给匈奴[2]国王当王后。她在离开故乡的路上，心中很悲伤[3]，弹起了琴。天空飞过的大雁[4]被她的琴声感动了，

[1] 西施、貂蝉、王昭君、杨玉环 Xīshī, Diāochán, Wáng Zhāojūn, Yáng Yùhuán: Xi Shi, Diao Chan, Wang Zhaojun and Yang Yuhuan (also Yang Guifei) are the Four Beauties of ancient China.
[2] 匈奴 Xiōngnú: Huns, an ancient nomadic people in China
[3] 悲伤 bēishāng: sad; sorrowful
[4] 大雁 dàyàn: wild goose

落到了地上。貂蝉有一次在花园里对着月亮祈祷，忽然一片云飘过来，把月亮遮住了。有人说，貂蝉在和月亮比美，月亮比不过貂蝉，就躲到云的后面去了。杨玉环到花园散心[1]，觉得很寂寞[2]，忍不住抚摸[3]了一下花儿，花儿觉得她太美了，就把头低下了。后来，人们就用“沉鱼落雁，闭月羞花[4]”这八个字来形容美女。

Zhōngguó Gǔdài de Sì Dà Měinǚ

Xīshī, Diāochán, Wáng Zhāojūn, Yáng Yùhuán shì Zhōngguó gǔdài de sì dà měinǚ. Chuánshuō Xīshī zài hé biān xǐ shā de shíhou, yú ér kànjiàn tā zhème měi, jiù bù hǎo yìsi de chénrù shuǐ dǐ. Wáng Zhāojūn bèi huángdì sòngdào sàiwài qù gěi Xiōngnú guówáng dāng wánghòu. Tā zài líkāi gùxiāng de lù shang, xīn zhōng hěn bēishāng, tán qǐle qín. Tiānkōng fēiguò de dàyàn bèi tā de qínshēng gǎndòng le, luòdàole dì shang. Diāochán yǒu yí cì zài huāyuán li duìzhe yuèliang qídǎo, hūrán yí piàn yún piāo guòlái, bǎ yuèliang zhēzhù le. Yǒu rén shuō, Diāochán zài hé yuèliang bǐ měi, yuèliang bǐ bú guò Diāochán, jiù duǒdào yún de hòumian qù le. Yáng Yùhuán dào huāyuán sàn xīn, juéde hěn jìmò, rěn bu zhù fǔmōle yíxià huār, huār juéde tā tài měi le, jiù bǎ tóu dīxià le. Hòulái, rénmen jiù yòng “Chényú-luòyàn, bìyuè-xiūhuā” zhè bā gè zì lái xíngróng měinǚ.

[1] 散心 sàn xīn: relieve boredom

[2] 寂寞 jìmò: lonely

[3] 抚摸 fǔmō: stroke, caress

[4] 沉鱼落雁，闭月羞花 chényú-luòyàn，bìyuè-xiūhuā: The beauty of the four was said to be so extreme that fish would be so dazzled that they forgot to swim and gradually sunk away from the water surface, that birds would forget to fly and fall from the sky, that the moon would fade, and that flowers would close their petals in shame in comparison to them. This description serves as an idiom to compliment someone's beauty.

51. 人逢喜事[1]精神爽
Rén Féng Xǐshì Jīngshén Shuǎng

解释 Explanation

People are in high spirits when they meet with happy events. 爽 in this idiom means to feel well. For example:

1. 李江有女朋友了，他高兴得边走边唱，真是人逢喜事精神爽。

2. 人逢喜事精神爽，一听说儿子马上就要回国了，妈妈的身体越来越好了。

对话 Conversation

得了第一名

（Lucy 和 Anna 在商场遇见了 Hans）

Hans：Lucy，Anna，你们俩今天怎么眉飞色舞的，遇到了什么高兴的事？

Lucy：我刚刚参加了汉语演讲大赛。

Hans：是吗？结果怎么样？

Anna：Lucy 得了第一名。她表现得好极了。

[1] 喜事 xǐshì: happy event; happy occasion

Lucy：Anna 也很棒，她是我的拉拉队队长[1]。
Hans：祝贺你们。难怪你们俩这么高兴呢，原来是人逢喜事精神爽啊！

Déle Dì-yī Míng

(Lucy hé Anna zài shāngchǎng yùjiànle Hans)
Hans: Lucy, Anna, nǐmenliǎ jīntiān zěnme méifēi-sèwǔ de, yùdàole shénme gāoxìng de shì?
Lucy: Wǒ gānggāng cānjiāle Hànyǔ yǎnjiǎng dàsài.
Hans: Shì ma? Jiéguǒ zěnmeyàng?
Anna: Lucy déle dì-yī míng. Tā biǎoxiàn de hǎo jíle.
Lucy: Anna yě hěn bàng, tā shì wǒ de lālāduìduìzhǎng.
Hans: Zhùhè nǐmen. Nánguài nǐmenliǎ zhème gāoxìng ne, yuánlái shì rén féng xǐshì jīngshén shuǎng a!

生 词 Vocabulary

难怪 nánguài	no wonder	难怪他没来，原来他病了。
祝贺 zhùhè	congratulate	祝贺你演讲比赛获得了一等奖！

扩展阅读 Extra Reading

对 联

“人逢喜事精神爽，月到中秋分外明”，这是中秋节常用的对联[2]。对联是写在布上、纸上，或者刻在竹子、柱子[3]上的对偶句[4]。在中国到处都能看到对联。很多人的书房里都挂着对联。在中国的

[1] 拉拉队队长 lālāduìduìzhǎng: team leader of a cheering squad
[2] 对联 duìlián: couplets
[3] 柱子 zhùzi: post; pillar
[4] 对偶句 duìǒujù: sentences that are matched in sound and meaning for rhetorical purposes; antithesis

公园、寺庙等地方的柱子上、大门上都可以见到对联。写对联、贴[1]对联还是中国人过春节的风俗。春节贴的对联也叫春联，贴在大门的两边，然后在门上再贴上一个“福”字。春联和“福”字表达了人们的新年祝福和美好的愿望。

Duìlián

“Rén féng xǐshì jīngshén shuǎng, yuè dào Zhōngqiū fènwài míng”, zhè shì Zhōngqiū Jié chángyòng de duìlián. Duìlián shì xiě zài bù shang, zhǐ shang, huòzhě kè zài zhúzi, zhùzi shang de duì'ǒujù. Zài Zhōngguó dàochù dōu néng kàndào duìlián. Hěn duō rén de shūfáng li dōu guàzhe duìlián. Zài Zhōngguó de gōngyuán, sìmiào děng dìfang de zhùzi shang, dàmén shang dōu kěyǐ jiàndào duìlián. Xiě duìlián, tiē duìlián háishi Zhōngguórén guò Chūn Jié de fēngsú. Chūn Jié tiē de duìlián yě jiào chūnlián, tiē zài dàmén de liǎng biān, ránhòu zài mén shang zài tiēshàng yí gè “fú” zì. Chūnlián hé “fú” zì biǎodále rénmen de xīnnián zhùfú hé měihǎo de yuànwàng.

[1] 贴 tiē: to paste

52. 人无远虑，必有近忧 Rén Wú Yuǎn Lǜ，bì Yǒu Jìn Yōu

解释 Explanation

If one has no long-term considerations（虑）, he can hardly avoid troubles and worries（忧）every now and then. This is a line in *The Analects of Confucius*. It warns us that we should make long-term plans for the future carefully. For example:

1. 小王顺利地考进了大学。但是，人无远虑，必有近忧。现在他要认真想想怎么安排[1]好大学的生活。

2. 爸爸是个很有计划[2]的人。他常常对我们说："人无远虑，必有近忧"。

对话 Conversation

人无远虑，必有近忧

王东：李江，你看什么看得这么认真？

李江：哦，我在看报纸呢。报纸上这两天都是关于经济危机[3]的新闻，

[1] 安排 ānpái: arrange

[2] 计划 jìhuà: plan

[3] 经济危机 jīngjì wēijī: economic crisis

很多公司都在裁员[1]。

王东：是啊，员工被老板炒鱿鱼是经常发生的事。

李江：我在考虑要不要利用周末去参加一个培训班[2]，提高一下工作能力。只要有能力，在哪儿都能找到工作。

王东：那也太辛苦了，你现在的工作就够累的了。

李江：还是应该先做好准备，人无远虑，必有近忧。

王东：你说得有道理，我也得努力了。

李江：我不但要参加培训班，而且要存点儿钱。万一被炒鱿鱼了，怎么生活啊！

王东：难道你没有存款[3]吗？

李江：没有，我一直是“月光族[4]”，每个月挣多少花多少，看来不能再这样了。

王东：你说得对！我们是要多想一想将来的事，“人无远虑，必有近忧”！

Rén Wú Yuǎn Lǜ， bì Yǒu Jìn Yōu

Wáng Dōng: Lǐ Jiāng，nǐ kàn shénme kàn de zhème rènzhēn?

Lǐ Jiāng: Ò，wǒ zài kàn bàozhǐ ne. Bàozhǐ shang zhè liǎng tiān dōu shì guānyú jīngjì wēijī de xīnwén，hěn duō gōngsī dōu zài cáiyuán.

Wáng Dōng: Shì a，yuángōng bèi lǎobǎn chǎo yóuyú shì jīngcháng fāshēng de shì.

Lǐ Jiāng: Wǒ zài kǎolǜ yào bu yào lìyòng zhōumò qù cānjiā yí gè péixùnbān，tígāo yíxià gōngzuò nénglì. Zhǐyào yǒu nénglì，zài nǎr dōu néng zhǎodào gōngzuò.

Wáng Dōng: Nà yě tài xīnkǔ le，nǐ xiànzài de gōngzuò jiù gòu lèi de le.

Lǐ Jiāng: Háishi yīnggāi xiān zuòhǎo zhǔnbèi，rén wú yuǎn lǜ，bì yǒu

[1] 裁员 cái yuán: lay off employees; reduce the staff

[2] 培训班 péixùnbān: training class

[3] 存款 cúnkuǎn: deposit; saving

[4] 月光族 yuèguāngzú: people who spend every penny of their monthly salary

jìn yōu.

Wáng Dōng: Nǐ shuō de yǒu dàolǐ, wǒ yě děi nǔlì le.

Lǐ Jiāng: Wǒ búdàn yào cānjiā péixùnbān, érqiě yào cún diǎnr qián. Wànyī bèi chǎo yóuyú le, zěnme shēnghuó a!

Wáng Dōng: Nándào nǐ méiyǒu cúnkuǎn ma?

Lǐ Jiāng: Méiyǒu, wǒ yìzhí shì "yuèguāngzú", měi gè yuè zhèng duōshao huā duōshao, kànlái bù néng zài zhèyàng le.

Wáng Dōng: Nǐ shuō de duì! Wǒmen shì yào duō xiǎng yi xiǎng jiānglái de shì, "rén wú yuǎn lǜ, bì yǒu jìn yōu"!

生 词 Vocabulary

报纸 bàozhǐ	newspaper	他有天天看报纸的习惯。
新闻 xīnwén	news	晚上7点钟电视有新闻节目。
利用 lìyòng	exploit; make use of	他利用假期参加了一个导游培训班。
存（钱）cún(qián)	deposit; save	他存了很多钱，退休以后想周游世界。
难道 nándào	it doesn't mean that ...; could it be said that ...	难道你对他的话不感到奇怪吗？
将来 jiānglái	future	我现在努力工作，是为了将来生活得更好。

扩展阅读 Extra Reading

借酒消愁[1]

人们在忧愁的时候常常借酒消愁。"今朝有酒今朝醉，明日愁来明日忧"。这句诗是说一个人在忧愁的时候一杯又一杯地喝酒，喝醉了就忘掉了忧愁。李白的著名诗句"抽刀断水水更流，举杯消愁愁更愁"也是表达忧愁的心情的。当心情不好的时候，他就喝酒，但是酒喝得越多，心情就越不好，用喝酒的方法来忘掉忧愁是不行的，

[1] 借酒消愁 jièjiǔ-xiāochóu: drown one's sorrows in wine; dispel melancholy by drinks

这种方法就像人们想用刀来砍断[1]流水一样，是没有用的。

Jièjiǔ-xiāochóu

Rénmen zài yōuchóu de shíhou chángcháng jièjiǔ-xiāochóu. "Jīn zhāo yǒu jiǔ jīn zhāo zuì, míng rì chóu lái míng rì yōu". Zhè jù shī shì shuō yí gè rén zài yōuchóu de shíhou yì bēi yòu yì bēi de hē jiǔ, hēzuì le jiù wàngdiàole yōuchóu. Lǐ Bái de zhùmíng shījù "Chōu dāo duàn shuǐ shuǐ gèng liú, jǔ bēi xiāo chóu chóu gèng chóu" yě shì biǎodá yōuchóu de xīnqíng de. Dāng xīnqíng bù hǎo de shíhou, tā jiù hē jiǔ, dànshì jiǔ hē de yuè duō, xīnqíng jiù yuè bù hǎo, yòng hē jiǔ de fāngfǎ lái wàngdiào yōuchóu shì bù xíng de, zhè zhǒng fāngfǎ jiù xiàng rénmen xiǎng yòng dāo lái kǎnduàn liúshuǐ yíyàng, shì méiyǒu yòng de.

53 人心齐[2]，泰山[3]移
Rénxīn Qí, Tài Shān Yí

解释 Explanation

When people think with one mind, even Mount Taishan（泰山）can be

[1] 砍断 kǎnduàn: break apart by chopping; cut in two

[2] 齐 qí: neat; identical; same

[3] 泰山 Tài Shān: Mount Tai in Shandong（山东）Province

moved（移）. When men are of one heart（人心齐）, they can move Mount Taishan. For example:

1. 人心齐，泰山移。在激烈的比赛中，足球队员们互相配合，终于在决赛[1]中赢了。

2. 人心齐，泰山移。只要大家一起努力，就能克服[2]各种困难。

对话 Conversation

我们的车坏了

（王东、Bill、Hans、李江开车去西藏旅行）

Bill：我们快要到雪山脚下了。这是我梦寐以求的旅行！

王东：是啊！我们终于看到了西藏的蓝天、白云、雪山！

李江：糟糕！我们的车怎么开不动了？

Hans：我下车看看！你们看，一个车轮[3]掉进沟里[4]去了！怎么办？

李江：赶快把车抬上来！我们要抓紧时间赶到前面的营地。天黑了停在这儿太危险。

Bill：来，我们一起动手把车抬上来！

李江：我和 Bill 在后面抬，王东和 Hans 在左边抬。

Bill：好！大家听我喊：一、二、三，抬！大家就一起抬！一、二、三，抬！再来一次，一、二、三，抬！再来一次，一、二、三，抬！

李江：车被抬上来了！

Bill：“人心齐，泰山移”！太好了！我们的车又可以往前开了！

[1] 决赛 juésài: finals; final round of matches

[2] 克服 kèfú: overcome

[3] 车轮 chēlún: wheel of a vehicle

[4] 掉进沟里 diàojìn gōu lǐ: run off the road into a ditch

Wǒmen de Chē Huàile

(Wáng Dōng, **Bill**, **Hans**, Lǐ Jiāng kāi chē qù Xīzàng lǚxíng)

Bill: Wǒmen kuài yào dào xuěshān jiǎoxià le. Zhè shì wǒ mèngmèiyǐqiú de lǚxíng!

Wáng Dōng: Shì a! Wǒmen zhōngyú kàndàole Xīzàng de lántiān, báiyún, xuěshān!

Lǐ Jiāng: Zāogāo! Wǒmen de chē zěnme kāi bú dòng le?

Hans: Wǒ xià chē kànkan! Nǐmen kàn, yí gè chēlún diàojìn gōu li qù le! Zěnme bàn?

Lǐ Jiāng: Gǎnkuài bǎ chē tái shànglái! Wǒmen yào zhuājǐn shíjiān gǎndào qiánmiàn de yíngdì. Tiān hēile tíngzài zhèr tài wēixiǎn.

Bill: Lái, wǒmen yìqǐ dòng shǒu bǎ chē tái shànglái!

Lǐ Jiāng: Wǒ hé **Bill** zài hòumian tái, Wáng Dōng hé **Hans** zài zuǒbian tái.

Bill: Hǎo! Dàjiā tīng wǒ hǎn: yī, èr, sān, tái! Dàjiā jiù yìqǐ tái! Yī, èr, sān, tái! Zài lái yí cì, yī, èr, sān, tái! Zài lái yícì, yī, èr, sān, tái!

Lǐ Jiāng: Chē bèi tái shànglái le!

Bill: "Rénxīn qí, Tài Shān yí" ! Tài hǎo le! Wǒmen de chē yòu kěyǐ wǎng qián kāi le!

生 词 Vocabulary

危险 wēixiǎn	dangerous	那条路有点危险，开车的时候要小心。
动手 dòng shǒu	start work; get moving	大家一起动手早点儿把工作做完。
抬 tái	raise; lift	老师让大家把头抬起来看黑板。

扩展阅读 Extra Reading

"愚公移山"的故事

愚公是一位九十岁的老人。他家门前有两座大山,挡住[1]了进城的路。他和全家人一起商量,要挖掉[2]这两座大山,全家人都同意了。于是，愚公就和儿子、孙子[3]开始挖山了。

有一个叫智叟的老人听到这个消息,觉得好笑,就劝愚公,说:"你太傻了！你已经这么老了,怎么可能把山挖掉呢?"愚公说:"我死了,还有我的儿子，儿子死了，还有孙子……子子孙孙挖下去，难道挖不掉吗?"山神被愚公的精神感动了，就让两个神仙把这两座山搬走了。后来，人们就用"愚公移山"这个成语来比喻知难而进，做事有坚定不移的精神和毅力。

"Yúgōng-yíshān" de Gùshi

Yúgōng shì yí wèi jiǔshí suì de lǎorén. Tā jiā ménqián yǒu liǎng zuò dàshān, dǎngzhùle jìn chéng de lù. Tā hé quánjiārén yìqǐ shāngliang, yào wādiào zhè liǎng zuò dàshān, quánjiārén dōu tóngyì le. Yúshì Yúgōng jiù hé érzi, sūnzi kāishǐ wā shān le.

Yǒu yí gè jiào Zhìsǒu de lǎorén tīngdào zhège xiāoxi, juéde hǎoxiào, jiù quàn Yúgōng, shuō: "Nǐ tài shǎ le! Nǐ yǐjīng zhème lǎo le, zěnme kěnéng bǎ shān wādiào ne?" Yúgōng shuō: "Wǒ sǐle, hái yǒu wǒ de érzi, érzi sǐ le, hái yǒu sūnzi ..., zǐzǐ-sūnsūn wā xiàqù, nándào wā bú diào ma?" Shānshén bèi Yúgōng de jīngshén gǎndòng le, jiùràng liǎng gè shénxiān bǎ zhè liǎng zuò shān bān zǒu le. Hòulái, rénmen jiù yòng "Yúgōng-yíshān" zhègè chéngyǔ lái bǐyù zhīnán'érjìn, zuò shì yǒu jiāndìngbùyí de jīngshén hé yìlì.

---

[1] 挡住 dǎngzhù: block
[2] 挖掉 wādiào: remove; 挖 wā: dig
[3] 孙子 sūnzi: grandson

54. 日新月异
Rìxīn-yuèyì

解释 Explanation

Make progress with each passing day and month; change rapidly. In this idiom, 异 means something different and new. For example:

1. 科学技术[1]日新月异，给人们的生活带来了许多便利[2]。
2. 改革开放以来，中国日新月异的变化，吸引了很多人来参观访问。

对话 Conversation

游重庆[3]

Anna：张丽，咱们这次来重庆怎么玩儿？

张丽：我想想，我们先去磁器口古镇[4]参观，再去市中心解放碑[5]逛街，然后我们去吃重庆火锅，晚上去南山看看，在那儿一边喝茶一边欣赏美丽的夜景。我在重庆读过小学，这次来想看

[1] 技术 jìshù: technique; technology
[2] 便利 biànlì: convenient
[3] 重庆 chóngqìng: Chongqing, a municipality directly under the central government
[4] 磁器口古镇 Cíqìkǒu gǔzhèn: Ciqikou Old Town
[5] 解放碑 Jiěfàngbēi: Liberation Monument in downtown Chongqing

看重庆的变化。

Anna：你看到了什么变化？

张丽：变化太大了。我离开重庆快十年了，有很多地方我都不认识了。以前重庆的交通、环境卫生都很糟糕，房屋也破旧，现在重庆已经是一个非常现代和繁华[1]的城市了。

Anna：是啊，中国城市的发展日新月异，重庆也是一样。我们多拍点儿照片吧！

张丽：好！来，你给我拍一张吧！

Yóu Chóngqìng

Anna: Zhāng Lì, zánmen zhè cì lái Chóngqìng zěnme wánr?

Zhāng Lì: Wǒ xiǎngxiang, wǒmen xiān qù Cíqìkǒu gǔzhèn cānguān, zài qù shì zhōngxīn Jiěfàngbēi guàng jiē, ránhòu wǒmen qù chī Chóngqìng huǒguō, wǎnshang qù Nánshān kànkan, zài nàr yìbiān hē chá yìbiān xīnshǎng měilì de yèjǐng. Wǒ zài Chóngqìng dúguò xiǎoxué, zhè cì lái xiǎng kànkan Chóngqìng de biànhuà.

Anna: Nǐ kàndàole shénme biànhuà?

Zhāng Lì: Biànhuà tài dà le. Wǒ líkāi Chóngqìng kuài shí nián le, yǒu hěn duō dìfang wǒ dōu bú rènshi le. Yǐqián Chóngqìng de jiāotōng, huánjìng wèishēng dōu hěn zāogāo, fángwū yě pòjiù, xiànzài Chóngqìng yǐjīng shì yí gè fēicháng xiàndài hé fánhuá de chéngshì le.

Anna: Shì a, Zhōngguó chéngshì de fāzhǎn rìxīn-yuèyì, Chóngqìng yě shì yíyàng. Wǒmen duō pāi diǎnr zhàopiàn ba!

Zhāng Lì: Hǎo! Lái, nǐ gěi wǒ pāi yì zhāng ba!

---

[1] 繁华 fánhuá: flourishing

生词 Vocabulary

逛街 guàng jiē	stroll through the streets	女孩子喜欢逛街。
欣赏 xīnshǎng	appreciate; enjoy	我们在河边欣赏夜景呢！
交通 jiāotōng	traffic	北京的交通很方便，可以坐地铁，也可以坐公共汽车。
卫生 wèishēng	sanitation; hygiene	保持公共环境卫生是每个市民的责任。

扩展阅读 Extra Reading

苟日新，日日新，又日新

中国传统文化特别注重道德修养[1]。《礼记·大学》[2]中写到：苟日新，日日新，又日新。这句话的意思是：如果一个人能够一天使品德更新[3]，那就能天天使品德更新，并且一直不断地更新。中国人认为：一个君子[4]应该重视自己的品德修养，使自己的修养达到一个完美的境界[5]，然后让国家发展得越来越好，让人们的生活变得越来越好。后来"日新"和"月异"组成了成语"日新月异"，用来形容发展快或者进步快，不断出现新事物或新现象。如果能每天更新，就天天更新，每天不间断地更新。据称"创新"一词即来源于此。

Gǒu Rì Xīn， Rì Rì Xīn， yòu Rì Xīn

Zhōngguó chuántǒng wénhuà tèbié zhùzhòng dàodé xiūyǎng. "Lǐjì·dàxué" zhōng xiědào: Gǒu rì xīn, rì rì xīn, yòu rì xīn. Zhè jù huà de yìsi shì: Rúguǒ yí gè rén nénggòu yì tiān shǐ pǐndé gēngxīn, nà jiù néng

[1] 品德修养 pǐndé xiūyǎng: self-cultivation of one's morality

[2]《礼记·大学》"Lǐjì·Dàxué": *The Book of Rites* (礼记), one of the Chinese Five Classics of the Confucian canon. *The Great Learning* (大学) was selected from a chapter in *The Book of Rites* as one of the "Four Classics" in Confucianism.

[3] 更新 gēngxīn: update; take on a new look

[4] 君子 jūnzǐ: man of honor; man of virtue

[5] 境界 jìngjiè: state; realm

tiāntiān shǐ pǐndé gēngxīn, bìngqiě yìzhí búduàn de gēngxīn. Zhōngguórén rènwéi: Yí gè jūnzǐ yīnggāi zhòngshì zìjǐ de pǐndé xiūyǎng, shǐ zìjǐ de xiūyǎng dádào yí gè wánměi de jìngjiè, ránhòu ràng guójiā fāzhǎn de yuèláiyuè hǎo, ràng rénmen de shēnghuó biànde yuèláiyuè hǎo. Hòulái "rì xīn" hé "yuè yì" zǔchéngle chéngyǔ "rìxīn-yuèyì", yònglái xíngróng fāzhǎn kuài huòzhě jìnbù kuài, búduàn chūxiàn xīn shìwù huò xīn xiànxiàng. Rúguǒ néng měitiān gēngxīn, jiù tiāntiān gēngxīn, měitiān bú jiànduàn de gēngxīn. Jùchēng "chuàngxīn" yì cí jí láiyuán yú cǐ.

55. 入乡随俗 Rùxiāng-suísú

解释 Explanation

When in Rome, do as the Romans do. Wherever you are, follow the local customs (俗). 入乡 refers to being in a new place; 随俗 refers to following the local customs. For example:

1. 咱们应该按照这里的风俗[1]习惯做事，也就是说要“入乡随俗”。

2. 一个外国朋友在过春节的时候，给了我孩子压岁钱[2]。她说这是入乡随俗。

[1] 风俗 fēngsú: custom

[2] 压岁钱 yāsuìqián: money given to children as a gift for the Chinese lunar New Year

对话 Conversation

给老师拜年

（在老师家里）

Anna：老师，春节快乐！我给您拜年来了。

老师：谢谢！Anna，快请坐，请喝茶！

Anna：谢谢老师。老师，这是我送给您的茶叶。

老师：你今天在我家吃晚饭吧。咱们包饺子。

Anna：好啊。我们一边包饺子一边聊天儿。

（吃完饭以后）

Anna：今天的饺子真好吃！红红，这是我给你的压岁钱。祝你百尺竿头，更进一步！

红红：谢谢姐姐！祝姐姐春节快乐！

老师：哟，你也知道中国过年的风俗了。

Anna：是啊，这叫“入乡随俗”嘛。

Gěi Lǎoshī Bài Nián

(zài lǎoshī jiā li)

Anna: Lǎoshī, Chūn Jié kuàilè! Wǒ gěi nín bài nián lái le.

Lǎoshī: Xièxie! Anna, kuài qǐngzuò, qǐng hē chá!

Anna: Xièxie lǎoshī. Lǎoshī, zhè shì wǒ sònggěi nín de cháyè.

Lǎoshī: Nǐ jīntiān zài wǒjiā chī wǎnfàn ba. Zánmen bāo jiǎozi.

Anna: Hǎo a. Wǒmen yìbiān bāo jiǎozi yìbiān liáotiānr.

(chīwán fàn yǐhòu)

Anna: Jīntiān de jiǎozi zhēn hǎo chī! Hónghong, zhè shì wǒ gěi nǐ de yāsuìqián. Zhù nǐ bǎi chǐ gān tóu, gèng jìn yí bù!

Hónghong: Xièxie jiějie! Zhù jiějie Chūn Jié kuàilè!

Lǎoshī: Yō, nǐ yě zhīdao Zhōngguó guò nián de fēngsú le.

Anna: Shì a, zhè jiào “rùxiāng-suísú” ma.

生词 Vocabulary

拜年 bài nián	wish sb. a happy new year	新年到了，我们去给朋友们拜年。
茶叶 cháyè	tea; tea leaf	这是今年的新茶叶。
包饺子 bāojiǎozi	make jiaozi (dumplings)	过春节要包饺子，吃饺子。

扩展阅读 Extra Reading

中国人请客的习惯

中国人非常好客，请客时要准备很多饭菜。主人请客人坐下以后，先陪客人喝酒，可以喝白酒、红酒、啤酒，等等。中国的白酒很有名，比如茅台、五粮液[1]等。如果客人不会喝酒，可以喝饮料[2]。先上凉菜，如拼盘[3]、炸花生米[4]什么的，然后陆续上用肉、鱼、鸡、蔬菜等做的热菜。主人陪客人喝完酒以后，再上米饭等主食。南方人习惯先上汤菜，北方人习惯最后上汤菜。吃完饭，大家还要吃水果、喝茶，愉快地聊天儿。

Zhōngguórén Qǐng Kè de Xíguàn

Zhōngguórén fēicháng hàokè. Qǐng kè shí yào zhǔnbèi hěn duō fàncài. Zhǔrén qǐng kèrén zuòxià yǐhòu, xiān péi kèrén hē jiǔ, kěyǐ hē báijiǔ, hóngjiǔ, píjiǔ, děngděng. Zhōngguó de báijiǔ hěn yǒumíng, bǐrú Máotái, Wǔliángyè děng. Rúguǒ kèrén bú huì hē jiǔ, kěyǐ hē yǐnliào. Xiān shàng liángcài, rú pīnpán, zháhuāshēngmǐ shénmede, ránhòu lùxù shàng yòng ròu, yú, jī, shūcài děng zuò de rècài. Zhǔrén péi kèrén hēwán jiǔ yǐhòu, zài shàng mǐfàn děng zhǔshí. Nánfāngrén xíguàn xiān shàng

[1] 茅台、五粮液 Máotái, Wǔliángyè: Maotai and Wuliangye are the best distilled spirits in China. Maotai is called the national drink of China.

[2] 饮料 yǐnliào: beverage; drink

[3] 拼盘 pīnpán: assorted cold dishes

[4] 炸花生米 zhá huāshēngmǐ: fried peanuts

tāngcài, Běifāngrén xíguàn zuìhòu shàng tāngcài. Chī wán fàn, dàjiā hái yào chī shuǐguǒ, hē chá, yúkuài de liáotiānr.

56. 塞翁失马，安知非福
Sàiwēng Shī Mǎ, Ān Zhī Fēi Fú

解释 Explanation

Just like the old man on the frontier（塞翁）losing his horse, who knows but that this may be a blessing in disguise? A loss may sometimes turn out to be a gain. For example:

1. 小东学习不认真，成绩不好。后来小东的爸爸下岗[1]了，家里生活困难。小东就开始努力学习，还得到了奖学金[2]。爸爸说："塞翁失马，安知非福！"

2. 他大学毕业没考上研究生[3]，但是他却找到了一个非常满意的工作，真是"塞翁失马，安知非福！"

[1] 下岗 xià gǎng: be laid off

[2] 研究生 yánjiūshēng: graduate student

[3] 奖学金 jiǎngxuéjīn: scholarship; school financial aid

对话 Conversation

坏事变成好事

张丽：嗨，白云，这是我妹妹张梅，她是电影学院的学生。

白云：张梅，你好！听说考电影学院很难，你是怎么考上的？

张梅：说来话长[1]。高中毕业以后，我想考音乐学院，但是没考上，感到非常痛苦。后来，我的同学让我陪她去考电影学院。老师让我的同学表演一个"痛苦的女孩"，然后老师也让我表演了一下，结果我同学没考上，我却考上了。现在我非常喜欢表演专业。

白云：这真是塞翁失马，安知非福啊！

张丽：是啊！我妹妹当时没考上音乐学院，却坏事变成好事了。

白云：我刚进大学的时候，很后悔选了中文专业。因为中文专业的毕业生不好找工作。后来，我发现教外国人学汉语挺不错，就不后悔了。

张丽：你这也是塞翁失马，安知非福啊！

白云：算是吧！

Huàishì Biànchéng Hǎoshì

Zhāng Lì: Hài, Bái Yún, zhè shì wǒ mèimei Zhāng Méi, tā shì diànyǐng xuéyuàn de xuésheng.

Bái Yún: Zhāng Méi, nǐ hǎo! Tīngshuō kǎo diànyǐng xuéyuàn hěn nán, nǐ shì zěnme kǎoshàng de?

zhāng méi: Shuōláihuàcháng. Gāozhōng bìyè yǐhòu, wǒ xiǎng kǎo yīnyuè xuéyuàn, dànshì méi kǎoshàng, gǎndào fēicháng tòngkǔ. Hòulái, wǒ de tóngxué ràng wǒ péi tā qù kǎo diànyǐng xuéyuàn. Lǎoshī ràng wǒ de tóngxué biǎoyǎn yí gè "tòngkǔ de nǚhái", ránhòu lǎoshī yě ràng wǒ biáoyǎnle yíxià, jiéguǒ

[1] 说来话长 shuōláihuàcháng: It is a long story.

wǒ tóngxué méi kǎoshàng, wǒ què kǎoshàng le. Xiànzài wǒ fēicháng xǐhuan biǎoyǎn zhuānyè.

Bái Yún: Zhè zhēnshi Sàiwēng shī mǎ, ān zhī fēi fú a!

Zhāng Lì: Shì a! Wǒ mèimei dāngshí méi kǎoshàng yīnyuè xuéyuàn, què huàishì biànchéng hǎoshì le.

Bái Yún: Wǒ gāng jìn dàxué de shíhou, hěn hòuhuǐ xuǎnle Zhōngwén zhuānyè. Yīnwèi Zhōngwén zhuānyè de bìyèshēng bù hǎo zhǎo gōngzuò. Hòulái, wǒ fāxiàn jiāo wàiguórén xué Hànyǔ tǐng búcuò, jiù bú hòuhuǐ le.

Zhāng Lì: Nǐ zhè yě shì Sàiwēng shī mǎ, ān zhī fēi fú a!

Bái Yún: Suàn shì ba!

生 词 Vocabulary

毕业 bìyè	graduate	毕业以后，他准备当老师。
痛苦 tòngkǔ	painful	他和女朋友分手了，非常痛苦。

扩展阅读 Extra Reading

塞翁失马的故事

有一位老人住在边塞[1]，人们叫他塞翁。塞翁养了一匹[2]马。一天，他的马丢了。邻居们都来安慰他。可是塞翁却说："这没什么好难过的，说不定会带来福气[3]呢！"过了几个月，丢了的马回来了，还带回来一匹好马。邻居来祝贺他，但是塞翁说："这没什么值得高兴的，说不定会带来什么坏事呢！"果然，过了不久，塞翁的儿子在骑马时跌断了腿。邻居们又来安慰他。塞翁说："我儿子的腿跌断了，也

[1] 边塞 biānsài: frontier fortress

[2] 匹 pǐ: (classifier) for horses, mules, etc.

[3] 福气 fúqi: good luck; happy lot

许是我们的福气呢！”过了一年，当地年轻人都被召去当兵作战[1]，大多数人都战死了。塞翁的儿子因为腿不好，没有去当兵，保全了性命[2]。后来这个故事被称为“塞翁失马,安知非福”或“塞翁失马”，用来比喻坏事在一定的条件下可以变成好事。

Sàiwēng Shī Mǎ de Gùshi

Yǒu yí wèi lǎorén zhùzài biānsài, rénmen jiào tā Sàiwēng. Sàiwēng yǎngle yì pǐ mǎ. Yìtiān, tā de mǎ diū le. Línjūmen dōu lái ānwèi tā. Kěshì Sàiwēng què shuō: “Zhè méi shénme hǎo nánguò de, shuō bu dìng huì dàilái fúqi ne!” Guòle jǐ gè yuè, diūle de mǎ huílái le, hái dài huílái yì pǐ hǎo mǎ. Línjū lái zhùhè tā, dànshì Sàiwēng shuō: “Zhè méi shénme zhídé gāoxìng de, shuō bu dìng huì dàilái shénme huàishì ne!” Guǒrán, guòle bù jiǔ, Sàiwēng de érzi zài qí mǎ shí diēduànle tuǐ. Línjūmen yòu lái ānwèi tā. Sàiwēng shuō: “Wǒ érzi de tuǐ diēduàn le, yěxǔ shì wǒmen de fúqi ne!” Guòle yì nián, dāngdì niánqīngrén dōu bèi zhào qù dāng bīng zuòzhàn, dàduōshù rén dōu zhànsǐ le. Sàiwēng de érzi yīnwèi tuǐ bù hǎo, méiyǒu qù dāng bīng, bǎoquánle xìngmìng. Hòulái zhège gùshi bèi chēngwéi “Sàiwēng shī mǎ, ān zhī fēi fú” huò “Sàiwēng shī mǎ”, yònglái bǐyù huàishì zài yídìng de tiáojiàn xià kěyǐ biànchéng hǎoshì.

[1] 当地年轻人都被召去当兵作战 dāngdì niánqīngrén dōu bèi zhào qù dāng bīng zuòzhàn: local young men were called upon to fight as warriors

[2] 保全了性命 bǎoquán le xìngmìng: survive

57. 三番五次

Sānfān-wǔcì

解释 Explanation

Over and over again; repeatedly. 番 and 次 both refer to a number of times. For example:

1. 我不习惯这里的气候，所以三番五次地生病，我决定回国休息一段时间。
2. 他想学中文，三番五次地问我到中国留学的事情。

对话 Conversation

去云南旅游

Hans：Anna，寒假去哪儿旅游比较好？

Anna：我建议你去云南。

Hans：云南好玩儿吗？

Anna：好玩儿。我有一个朋友在云南。她三番五次地劝我去云南玩儿。今年我就去了，那儿山美、水美、人更美。云南的少数民族很多。穿着各种民族服装的姑娘们可漂亮了！

Hans：听你这么一说，我特别想去那儿看看。你拍照片了吗？

Anna：当然拍了。（拿出照相机）你看，这是昆明的滇池[1]。
Hans：这个女孩儿是谁？她的衣服很好看。
Anna：这就是我的朋友，她穿的是白族[2]的服装。她还给我做导游。如果你要去，我也让她给你当导游。
Hans：好哇！我寒假就去云南旅游。

Qù Yúnnán Lǚyóu

Hans: Anna, hánjià qù nǎr lǚyóu bǐjiào hǎo?
Anna: Wǒ jiànyì nǐ qù Yúnnán.
Hans: Yúnnán hǎowánr ma?
Anna: Hǎowánr. Wǒ yǒu yí gè péngyou zài Yúnnán. Tā sānfān-wǔcì de quàn wǒ qù Yúnnán wánr. Jīnnián wǒ jiù qù le, nàr shān měi, shuǐ měi, rén gèng měi. Yúnnán de shǎoshù mínzú hěn duō. Chuānzhe gèzhǒng mínzú fúzhuāng de gūniangmen kě piàoliang le!
Hans: Tīng nǐ zhème yì shuō, wǒ tèbié xiǎngqù nàr kànkan. Nǐ pāi zhàopiàn le ma?
Anna: Dāngrán pāi le. (náchū zhàoxiàngjī) Nǐ kàn, zhè shì Kūnmíng de Diānchí.
Hans: Zhège nǚháir shì shuí? Tā de yīfu hěn hǎokàn.
Anna: Zhè jiùshì wǒ de péngyou, tā chuān de shì Báizú de fúzhuāng. Tā hái gěi wǒ zuò dǎoyóu. Rúguǒ nǐ yào qù, wǒ yě ràng tā gěi nǐ dāng dǎoyóu.
Hans: Hǎo wā! Wǒ hánjià jiù qù Yúnnán lǚyóu.

生词 Vocabulary

寒假 hánjià	winter vacation	他准备在寒假好好休息。
建议 jiànyì	suggest	医生建议他不要吸烟了。
服装 fúzhuāng	clothing; costume	这个品牌的服装很漂亮。

[1] 滇池 Diānchí: Lake Dian, near Kunming in Yunnan Province
[2] 白族 Báizú: Bai ethnic group

扩展阅读 Extra Reading

“三”和“五”的成语

在汉语中，“三”和“五”除了表示具体的数字以外，还表示“多次、很多”的意思。比如，“三番五次”里的“三”和“五”就是多次的意思。“三五成群”是指很多人在一起，比如说“街上的人三五成群地走到广场上去了。”“三思而行”的意思是在做决定之前要考虑好。比如，劝朋友多想一想再做决定，就可以对他说“你最好三思而行，别马上做决定”。

“Sān” hé” Wǔ” de Chéngyǔ

Zài Hànyǔ zhōng, “sān” hé “wǔ” chúle biǎoshì jùtǐ de shùzì yǐwài, hái biǎoshì “duōcì, hěn duō” de yìsi. Bǐrú, “sānfān-wǔcì” li de “sān” hé “wǔ” jiù shì duō cì de yìsi. “Sānwǔchéngqún” shì zhǐ hěn duō rén zài yìqǐ, bǐrú shuō “jiē shang de rén sānwǔchéngqún de zǒudào guǎngchǎng shang qù le.” “Sānsī’érxíng” de yìsi shì zài zuò juédìng zhīqián yào kǎolǜ hǎo. Bǐrú, quàn péngyou duō xiǎng yi xiǎng zài zuò juédìng, jiù kěyǐ duì tā shuō “Nǐ zuìhǎo sānsī’érxíng, bié mǎshàng zuò juédìng” .

58. 三个臭皮匠，Sān Gè Chòu Píjiàng，顶个诸葛亮[1] Dǐng Gè Zhūgě Liàng

解释 Explanation

Three cobblers（臭皮匠）with their wits combined are as wise as Zhuge Liang. Zhuge Liang here refers to a master mind. The implied meaning of the saying is that two heads are better than one. For example:

1. 咱们三个人一起想办法，一定能解决这个难题[2]。"三个臭皮匠，顶个诸葛亮"。

2. 张丽的钥匙忘在房子里了，非常着急！王东和白云一起帮助张丽想办法。俗话说"三个臭皮匠，顶个诸葛亮"。

[1] 诸葛亮 Zhūgě Liàng: Zhuge Liang (181-234), a renowned statesman and strategist of the Shu Kingdom during the Three Kingdoms Period

[2] 难题 nántí: difficult problem; troubles

对 话 Conversation

大家一起商量

（白云、Anna、Lucy 在一起商量事情）

白云：Anna，张丽遇到麻烦了。她说她的男朋友不想跟她结婚，想分手。可是她的男朋友跟我说他很爱张丽。

Anna：是啊！她的男朋友怎么会不想跟她结婚呢？

Lucy：对呀。是不是她的男朋友跟她开玩笑？

白云：我们问问张丽是怎么回事，如果是她不对，我们就劝劝她，如果是她男朋友不对，我们也帮张丽想想办法，好好安慰她。

Anna：好，我们约张丽一起去茶馆喝茶，大家都说说自己的看法。

白云：这就叫“三个臭皮匠，顶个诸葛亮”，对不对？

Lucy：对！遇到问题大家一起商量，一定会有办法的。

Dàjiā Yìqǐ Shāngliang

(Bái Yún, Anna, Lucy zài yìqǐ shāngliang shìqing)

Bái Yún: Anna, Zhāng Lì yùdào máfan le. Tā xiànzài hěn tòngkǔ. Tā shuō tā de nánpéngyou bù xiǎng gēn tā jiéhūn, xiǎng fēnshǒu. Kěshì tā de nánpéngyou gēn wǒ shuō tā hěn ài Zhāng Lì.

Anna: Shì a! Tā de nánpéngyou zěnme huì bù xiǎng gēn tā jiéhūn ne?

Lucy: Duì ya. Shì bu shì tā de nán péngyou gēn tā kāi wánxiào?

Bái Yún: Wǒmen wènwen Zhāng Lì shì zěnme huíshì, rúguǒ shì Zhāng Lì bú duì, wǒmen jiù quànquan tā, rúguǒ shì tā de nánpéngyou bú duì, wǒmen yě bāng Zhāng Lì xiǎngxiang bànfǎ, hǎohāo ānwèi tā.

Anna: Hǎo, wǒmen yuē Zhāng Lì yìqǐ qù cháguǎn hē chá, dàjiā dōu shuōshuo zìjǐ de kànfǎ.

Bái Yún: Zhè jiù jiào “sān gè chòu píjiàng, dǐng gè Zhūgě Liàng”, duì bu duì?

Lucy: Duì! Yùdào wèntí dàjiā yìqǐ shāngliang, yídìng huì yǒu jiějué bànfǎ de.

生 词 Vocabulary

结婚 jiéhūn	get married; marry	他们准备明年结婚。
安慰 ānwèi	comfort; console	她生病住院了，朋友们安慰她好好治病。
看法 kànfǎ	opinion; point of view	他把他的看法告诉了老师。
商量 shāngliang	discuss; discussion	他们在商量暑假去哪儿旅游。

扩展阅读 Extra Reading

诸葛亮和他的鹅毛扇[1]

诸葛亮，是中国古代著名的政治家、军事家[2]。千百年来，诸葛亮一直是智慧的化身[3]。他不仅知道天文地理[4]，而且懂得战术兵法[5]。传说，诸葛亮有一把鹅毛扇，他的鹅毛扇代表着智慧。关于鹅毛扇，有这样一个民间故事：黄月英是一个非常聪明的姑娘，她不但会写文章，而且会功夫。她的老师送给她一把鹅毛扇，上面写着“明”、“亮”两个字。这两个字中还密密麻麻地藏着攻城掠地、治国安邦的计策。老师告诉她，如果一个人的姓名中有“明”和“亮”这两个字，这个人就是她的丈夫。黄月英遇到了诸葛亮，发现诸葛亮的名字里有一个“亮”字。诸葛亮字孔明，有一个“明”字。这样黄月英就和诸葛亮结婚了。黄月英把鹅毛扇送给了诸葛亮。诸葛亮非常喜爱这把鹅毛扇，不管春夏秋冬，每天都带着它，因为他非常爱他的妻子。

Zhūgě Liàng hé Tā de Émáoshàn

Zhūgě Liàng, shì Zhōngguó gǔdài zhùmíng de zhèngzhìjiā, jūnshìjiā. Qiānbǎi nián lái, Zhūgě Liàng yìzhí shì zhìhuì de huàshēn. Tā bùjǐn zhīdao

---

[1] 鹅毛扇 émáoshàn: goose feather fan
[2] 军事家 jūnshìjiā: strategist
[3] 智慧的化身 zhìhuì de huàshēn: incarnation of wisdom
[4] 天文地理 tiānwén dìlǐ: astronomical and geographical features
[5] 战术兵法 zhànshù bīngfǎ: military strategies and tactics

tiānwén dìlǐ, érqiě dǒngdé zhànshù bīngfǎ. Chuánshuō, Zhūgě Liàng yǒu yì bǎ émáoshàn, tā de émáoshàn dàibiǎozhe zhìhuì. Guānyú émáoshàn, yǒu zhèyàng yí gè mínjiān gùshi: Huáng Yuèyīng shì yí gè fēicháng cōngming de gūniang, Tā búdàn huì xiě wénzhāng, érqiě huì gōngfu. Tā de lǎoshī sònggěi tā yì bǎ émáoshàn, shàngmiàn xiězhe "míng", "liàng" liǎng gè zì. Zhè liǎng gè zì zhōng hái mìmì-mámá de cángzhe gōngchéng-luèdì, zhìguó-ānbāng de jìcè. Lǎoshī gàosu tā, rúguǒ yí gè rén de xìngmíng zhōng yǒu "míng" hé "liàng" zhè liǎng gè zì, zhè gè rén jiù shì tā de zhàngfu. Huáng Yuèyīng yùdàole Zhūgě Liàng, fāxiàn Zhūgě Liàng de míngzi li yǒu yí gè "liàng" zì. Zhūgě Liàng zì Kǒngmíng, yǒu yí gè "míng" zì. Zhèyàng Huáng Yuèyīng jiù hé Zhūgě Liàng jiéhūn le. Huáng Yuèyīng bǎ émáoshàn sònggěile Zhūgě Liàng. Zhūgě Liàng fēicháng xǐ'ài zhè bǎ émáoshàn, bùguǎn chūnxiàqiūdōng, měitiān dōu dàizhe tā, yīnwèi tā fēicháng ài tā de qīzi.

59. 三人行，必有我师
Sān Rén Xíng, bì Yǒu Wǒ Shī

解释 Explanation

If three of us are walking (行) together, at least one of the other two is good enough to be my teacher. The people around us must all have their strengths and weaknesses, and everyone must be ready to learn something good from them. It is a famous line of Confucius, warning one to be modest and humble. For example:

1. Bill和王东在聊天儿，王东给Bill讲了一个历史故事。Bill对王东说："三人行必有我师。我又学到一些历史知识"。

2. 小王刚参加完一个国际会议[1]，他对同事说："三人行，必有我师。这次会议上我碰到很多大学老师，学到了不少新东西。"

对话 Conversation

能者为师[2]

Lucy：嗨！ Anna，快点儿，我都等了你二十分钟了！

Anna：来了来了，不好意思。

Lucy：买一条鱼，用了这么长时间！

Anna：我问了老板一些做鱼的问题，比如：每种鱼怎么做好吃。我买了一条鲤鱼[3]，晚上我做红烧鲤鱼，你来尝一下，肯定好吃。

Lucy：刚才你跟卖花儿的老板怎么也聊了那么久呢？

Anna：我上次在他那儿买的茉莉花，叶子有点儿黄了，我问他该怎么办。

Lucy：你可真行。走到哪儿问到哪儿。

Anna：是啊。市场里有各种各样的人，和他们聊天儿，能学到很多东西。

Lucy：怪不得别人说你是半个中国通[4]呢。

Anna：过奖了！孔子说"三人行，必有我师"，跟周围的人聊天儿，能学到很多东西的，能者为师嘛！

[1] 国际会议 guójì huìyì: international conference
[2] 能者为师 néngzhě wéi shī: let those capable be teachers
[3] 鲤鱼 lǐyú: carp
[4] 中国通 Zhōngguótōng: an expert on China; an authority on China

Néngzhě Wéi Shī

Lucy: Hēi! Anna, kuài diǎnr, wǒ dōu děngle nǐ èrshí fēnzhōng le!

Anna: Lái le lái le, bù hǎo yìsi.

Lucy: Mǎi yì tiáo yú, yòngle zhème cháng shíjiān!

Anna: Wǒ wènle láobǎn yìxiē zuò yú de wèntí, bǐrú: měizhǒng yú zěnme zuò hǎochī. Wǒ mǎile yì tiáo lǐyú, wǎnshang wǒ zuò hóngshāo-lǐyú, nǐ lái cháng yíxià, kěndìng hǎochī.

Lucy: Gāngcái nǐ gēn mài huār de lǎobǎn zěnme yě liáole nàme jiǔ ne?

Anna: Wǒ shàng cì zài tā nàr mǎi de mòlìhuā, yèzi yǒudiǎnr huáng le, wǒ wèn tā gāi zěnme bàn.

Lucy: Nǐ kě zhēn xíng. Zǒu dào nǎr wèn dào nǎr.

Anna: Shì a. Shìchǎng li yǒu gèzhǒng-gèyàng de rén, hé tāmen liáotiānr, néng xuédào hěn duō dōngxi.

Lucy: Guàibude biéren shuō nǐ shì bàn gè Zhōngguótōng ne.

Anna: Guòjiǎng le! Kǒngzǐ shuōguò "sān rén xíng, bì yǒu wǒ shī", gēn zhōuwéi de rén liáotiānr, néng xuédào hěn duō dōngxi de, néngzhě wéi shī ma!

生 词 Vocabulary

红烧 hóngshāo	braise in soy sauce	红烧是一种烹调手法。
茉莉花 mòlìhuā	jasmine flower	茉莉花很香，很多人喜欢喝茉莉花茶。
真行 zhēn xíng	capable; competent	你真行，一个人完成了这么多工作。
各种各样 gèzhǒng-gèyàng	all kinds of; various	这个花园有各种各样的花，值得去看看。
周围 zhōuwéi	surrounding	这座房子的周围都是花草。

扩展阅读　Extra Reading

不耻下问[1]

在“不耻下问”这个成语中，“耻”是指羞耻、耻辱[2]，“下问”的意思是向地位比自己低、学问和见识不如自己的人学习。很多成功人士都有“不耻下问”的精神，也就是说如果他碰到自己不懂的事情，就会向各种各样的人请教，而不会感到自己没有面子或者不好意思。孔子说的“三人行，必有我师”和“不耻下问”就是鼓励他自己向别人虚心[3]学习。

Bùchǐxiàwèn

Zài “bùchǐxiàwèn” zhège chéngyǔ zhōng, “chǐ” shì zhǐ xiūchǐ, chǐrǔ, “xiàwèn” de yìsi shì xiàng dìwèi bǐ zìjǐ dī, xuéwen hé jiànshi bùrú zìjǐ de rén xuéxí. Hěn duō chénggōng rénshì dōu yǒu “bùchǐxiàwèn” de jīngshén, yě jiùshì shuō rúguǒ tā pèngdào zìjǐ bù dǒng de shìqing, jiù huì xiàng gèzhǒng-gèyàng de rén qǐngjiào, ér bú huì gǎndào zìjǐ méiyǒu miànzi huòzhě bù hǎo yìsi. Kǒngzǐ shuō de “sān rén xíng, bì yǒu wǒ shī” hé “bùchǐxiàwèn” jiùshì gǔlì tā zìjǐ xiàng biéren xūxīn xuéxí.

[1] 不耻下问 bùchǐxiàwèn: not feel ashamed to learn knowledge from one’s inferiors
[2] 耻辱 chǐrǔ: shame
[3] 虚心 xūxīn: modest; with an open mind

60. 三天打鱼，两天晒网 Sān Tiān Dǎ Yú, Liǎng Tiān Shài Wǎng

解释 Explanation

Go fishing for three days and dry the nets for two days; a person who lacks perseverance in learning and doing something. For example:

1. 学习要有恒心[1]，像你这样三天打鱼，两天晒网，肯定什么都学不好。

2. 他开了一家服装店，三天打鱼，两天晒网，结果不到半年就倒闭[2]了。

对话 Conversation

学习需要坚持

Lucy：今天玩儿得真痛快！咱们游览了颐和园[3]，照了很多照片。
Anna：是挺痛快的！哎，你晚上是不是还要学习呀？
Lucy：学习？今天是星期六，不上课啊，学什么？

[1] 恒心 héngxīn: perseverance
[2] 倒闭 dǎobì: close down; shut down
[3] 颐和园 Yíhéyuán: Summer Palace

Anna：你不是跟白云学习中国画吗！

Lucy：哎呀，我忘了！可是现在已经五点多了，而且我也累了，我给白云打个电话，告诉她我今天不去了。

Anna：我觉得你应该去。无论做什么事情，都要坚持，要有恒心。我学京剧的时候，老师也是这样要求我的。

Lucy：我画画儿进步很慢，不想学了。

Anna：你“三天打鱼，两天晒网”，当然进步很慢。只有坚持才能成功。

Lucy：你说得很对。我给白云打电话，说我马上过去上课。

Anna：好。我回学校，你直接去白云那儿吧！

Xuéxí Xūyào Jiānchí

Lucy: Jīntiān wánr de zhēn tòngkuai! Zánmen yóulǎnle Yíhéyuán, zhàole hěn duō zhàopiàn.

Anna: Shì tǐng tòngkuai de! Āi, nǐ wǎnshang shì bu shì hái yào xuéxí ya?

Lucy: Xuéxí? Jīntiān shì xīngqīliù, bú shàng kè a, xué shénme?

Anna: Nǐ bú shì gēn Bái Yún xuéxí Zhōngguóhuà ma!

Lucy: Āiyā, wǒ wàng le! Kěshì xiànzài yǐjīng wǔ diǎn duō le, érqiě wǒ yě lèi le, wǒ gěi Bái Yún dǎ ge diànhuà, gàosu tā wǒ jīntiān bú qù le.

Anna: Wǒ juéde nǐ yīnggāi qù. Wúlùn zuò shénme shìqing, dōu yào jiānchí, yào yǒu héngxīn. Wǒ xué Jīngjù de shíhou, lǎoshī yě shì zhèyàng yāoqiú wǒ de.

Lucy: Wǒ huà huàr jìnbù hěn màn, bù xiǎng xué le.

Anna: Nǐ “sān tiān dǎ yú, liǎng tiān shài wǎng”, dāngrán jìnbù hěn màn. zhǐyǒu jiānchí cáinéng chénggōng.

Lucy: Nǐ shuō de hěn duì. Wǒ gěi Bái Yún dǎ diànhuà, shuō wǒ mǎshàng guòqù shàng kè.

Anna: Hǎo. Wǒ huí xuéxiào, nǐ zhíjiē qù Bái Yún nàr ba!

生词 Vocabulary

痛快 tòngkuai	happy; joyful; to one's heart's content	今天孩子们玩儿得很痛快。
要求 yāoqiú	require; demand	老师要求我们下个星期交论文。
进步 jìnbù	advance; progress; make progress	她的汉语进步很快。
直接 zhíjiē	directly; straight	下了课他直接回宿舍了。

扩展阅读 Extra Reading

"三"和"二（两）"的成语

"三"和"二（两）"在一起用的成语很多，除了"三天打鱼，两天晒网"以外，还有"三言两语"形容话少，只有几句话；"三心二意"形容做事情犹豫不决[1]；"三长两短"是指意外的灾祸[2]、事故[3]；"三三两两"是指人们三个一群，两个一伙。"三天两头"表示经常、频繁，比如说"我三天两头给家人打电话"。

"Sān" hé "Èr(Liǎng)" de Chéngyǔ

"Sān" hé "èr(liǎng)" zài yìqǐ yòng de chéngyǔ hěn duō. Chúle "sān tiān dǎ yú, liǎng tiān shài wǎng" yǐwài, háiyǒu "sānyán-liǎngyǔ" xíngróng huà shǎo, zhǐyǒu jǐ jù huà; "sānxīn-èryì" xíngróng zuò shìqing yóuyùbùjué; "sāncháng-liǎngduǎn" shì zhǐ yìwài de zāihuò, shìgù; "sānsān-liǎngliǎng" shì zhǐ rénmen sān gè yì qún, liǎng gè yì huǒ. "Sāntiān-liǎngtóu" biǎoshì jīngcháng, pínfán, bǐrú shuō "Wǒ sāntiān-liǎngtóu gěi jiārén dǎ diànhuà".

---

[1] 犹豫不决 yóuyùbùjué: hesitate

[2] 灾祸 zāihuò: disaster

[3] 事故 shìgù: accident

61. 三心二意 Sānxīn-èryì

解释 Explanation

Be of two minds; change one's mind constantly. For example:

1. 这家公司给我的工资[1]很高，我决定在这儿好好地干下去，不再三心二意了。

2. 他一会儿听音乐一会儿玩电子游戏，这样三心二意地写论文，肯定写不好。

对话 Conversation

学打太极拳

Bill：王东，你会打太极拳吗？

王东：会。

Bill：太好了，教教我吧。学习太极拳对身体有好处。如果我学会了太极拳，也许回国可以当个太极拳老师。

王东：要想学好太极拳，就得吃苦。

Bill：我不喜欢吃苦的东西。

[1] 工资 gōngzī: pay; salary

王东：我不是让你吃苦的东西，我的意思是你要坚持练习，不怕辛苦。
Bill：这没问题。
王东：真的行吗？你可不能三天打鱼，两天晒网啊！
Bill：你放心吧，我不是三心二意的人，既然决定学太极拳，就一定坚持到底。
王东：那好，我就一心一意地教你，现在就开始吧。
Bill：好！

Xué Dǎ Tàijíquán

Bill: Wáng Dōng, nǐ huì dǎ tàijíquán ma?
Wáng Dōng: Huì.
Bill: Tài hǎo le, jiāojiao wǒ ba. Xuéxí Tàijíquán duì shēntǐ yǒu hǎochu. Rúguǒ wǒ xuéhuìle tàijíquán, yěxǔ huíguó kěyǐ dāng ge tàijíquán lǎoshī.
Wáng Dōng: Yào xiǎng xuéhǎo tàijíquán, jiù děi chī kǔ.
Bill: Wǒ bù xǐhuan chī kǔ de dōngxi.
Wáng Dōng: Wǒ bú shì ràng nǐ chī kǔ de dōngxi, wǒ de yìsi shì nǐ yào jiānchí liànxí, bú pà xīnkǔ.
Bill: Zhè méi wèntí.
Wáng Dōng: Zhēn de xíng ma? Nǐ kě bù néng sān tiān dǎ yú, liǎng tiān shài wǎng a!
Bill: Nǐ fàngxīn ba, wǒ bú shì sānxīn-èryì de rén, jìrán juédìng xué tàijíquán, jiù yídìng jiānchí dàodǐ.
Wáng Dōng: Nà hǎo, wǒ jiù yìxīn-yíyì de jiāo nǐ, xiànzài jiù kāishǐ ba.
Bill: Hǎo!

生 词 Vocabulary

太极拳 tàijíquán	taijiquan, shadowboxing	打太极拳可以使身体更健康。
也许 yěxǔ	perhaps	也许他要去北京找你。

吃苦 chī kǔ	bear hardships; suffer	他工作起来很能吃苦。
放心 fàngxīn	be at ease; be without worry	请放心，我明天一定把工作做完。
到底 dàodǐ	to the end	爬山很累，但是他说一定要坚持到底。
一心一意 yìxīn-yíyì	whole-heartedly	小王一心一意地在写论文呢。

扩展阅读 Extra Reading

心 意

“心意”是一个用法很灵活的词。有时候表示“心里的想法”。比如，一个小伙子对一个姑娘说：“我爱你，你愿意嫁[1]给我吗？”可是姑娘半天不说话，这时候小伙子着急了，问：“你的心意呢？”其实就是问“你的想法呢”。

有时候，“心意”表示对别人的情感。比如，你去医院看一个生病的朋友，带了些水果，可以对朋友说：“这是我的一点儿心意，希望你早日康复。”要是第一次去别人家拜访[2]，最好带上见面礼[3]，那样主人会很高兴，但是他可能会说：“你太客气了，不应该花钱买礼物。”你可以说“应该的，这是我的一点儿心意”。

Xīnyì

“Xīnyì” shì yí gè yòngfǎ hěn línghuó de cí. Yǒu shíhou biǎoshì “xīn li de xiángfǎ”. Bǐrú, yí gè xiǎohuǒzi duì yí gè gūniang shuō: “Wǒ ài nǐ, nǐ yuànyì jià gěi wǒ ma?” Kěshì gūniang bàntiān bù shuō huà, zhè shíhou xiǎohuǒzi zháojí le, wèn: “Nǐ de xīnyì ne?” Qíshí jiùshì wèn “nǐ de xiǎngfǎ ne”.

Yǒushíhou, “xīnyì” biǎoshì duì biéren de qínggǎn. Bǐrú, nǐ qù yīyuàn kàn yí gè shēngbìng de péngyou, dàile xiē shuǐguǒ, kěyǐ duì péngyou

[1] 嫁 jià: (of a woman) marry a man

[2] 拜访 bàifǎng: pay a visit to

[3] 见面礼 jiànmiànlǐ: present given to someone at a first meeting

shuō: "Zhè shì wǒ de yìdiǎnr xīnyì, xīwàng nǐ zǎorì kāngfù". Yàoshi dì-yī cì qù biérenjiā bàifǎng, zuìhǎo dàishàng jiànmiànlǐ, nàyàng zhǔrén huì hěn gāoxìng, dànshì tā kěnéng huì shuō: "Nǐ tài kèqi le, bù yīnggāi huā qián mǎi lǐwù." Nǐ kěyǐ shuō "Yīnggāi de, zhè shì wǒ de yìdiǎnr xīnyì".

62. 山重水复疑无路，柳暗花明又一村
Shān Chóng Shuǐ Fù Yí Wú Lù, Liǔ Àn Huā Míng Yòu Yì Cūn

解释 Explanation

After climbing over one mountain after another, and crossing one river after another, one doubts (疑) there is any way (路) ahead; then suddenly in between the green willows (柳) and fresh flowers, a beautiful hidden village appears. This line refers to having a sudden glimpse of hope in the dark midst of be wilderment, and after experiencing many kinds of difficulties. For example:

1. 我以为自己迷路[1]了，谁知"山重水复疑无路，柳暗花明又一村"，我要找的书店就在前方。

[1] 迷路 mí lù: lose one's way; get lost

2. 小王的实验[1]已经做了一个月了，一直没有成功。今天他终于成功了。真是“山重水复疑无路，柳暗花明又一村”。

对话 Conversation

小小书屋

张丽：今天下午我给你打电话，你不在家。

Anna：是的。我出去买书了。一个朋友告诉我在市中心的广场附近有一个小小书屋，那儿有很多学习汉语的书。我想去买几本。可是我找了很久也没找到。

张丽：我也听说那儿有个小小书屋。

Anna：我到处打听，又问了很多人，后来才知道小小书屋搬家了，但没人知道搬到哪儿去了。

张丽：那你怎么办？

Anna：还能怎么办？问啊，我问了很多人。后来我打算放弃了。正准备回家的时候，碰上一个人也要去小小书屋买书，就跟着他去了。我终于找到了小小书屋。

张丽：真是“山重水复疑无路，柳暗花明又一村”。

Anna：是啊。本来都没有希望了，最后终于找到了。看来做事还是应该坚持到底！

Xiǎoxiǎo Shūwū

Zhāng Lì: Jīntiān xiàwǔ wǒ gěi nǐ dǎ diànhuà, nǐ bú zài jiā.

Anna: Shì de. Wǒ chūqu mǎi shū le. Yí gè péngyou gàosu wǒ zài shì zhōngxīn de guángchǎng fùjìn yǒu yí gè Xiǎoxiǎo Shūwū. Nàr yǒu hěn duō xuéxí Hànyǔ de shū. Wǒ xiǎng qù mǎi jǐ běn. Kěshì wǒ zhǎole hěn jiǔ yě méi zhǎodào.

[1] 实验 shíyàn: experiment; experimentation

Zhāng Lì: Zěnme huíshì a? Wǒ yě tīngshuō nàr yǒu ge Xiǎoxiǎo Shūwū.

Anna: Wǒ dàochù dǎting, yòu wènle hěn duō rén, hòulái cái zhīdao Xiǎoxiǎo Shūwū bān jiā le, dàn méirén zhīdao bāndào nǎr qù le.

Zhāng Lì: Nà nǐ zěnme bàn?

Anna: Hái néng zěnme bàn? Wèn a, wǒ wènle hěn duō rén. Hòulái wǒ dǎsuan fàngqì le. Zhèng zhǔnbèi huí jiā de shíhou, pèngshàng yí gè rén yě yào qù Xiǎoxiǎo Shūwū mǎi shū, jiù gēnzhe tā qù le. Wǒ zhōngyú zhǎodào le Xiǎoxiǎo Shūwū.

Zhāng Lì: Zhēnshi "shān chóng shuǐ fù yí wú lù, liǔ àn huā míng yòu yì cūn".

Anna: Shì a. Běnlái dōu méiyǒu xīwàng le, zuìhòu zhōngyú zhǎodào le. Kànlái zuò shì háishi yīnggāi jiānchí dàodǐ!

生词 Vocabulary

打听 dǎting	inquire about	我去打听一下小小书屋在哪儿。
放弃 fàngqì	give up	做任何事情都不要轻易放弃。
本来 běnlái	originally	她本来是不想买衣服的，但是看到衣服便宜，她还是买了一件。

扩展阅读 Extra Reading

柳暗花明

“山重水复疑无路，柳暗花明又一村”是陆游《游山西村》中的名句。这句诗的意思是：山岭重迭，水流宛转，似乎让人怀疑前面没有路了，然而，柳荫丛中簇簇花放，村舍蓦然映入眼中。此句诗常被人们引申为：只要人们正视现实，面对重重艰难险阻，不退缩，不畏惧，勇于开拓，发奋前进，那么，前方将是一个充满光明与希望的崭新境界。

Liǔ'àn-huāmíng

"Shān chóng shuǐ fù yí wú lù, liǔ àn huā míng yòu yì cūn" shì Lù Yóu "Yóu Shānxīcūn" zhōng de míngjù. Zhè jù shī de yìsi shì : shānlǐng chóngdié, shuǐliú wǎnzhuǎn, sìhū ràng rén huáiyí qiánmiàn méiyǒu lù le, rán'ěr, liǔyīn cóng zhōng cùcù huā fàng, cūnshě mòrán yìngrù yǎn zhōng. Cǐ jù shī cháng bèi rénmen yǐnshēn wéi: zhǐyào rénmen zhèngshì xiànshí, miànduì chóngchóng jiānnán xiǎnzǔ, bú tuìsuō, bú wèijù, yǒngyú kāituò, fāfèn qiánjìn, nàme, qiánfāng jiāng shì yí gè chōngmǎn guāngmíng yǔ xīwàng de zhǎnxīn jìngjiè.

63. 失败是成功之母 Shībài Shì Chénggōng zhī Mǔ

解释 Explanation

Failure is the mother（母）of success. For example:

1. 爱迪生[1]经过一百多次的失败,终于发明[2]了电灯[3],这是一个"失

[1] 爱迪生 Àidíshēng: Thomas Alva Edison（1847-1931）, an American inventor

[2] 发明 fāmíng: invent

[3] 电灯 diàndēng: electric light

败是成功之母”的例子[1]。

2. Bill的汉语水平考试没通过。王东劝他，失败是成功之母，只要认真复习，下次一定能通过。

对话 Conversation

考试

Bill：王东，你今天怎么没精打采的，遇到什么不高兴的事了吗？

王东：唉，我的英语考试不及格。

Bill：没关系，人们经常说失败是成功之母。

王东：可是英语太难学了。我还准备考研究生呢，英语不好怎么办呢？

Bill：这次考试虽然失败了，但是总结教训，认真复习，下次就考好了。

王东：我也知道学习语言要有耐心，不能操之过急。可是做起来很难。

Bill：去年我的汉语水平考试也没通过，今年还要再考一次。

王东：那你复习得怎么样了？

Bill：我现在是废寝忘食，天天练习汉语听力、阅读，特别累。

王东：我这次不及格，也是英语听力不好，单词记得不多。

Bill：咱们互相帮助吧，你帮我学汉语，我帮你学英语。怎么样？

王东：好啊！

Kǎoshì

Bill: Wáng Dōng, nǐ jīntiān zěnme méijīngdǎcǎi de, yùdào shénme bù gāoxìng de shì le ma?

Wáng Dōng: Āi, wǒ de Yīngyǔ kǎoshì bù jígé.

Bill: Méi guānxi, rénmen jīngcháng shuō shībài shì chénggōng zhī mǔ.

[1] 例子 lìzi: instance; example

Wáng Dōng: Kěshì Yīngyǔ tài nán xué le, wǒ hái zhǔnbèi kǎo yánjiūshēng ne! Yīngyǔ bù hǎo zěnmebàn ne?

Bill: Zhè cì kǎoshì suīrán shībài le, dànshì zǒngjié jiàoxùn, rènzhēn fùxí, xià cì jiù kǎohǎo le.

Wáng Dōng: Wǒ yě zhīdao xuéxí yǔyán yào yǒu nàixīn, bù néng cāozhīguòjí. Kěshì zuò qǐlái hěn nán.

Bill: Qùnián wǒ de Hànyǔ shuǐpíng kǎoshì yě méi tōngguò, jīnnián hái yào zài kǎo yí cì.

Wáng Dōng: Nà nǐ fùxí de zěnme yàng le?

Bill: Wǒ xiànzài shì fèiqǐn-wàngshí, tiāntiān liànxí Hànyǔ tīnglì, yuèdú, tèbié lèi.

Wáng Dōng: Wǒ zhè cì bù jígé, yě shì Yīngyǔ tīnglì bù hǎo, dāncí jìde bù duō.

Bill: Zánmen hùxiāng bāngzhù ba, nǐ bāng wǒ xué Hànyǔ, wǒ bāng nǐ xué Yīngyǔ. Zěnme yàng?

Wáng Dōng: Hǎo wā!

生词 Vocabulary

及格 jígé	pass (an exam)	他期末考试都及格了。
耐心 nàixīn	patience	当老师得有耐心。
词汇 cíhuì	vocabulary	他英语没及格，是因为他的英语词汇太少了。

扩展阅读 Extra Reading

胜败乃兵家常事[1]

人们的生活往往不是一帆风顺的，失败是常有的事。汉语有一句成语是“胜败乃兵家常事”，意思是胜利和失败都是战争[2]中经常遇到的情况。所以胜了不必太高兴，败了也不必太伤心，无论是胜还是败，都要总结经验，为以后做好准备。“失败是成功之母”，“吃一堑，长一智”，和“不经一事，不长一智”这些成语告诉人们的道理是：失败了没关系，只要从失败中吸取经验和教训，总有一天会成功的。

Shèng-bài Nǎi Bīngjiā Chángshì

Rénmen de shēnghuó wǎngwǎng bú shì yìfānfēngshùn de, shībài shì jīngcháng fāshēng de shì. Hànyǔ yǒu yí jù chéngyǔ shì “shèngbài nǎi bīngjiā chángshì”, yìsi shì shènglì hé shībài dōu shì zhànzhēng zhōng jīngcháng yùdào de qíngkuàng. Suǒyǐ shèngle búbì tài gāoxìng, bàile yě búbì tài shāngxīn, wúlùn shì shèng háishi bài, dōu yào zǒngjié jīngyàn, wèi yǐhòu zuòhǎo zhǔnbèi. “Shībài shì chénggōng zhī mǔ”, “chī yí qiàn, zhǎng yí zhì”, hé “bù jīng yí shì, bù zhǎng yí zhì” zhèxiē chéngyǔ gàosu rénmen de dàolǐ shì: Shībàile méi guānxi, zhǐyào cóng shībài zhōng xīqǔ jīngyàn hé jiàoxùn, zǒng yǒu yì tiān huì chénggōng de.

[1] 胜败乃兵家常事 shèng-bài nǎi bīngjiā chángshì: for a military commander, winning or losing a battle is a common occurrence

[2] 战争 zhànzhēng: war

64. 师父领进门，修行在个人
Shīfu Lǐng Jìn Mén， Xiūxíng zài Gèrén

解 释 Explanation

A Buddhist monk（师父）guides a disciple to learn Buddha's teachings, how they practice Buddhism (修行) depends on the disciple himself. The master teaches the trade, but the perfection of the apprentice's skill is self-achieved. For example:

1. 俗话说“师父领进门，修行在个人”。要学好汉语只靠老师教是不够的，还要自己努力才行。

2. 王东对 Bill 说：“师父领进门，修行在个人。要想练好太极拳，你每天都要练习，不能三天打鱼，两天晒网。”

对 话 Conversation

学唱民歌

Hans：白云，你能教我唱民歌吗？中国民歌听起来真美啊，比如《康定情歌》[1]。

白云：可是唱中国民歌有点儿难哟！

[1]《康定情歌》“Kāngdìng Qínggē”: love songs in the Kangding area of southwest China

Hans：没关系，我不怕。俗话说“师傅领进门，修行在个人”。你只要教我唱就行了，我自己练习。

白云：那好吧！跟我唱：“跑马溜溜的山上，一朵溜溜的云哟”，唱！

Hans：“跑马溜溜的山上……”下一句是什么？

白云：“一朵溜溜的云哟……”

Hans：“一朵溜溜的云哟……”对不起，第一句是什么？我又忘了。

白云：哎呀！你连歌词都记不住，我这个师傅怎么领你进门啊！我们先学歌词吧！

Hans：好的。

白云：你看着拼音，我领你读一遍歌词，你要注意歌词的发音，把歌词记住。

Hans：好。我一定好好练习，等以后我有了女朋友，我要唱给她听。

白云：你还挺浪漫的！

Xué Chàng Míngē

Hans: Bái Yún, nǐ néng jiāo wǒ chàng míngē ma? Zhōngguó míngē tīng qǐlái zhēn měi a, bǐrú “Kāngdìng Qínggē”.

Bái Yún: Kěshì chàng Zhōngguó míngē yǒudiǎnr nán yō!

Hans: Méi guānxi, wǒ bú pà. Súhuà shuō “shīfu lǐng jìn mén, xiūxíng zài gèrén”. Nǐ zhǐyào jiāo wǒ chàng jiù xíng le, wǒ zìjǐ liànxí.

Bái Yún: Nà hǎo ba! Gēn wǒ chàng: “Pǎo mǎ liūliū de shān shang, yì duǒ liūliū de yún yō”, chàng!

Hans: “Pǎo mǎ liūliū de shān shang ...” Xià yí jù shì shénme?

Bái Yún: “Yì duǒ liūliū de yún yō ...”

Hans: “Yì duǒ liūliū de yún yō ...” Duìbuqǐ, dì-yī jù shì shénme? Wǒ yòu wàng le.

Bái Yún: Āiyā! Nǐ lián gēcí dōu jì bú zhù, wǒ zhège shīfu zěnme lǐng nǐ jìn mén a! Wǒmen xiān xué gēcí ba!

Hans: Hǎo de.

Bái Yún: Nǐ kànzhe pīnyīn, wǒ lǐng nǐ dú yí biàn gēcí, nǐ yào zhùyì gēcí de fāyīn, bǎ gēcí jìzhù.

Hans: Hǎo. Wǒ yídìng hǎohāo liànxí, děng yǐhòu wǒ yǒule nǚpéngyou, wǒ yào chànggěi tā tīng.
Bái Yún: Nǐ hái tǐng làngmàn de!

生 词 Vocabulary

民歌 míngē	folk song	汉斯很喜欢听《茉莉花》这首民歌。
发音 fāyīn	pronunciation	汉字的发音不难，声调难。
连……都 / 也 lián...dōu / yě	even (used with 都 and 也)	你怎么连这个字都不认识?
领 lǐng	lead; take; head	服务员领我来到了座位旁边。
反复 fǎnfù	again and again; repeatedly	汉斯为了学习这首歌反复练习发音。

扩展阅读 Extra Reading

修 行

师父是对和尚、尼姑、道士的尊称。修行的意思是佛教徒或道教徒虔诚地学习教义，并按照教义去实行。在修行时，师父只是起引导作用，要真正领悟教义，还要靠自己的努力。“修行”还有提高品德修养的意思。如果一个人要提高自己的道德修养，必须每天反省自己，问问自己今天都做了什么，哪些事情做得好，做得对，做得不好的地方今后要注意改正。孔子说“吾日三省吾身”就是这个意思。如果这样做了，就会天天进步。

Xiūxíng

Shīfu shì duì héshang, nígū, dàoshi de zūnchēng. Xiūxíng de yìsi shì fójiàotú huò dàojiàotú qiánchéng de xuéxí jiàoyì, bìng ànzhào jiàoyì qù shíxíng. Zài xiūxíng shí, shīfu zhǐshì qǐ yǐndǎo zuòyòng, yào zhēnzhèng lǐngwù jiàoyì, hái yào kào zìjǐ de nǔlì. “Xiūxíng” háiyǒu tígāo pǐndé xiūyǎng de yìsi. Rúguǒ yí gè rén yào tígāo zìjǐ de dàodé xiūyǎng, bìxū měitiān fánxǐng zìjǐ, wènwen zìjǐ jīntiān dōu zuòle shénme, nǎxiē shìqing zuò de hǎo, zuò de duì, zuò de bù hǎo de dìfang jīnhòu yào zhùyì gǎizhèng. Kǒngzǐ shuō "wú rì sān xǐng wú shēn" jiùshì zhège yìsi. Rúguǒ zhèyàng zuò le, jiù huì tiāntiān jìnbù.

65. 十全十美 Shíquán-shíměi

解释 Explanation

Be perfect in every respect; be done to perfection. For example:

1. 小红学习好，爱帮助人，尊重老师，在老师的眼里她是个十全十美的学生。

2. 我们的新房子很大，周围也很安静，但是交通不方便，所以算不上十全十美。

对话 Conversation

十全十美的人

张丽：妈妈，我跟李飞恋爱了。
妈妈：你觉得你们在一起合适吗？
张丽：我觉得李飞十全十美，他很帅、善良、幽默，工作也很努力。
妈妈：张丽，你们认识的时间很短，我觉得你还不了解他，你现在看到的都是他的优点。一个人不可能一点儿缺点也没有。
张丽：我想想他有什么缺点呢？有时候他的脾气不好，做事没有耐心。
妈妈：你也是一个急性子，也是一个没有耐心的人。你们以后会不会经常吵架？虽然不能要求一个人十全十美，但是你一定要找一个真心爱你的人。婚姻大事要三思而行。
张丽：好的，我也希望有一个爱我的丈夫，一个幸福的家庭。
妈妈：我希望你幸福！

Shíquán-shíměi de Rén

Zhāng Lì: Māma, wǒ gēn Lǐ Fēi liàn'ài le.
Māma: Nǐ juéde nǐmen zài yìqǐ héshì ma?
Zhāng Lì: Wǒ juéde Lǐ fēi shíquán-shíměi, tā hěn shuài, shànliáng, yōumò, gōngzuò yě hěn nǔlì.
Māma: Zhāng Lì, nǐmen rènshi de shíjiān hěn duǎn, wǒ juéde nǐ hái bù liǎojiě tā, nǐ xiànzài kàndào de dōu shì tā de yōudiǎn. Yí gè rén bù kěnéng yìdiǎnr quēdiǎn yě méiyǒu.
Zhāng Lì: Wǒ xiǎngxiang tā yǒu shénme quēdiǎn ne? Yǒu shíhou tā de píqi bù hǎo, zuò shì méiyǒu nàixīn.
Māma: Nǐ yě shì yí gè jí xìngzi, yě shì yí gè méiyǒu nàixīn de rén. Nǐmen yǐhòu huì bu huì jīngcháng chǎo jià? Suīrán bù néng yāoqiú yí gè rén shíquán-shíměi, dànshì nǐ yídìng yào zhǎo yí gè zhēnxīn ài nǐ de rén. Hūnyīn dàshì yào sānsī'érxíng.

Zhāng Lì: Hǎo de, wǒ yě xīwàng yǒu yí gè ài wǒ de zhàngfu, yí gè xìngfú de jiātíng.

Māma: Wǒ xīwàng nǐ xìngfú!

生 词 Vocabulary

幽默 yōumò	humorous	王老师说话很幽默，他的演讲一定很精彩。
优点 yōudiǎn	merit; strong point	善良是她男朋友的优点。
缺点 quēdiǎn	shortcoming; weakness	每个人都有缺点，世界上没有十全十美的人。
急性子 jí xìngzi	of an impatient disposition; an impatient person	我妈是一个急性子，做什么事都着急。
三思而行 sānsī'érxíng	think thrice before you act	你在选择工作的时候，要三思而行。

扩展阅读 Extra Reading

汉字"羊"和"美"

"美"是由"羊"和"大"构成的。据说，羊肉是古人最主要的食物,肥羊肉吃起来很鲜美。所以"美"除了表示"美丽、漂亮"以外，还表示"味道好"，比如"美食"、"美酒"、"美味"。"善"也是一个常用汉字。"善"这个字的上面是一个"羊"字，"善"也有"美好"的意思。我们经常用"善良"这个词来形容一个人的心灵[1]美。一个善良的人总是爱帮助人、关心人。

Hànzì "Yáng" hé "Měi"

"Měi" shì yóu "yáng" hé "dà" gòuchéng de. Jùshuō, yángròu shì

[1] 心灵 xīnlíng: heart; soul; spirit

gǔrén zuì zhǔyào de shíwù, féi yángròu chī qǐlái hěn xiānměi. Suǒyǐ "měi" chúle biǎoshì "měilì, piàoliang" yǐwài, hái biǎoshì "wèidào hǎo", bǐrú "měishí", "měijiǔ", "měiwèi". "Shàn" yě shì yí gè chángyòng Hànzì. "Shàn" zhège zì de shàngmiàn shì yí gè "yáng" zì, "shàn" yě yǒu "méihǎo" de yìsi. Wǒmen jīngcháng yòng "shànliáng" zhège cí lái xíngróng yí gè rén de xīnlíng měi. Yí gè shànliáng de rén zǒngshì ài bāngzhù rén, guānxīn rén.

66. 士别三日，当刮目相看 Shì Bié Sān Rì, Dāng Guāmù xiāngkàn

解释 Explanation

A scholar（士）who has been away（别）three days must be looked at with new eyes（刮目相看）. This proverb is used to praise somebody who has made great progress in a period of time, especially when someone has not been seen for some time. For example:

1. 这段时间他有了这么大的进步，真是“士别三日，当刮目相看”呀。
2. 你做的菜真好吃！你以前不会做菜，什么时候学会做菜了，真是“士别三日，当刮目相看”。

对 话 Conversation

背唐诗

（Bill 正在读唐诗，Anna 走了过来）

Bill：“床前明月光，疑是地上霜。举头望明月，低头思故乡”。我背得怎么样？

Anna：不错，不错，比以前好多了，进步很大啊！你知道这是谁写的诗吗？

Bill：当然知道了。这是唐代大诗人李白写的，意思是月光照到床边，诗人以为是寒霜[1]，诗人抬起头看到窗外的月亮，一看到月亮就思念自己的家人和朋友。这首诗表达了李白对家乡的思念。

Anna：以前你说唐诗太难了，不想学，怎么现在对唐诗感兴趣了？

Bill：现在我每天都读唐诗，背唐诗，慢慢地懂了古诗的意思，就开始感兴趣了。

Anna：原来是这样。真是“士别三日，当刮目相看”呀！

Bill：我再给你背一首杜甫写的《春夜喜雨》：好雨知时节，当春乃发生。随风潜入夜，润物细无声。我们可以想象春天的夜景：细雨在夜晚随着春风潜入大地[2]，无声地滋润着大地万物[3]。

Anna：了不起！再过段时间我更要对你“刮目相看”了。

Bill：过奖，过奖！

Bèi Tángshī

(Bill zhèngzài dú tángshī, Anna zǒule guòlái)

Bill: “Chuáng qián míng yuè guāng, yí shì dì shang shuāng. Jǔ tóu wàng míng yuè, dī tóu sī gùxiāng”. Wǒ bèi de zěnme yàng?

Anna: Búcuò, búcuò, bǐ yǐqián hǎo duō le, jìnbù hěn dà a! Nǐ zhīdao

[1] 寒霜 hánshuāng: frost

[2] 潜入 qiánrù: quietly enter

[3] 滋润着大地万物 zīrùnzhe dàdì wànwù: moisten all things on earth

zhè shì shuí xiě de shī ma?

Bill: Dāngrán zhīdao le. Zhè shì Tángdài dà shīrén Lǐ Bái xiě de shī，yìsi shì yuèguāng zhàodào chuáng biān，shīrén yǐwéi shì hán shuāng，shīrén táiqǐ tóu kàndào chuāngwài de yuèliang，yí kàndào yuèliang jiù sīniàn zìjǐ de jiārén hé péngyou. Zhè shǒu shī biǎodále Lǐ Bái duì jiāxiāng de sīniàn.

Anna: Yǐqián nǐ shuō tángshī tài nán le，bù xiǎng xué，zěnme xiànzài duì tángshī gǎn xìngqù le?

Bill: Xiànzài wǒ měitiān dōu dú tángshī，bèi tángshī，mànmān de dǒngle gǔshī de yìsi，jiù kāishǐ gǎn xìngqù le.

Anna: Yuánlái shì zhèyàng. Zhēnshi "shì bié sān rì，dāng guāmù-xiāngkàn" ya!

Bill: Wǒ zài gěi nǐ bèi yì shǒu Dù Fǔ xiě de "Chūnyè Xǐyǔ": Hǎo yǔ zhī shí jié，dāng chūn nǎi fā shēng. Suí fēng qián rù yè，rùn wù xì wú shēng. Zhè jǐ jù shī hěn yǒu shīqíng-huàyì. Wǒmen kěyǐ xiǎngxiàng chūntiān de yèjǐng: Xǐyǔ zài yèwǎn suízhe chūnfēng qiánrù dàdì，wúshēng de zīrùnzhe dàdì wànwù.

Anna: Liǎobuqǐ! Zài guò duàn shíjiān wǒ gèng yào duì nǐ "guāmù-xiāngkàn" le.

Bill: Guòjiǎng，guòjiǎng!

生词 Vocabulary

唐诗 tángshī	poems of the Tang Dynasty	Bill觉得唐诗很有诗情画意。
对……感兴趣 duì...gǎn xìngqù	be interested in	我对中国画很感兴趣。
背 bèi	recite	汉斯喜欢背中文课文。
刮目相看 guāmùxiāngkàn	look at sb. with new eyes	现在小红的英语特别流利，大家对她都刮目相看。
生长 shēngzhǎng	grow	这些植物生长在南方。
想象 xiǎngxiàng	imagine	这个故事是他想象的，不是真的。

诗情画意 shīqíng-huàyì	rich in poetic and artistic conception	九寨沟的风景充满了诗情画意。

扩展阅读 Extra Reading

刮目相看

三国时期，有一个叫吕蒙的人，他十五岁就跟着军队到处打仗，三十一岁时被提升为将军。但是他没有什么学识，不肯用功。都督鲁肃看不起他。在孙权的劝说下，吕蒙废寝忘食地发奋读书。两年后，鲁肃再来视察的时候，和他交谈后，发现他变得很有见解。鲁肃惊奇地说："你如今的谋略才干，已不再是过去那个吕蒙了！"吕蒙说："对于有志气的人，分别了数日后，就应当擦亮眼睛重新看待他，兄长你看清楚这件事情也太晚了啊！"

Guāmùxiāngkàn

Sānguó shíqī, yǒu yí gè jiào Lǚ Méng de rén, tā shíwǔ suì jiù gēnzhe jūnduì dàochù dǎzhàng, sānshíyī suì shí bèi tíshēng wéi jiāngjūn. Dànshì tā méiyǒu shénme xuéshí, bù kěn yònggōng. Dōudu Lǔ Sù kànbuqǐ tā. Zài Sūn Quán de quànshuō xià, Lǚ Méng fèiqǐn-wàngshí de fāfèn dú shū. Liǎng nián hòu, Lǔ Sù zàilái shìchá de shíhou, hé tā jiāotán hòu, fāxiàn tā biàn de hěn yǒu jiànjiě. Lǔ Sù jīngqí de shuō: "Nǐ rújīn de móulüè cáigàn, yǐ bú zài shì guòqù nàge Lǚ Méng le!" Lǚ Méng shuō: "Duìyú yǒu zhìqì de rén, fēnbiéle shù rì hòu, jiù yīngdāng cāliàng yǎnjing chóngxīn kàndài tā, xiōngzhǎng nǐ kàn qīngchu zhè jiàn shìqing yě tài wǎn le a!"

67. 手舞足蹈 Shǒuwǔ-zúdǎo

解释 Explanation

Wave one's hands（手舞）and stamp one's feet（足蹈）in joy. Dance for joy at a moment of happiness. For example:

1. 他儿子回家时手舞足蹈地说："爸爸，我的作文得奖[1]了。"
2. 一听到战争结束的消息[2]，所有人都高兴得手舞足蹈。

对话 Conversation

考试通过了

Lucy：Anna，今晚我请你吃饭。
Anna：什么事让你这么高兴？
Lucy：今天有喜事。
Anna：什么喜事啊，看你高兴得手舞足蹈的。
Lucy：我的汉语水平考试通过了。人逢喜事精神爽嘛！
Anna：真的，听说这次考试挺难的。

[1] 奖 jiǎng: award; prize
[2] 消息 xiāoxi: news; message

Lucy：是有点儿难，我考完以后感觉不好，还以为不能通过呢。
Anna：对啊，我还记得你回到宿舍以后一句话也不说，没精打采的。
Lucy：今天我去学校看成绩，居然通过了，你说是不是应该庆祝一下！
Anna：当然应该庆祝！

Kǎoshì Tōngguò le

Lucy: Anna, jīnwǎn wǒ qǐng nǐ chī fàn.
Anna: Shénme shì ràng nǐ zhème gāoxìng?
Lucy: Jīntiān yǒu xǐshì.
Anna: Shénme xǐshì a, kàn nǐ gāoxìng de shǒuwǔ-zúdǎo de.
Lucy: Wǒ de Hànyǔ shuǐpíng kǎoshì tōngguò le. Rén féng xǐshì jīngshén shuǎng ma!
Anna: Zhēn de, tīngshuō zhè cì kǎoshì tǐng nán de.
Lucy: Shì yǒudiǎnr nán, wǒ kǎowán yǐhòu gǎnjué bù hǎo, hái yǐwéi bù néng tōngguò ne.
Anna: Duì a, wǒ hái jìde nǐ huídào sùshè yǐhòu yí jù huà yě bù shuō, méijīngdǎcǎi de.
Lucy: Jīntiān wǒ qù xuéxiào kàn chéngjì, jūrán tōngguò le, nǐ shuō shìbushì yīnggāi qìngzhù yíxià!
Anna: Dāngrán yīnggāi qìngzhù!

生 词 Vocabulary

居然	jūrán	unexpectedly	他经常玩电子游戏，不学习，期末考试他居然通过了。
庆祝	qìngzhù	celebrate	他们正在庆祝新年的到来。

扩展阅读 Extra Reading

“舞”字的意思

“手舞足蹈”这个成语几千年前就出现了。中国最早的诗歌总集《诗经》里说：诗，是理想和情感的表现。当心中的理想和情感用语言表达出来时，就成为诗。但如果用语言表达还不够的时候，就会发出叹息[1]的声音；当叹息的声音还不够时，就会不知不觉地抬手举脚，跳起舞来。“舞”这个字就像一个人拿着乐器正在跳舞。现在“舞”字就把人手里的东西变成了四个短竖[2]。

“Wǔ” Zì de Yìsi

“Shǒuwǔ-zúdǎo” zhège chéngyǔ jǐ qiān nián qián jiù chūxiàn le. Zhōngguó zuì zǎo de shīgē zǒngjí “Shījīng” li shuō: shī, shì lǐxiǎng hé qínggǎn de biǎoxiàn. Dāng xīn zhōng de lǐxiǎng hé qínggǎn yòng yǔyán biǎodá chūlái shí, jiù chéngwéi shī. Dàn rúguǒ yòng yǔyán biǎodá hái bú gòu de shíhou, jiùhuì fāchū tànxī de shēngyīn; dāng tànxī de shēngyīn hái bú gòu shí, jiù huì bùzhī-bùjué de tái shǒu jǔ jiǎo, tiào qǐ wǔ lái. “Wǔ” zhège zì jiù xiàng yí gè rén názhe yuèqì zhèngzài tiàowǔ. Xiànzài “wǔ” zì jiù bǎ rén shǒu li de dōngxi biànchéngle sì gè duǎn shù.

---

[1] 叹息 tànxī: sigh

[2] 短竖 duǎn shù: short vertical stroke (in Chinese characters)

68. 守株待兔 Shǒuzhū-dàitù

解释 Explanation

Stand by（守）a stump（株）waiting for more hares（兔）to come and dash themselves against it. Wait for gains without pains; trust in chance and luck. For example:

1. 我们找工作不能只在学校里守株待兔，应该跟用人单位[1]保持联系[2]。

2. 要考试了，他想，如果运气好，不用复习就可以通过。像他这种守株待兔的学生是不会考出好成绩的。

对话 Conversation

餐馆开业了

（张丽和白云来到了一家烤肉餐馆）

张丽：我给你们介绍一下，这是我的朋友白云，这是我的朋友李明，他的烤肉餐馆刚开业。

[1] 用人单位 yòngrén dānwèi: employing unit

[2] 联系 liánxì: contact; touch

李明：哎，开业一个星期了。可是顾客不多，怎么办呢？
张丽：你整天守株待兔，怎么会有客人来啊！
李明：你的意思是说我做事不主动[1]，只是等待。
张丽：对啊！你想办法做一个广告，让更多的人知道你的餐馆，顾客不就多了吗？
李明：是个好主意！可是怎么做广告呢？
张丽：你拍一些烤肉的照片，把烤肉的特色写出来，然后贴在餐馆的窗户上。人们看到这些图片，可能就会来吃你的烤肉。你还可以在报纸上登广告！
白云：这样吧，我帮你画一张广告，贴到窗户上。
李明：太好了！来，你们先尝尝我做的烤肉。
张丽、白云：好！我们一边吃烤肉一边想广告，多美啊！

Cānguǎn Kāiyè le

(Zhāng Lì hé Bái Yún láidàole yì jiā kǎoròu cānguǎn)
Zhāng Lì: Wǒ gěi nǐmen jièshào yíxià, zhè shì wǒ de péngyou Bái Yún, zhè shì wǒ de péngyou Lǐ Míng, tā de kǎoròu cānguǎn gāng kāiyè.
Lǐ Míng: Āi, kāiyè yí gè xīngqī le. Kěshì gùkè bù duō, zěnme bàn ne?
Zhāng Lì: Nǐ zhěngtiān shǒuzhū-dàitù, zěnme huì yǒu kèrén lái a!
Lǐ Míng: Nǐ de yìsi shì shuō wǒ zuò shì bù zhǔdòng, zhǐshì děngdài.
Zhāng Lì: Duì a! Nǐ xiǎng bànfǎ zuò yí gè guǎnggào, ràng gèng duō de rén zhīdao nǐ de cānguǎn, gùkè bú jiù duō le ma?
Lǐ Míng: Shì ge hǎo zhǔyi! Kěshì zěnme zuò guǎnggào ne?
Zhāng Lì: Nǐ pāi yìxiē kǎoròu de zhàopiàn, bǎ kǎoròu de tèsè xiě chūlái, ránhòu tiēzài cānguǎn de chuānghu shang. Rénmen kàndào zhèxiē túpiàn, kěnéng jiù huì lái chī nǐ de kǎoròu. Nǐ hái kěyǐ zài bàozhǐ shang dēng guǎnggào!
Bái Yún: Zhèyàng ba, wǒ bāng nǐ huà yì zhāng guǎnggào, tiēdào chuānghu shang.

[1] 主动 zhǔdòng: on one's own initiative

Lǐ Míng: Tài hǎo le! Lái, nǐmen xiān chángchang wǒ zuò de kǎoròu.
Zhāng Lì、Bái Yún: Hǎo! Wǒmen yìbiān chī kǎoròu yìbiān xiǎng guǎnggào, duō měi a!

生 词 Vocabulary

餐馆 cānguǎn	restaurant	这家餐馆很小，但是干净、便宜，菜也很好吃。
烤 kǎo	bake; roast; toast	我最喜欢吃妈妈烤的面包。
烤肉 kǎoròu	roast meat	这家餐馆的烤肉特别棒，我们去尝尝。
等待 děngdài	wait for; await	他一直在等待用人单位的消息。
登 dēng	publish	你看，安娜写的文章登报了。

扩展阅读 Extra Reading

守株待兔

古时候有一个农夫正在种田，突然看到一只野兔[1]从树林里跑出来，撞[2]到树桩[3]上撞死了。这个农夫把兔子拿回家，美美地吃了一顿兔子肉。农夫想，不种地就有东西吃，多美啊！以后他就不种田了，每天都坐在树下，等野兔再跑出来撞到树桩上。当然他再也没得到兔子，这个故事也成了一个笑话。这个成语是说，有的人不想努力，就想得到意外的收获[4]，结果什么也得不到。

Shǒuzhū-dàitù

Gǔshíhou yǒu yí gè nóngfū zhèng zài zhòng tián, tūrán kàndào yì zhī yětù cóng shùlín li pǎo chūlái, zhuàngdào shùzhuāng shang zhuàngsǐ le.

---

[1] 野兔 yětù: hare
[2] 撞 zhuàng: knock; strike
[3] 树桩 shùzhuāng: stump
[4] 意外收获 yìwài shōuhuò: unexpected gains

Zhège nóngfū bǎ tùzi náhuí jiā, měiměi de chīle yí dùn tùziròu. Nóngfū xiǎng, bú zhòng dì jiù yǒu dōngxi chī, duō měi a! Yǐhòu tā jiù bú zhòng tián le, měitiān dōu zuò zài shù xià, děng yětù zài pǎo chūlái zhuàngdào shùzhuāng shang. Dāngrán tā zài yě méi dédào tùzi, zhège gùshi yě chéngle yí gè xiàohua. Zhège chéngyǔ shì shuō, yǒu de rén bù xiǎng nǔlì, jiù xiǎng dédào yìwài de shōuhuò, jiéguǒ shénme yě dé bu dào.

69. 熟能生巧 Shúnéngshēngqiǎo

解释 Explanation

Practice makes perfect. Skill comes from practice. For example:

1. 她正在学开车，每天都练习一会儿，因为师父告诉她熟能生巧。
2. 学习弹 [1] 钢琴不仅是熟能生巧的事情，还需要一些天分 [2]。

[1] 弹 tán: play an instrument with fingers or objects
[2] 天分 tiānfèn: genius; talent

对话 Conversation

熟能生巧

张丽：Lucy，你看这张剪纸，漂亮吗？

Lucy：哇，太漂亮了！这张剪纸上的图案是一条鱼和一只蝴蝶，那张剪纸的图案是一只老虎，还有……

张丽：中国剪纸的图案可多了，我以前学过剪纸，我也会剪一些图案，比如大红喜字的“囍”字，“福”字什么的。

Lucy：你能教教我吗？

张丽：可以啊！

Lucy：很难学吧？我能学会吗？

张丽：没问题，只要认真学，多练习，一定会剪出漂亮的剪纸。熟能生巧嘛！

Lucy：那我就跟你学吧！

张丽：好啊，我们去买红纸和剪刀。

Shúnéngshēngqiǎo

Zhāng Lì: Lucy, nǐ kàn zhè zhāng jiǎnzhǐ piàoliang ma?

Lucy: Wā, tài piàoliang le! Zhè zhāng jiǎnzhǐ shang de tú'àn shì yì tiáo yú hé yì zhī húdié, nà zhāng jiǎnzhǐ de tú'àn shì yì zhī lǎohǔ, háiyǒu ...

Zhāng Lì: Zhōngguó jiǎnzhǐ de tú'àn kě duō le, wǒ yǐqián xuéguò jiǎnzhǐ, wǒ yě huì jiǎn yìxiē tú'àn, bǐrú dà hóng xǐ zì de “xǐ” zì, “fú” zì shénme de.

Lucy: Nǐ néng jiāojiao wǒ ma?

Zhāng Lì: Kěyǐ a!

Lucy: Hěn nán xué ba? Wǒ néng xuéhuì ma?

Zhāng Lì: Méi wèntí, zhǐyào rènzhēn xué, duō liànxí, yídìng huì jiǎnchū piàoliang de jiǎnzhǐ. Shúnéngshēngqiǎo ma!

Lucy: Nà wǒ jiù gēn nǐ xué ba!

Zhāng Lì: Hǎo a, wǒmen qù mǎi hóng zhǐ hé jiǎndāo.

生词 Vocabulary

剪纸 jiǎnzhǐ	paper-cut	这张剪纸的图案是一朵荷花。
图案 tú'àn	pattern	孩子们画出的图案多漂亮啊。
剪 jiǎn	cut	她的头发有点长，她想剪短点儿。
剪刀 jiǎndāo	scissors	他正用一把大剪刀剪树枝。

扩展阅读 Extra Reading

勤学苦练[1]

要想学好一门技艺，必须要苦练才行。俗话说“冬练三九，夏练三伏”。三九[2]，是一年中最冷的时候。三伏[3]，是一年中最热的日子。“冬练三九，夏练三伏”的意思是：要想学好一门技艺，就要在冬天最冷的时候、夏天最热的时候坚持练习。总之，要想学好一门技艺，就要苦练。

Qínxué-kǔliàn

Yào xiǎng xuéhǎo yì mén jìyì, bìxū yào kǔliàn cái xíng. Súhuà shuō "dōng liàn sān jiǔ, xià liàn sān fú". Sān jiǔ, shì yì nián zhōng zuì lěng de shíhou. Sān fú, shì yì nián zhōng zuì rè de rìzi. "Dōng liàn sān jiǔ, xià liàn sān fú" de yìsi shì: Yào xuéhǎo yì mén jìyì, jiù yào zài dōngtiān zuì lěng de shíhou, xiàtiān zuì rè de shíhou jiānchí liànxí. Zǒngzhī, yào xiǎng xuéhǎo yì mén jìyì, jiù yào kǔliàn.

---

[1] 勤学苦练 qínxué-kǔliàn: study diligently and train hard

[2] 三九 sān jiǔ: the third nine-day period after the winter solstice, the coldest days of winter

[3] 三伏 sān fú: three ten-day periods of the hot season

70. 水到渠成 Shuǐdào-qúchéng

解释 Explanation

A canal（渠）is formed when water comes. When conditions are ripe, success is assured. For example:

1. 他平时工作很努力，今天能取得成功，是水到渠成的事。
2. 他俩谈了很多年恋爱，现在水到渠成，终于结婚了。

对话 Conversation

水到渠成

Anna：Bill，电视新闻在说什么？我只听懂了一些词，好像跟天气有关系。

Bill： 下个星期有寒流[1]，气温要下降。你要多穿一些衣服，以免感冒。

Anna：你全都听懂了，真厉害。我在中国生活快一年了，有些日常谈话都听不懂，新闻就更听不懂了。

Bill： Anna，别着急，提高汉语听力是需要时间的。我刚来的时候

[1] 寒流 hánliú: cold wave

跟你一样。后来我一回到宿舍就打开电视，经常看新闻、天气预报等节目练习听力。

Anna：听不懂怎么办？

Bill：刚开始的时候只能听懂几句，后来我的听力就越来越好了。

Anna：要多长时间我才能听懂呢？

Bill：差不多一年以后，就慢慢能听懂了。学习语言，特别是口语和听力，是一个水到渠成的过程，不能操之过急。

Anna：那我也试试看！

Shuǐdào-qúchéng

Anna: Bill, diànshì xīnwén zài shuō shénme? Wǒ zhǐ tīngdǒngle yìxiē cí, hǎoxiàng gēn tiānqì yǒu guānxi.

Bill: Xià ge xīngqī yǒu hánliú, qìwēn yào xiàjiàng. Nǐ yào duō chuān yìxiē yīfu, yǐmiǎn gǎnmào.

Anna: Nǐ quán dōu tīngdǒng le, zhēn lìhai. Wǒ zài Zhōngguó shēnghuó kuài yì nián le, yǒuxiē rìcháng tánhuà dōu tīngbudǒng, xīnwén jiù gèng tīngbudǒng le.

Bill: Anna, bié zháojí, tígāo Hànyǔ tīnglì shì xūyào shíjiān de. Wǒ gāng lái de shíhou gēn nǐ yíyàng. Hòulái wǒ yì huídào sùshè jiù dǎkāi diànshì, jīngcháng kàn xīnwén, tiānqì yùbào děng jiémù liànxí tīnglì.

Anna: Tīngbudǒng zěnmebàn?

Bill: Gāng kāishǐ de shíhou zhǐ néng tīngdǒng jǐ jù, hòulái wǒ de tīnglì jiù yuèláiyuè hǎo le.

Anna: Yào duō cháng shíjiān wǒ cái néng tīngdǒng ne?

Bill: Chàbuduō yì nián yǐhòu, jiù mànmān néng tīngdǒng le. Xuéxí yǔyán, tèbié shì kǒuyǔ hé tīnglì, shì yí gè shuǐdào-qúchéng de guòchéng, bù néng cāozhīguòjí.

Anna: Nà wǒ yě shìshi kàn!

生词 Vocabulary

气温 qìwēn	air temperature	明天的气温要下降10度。
以免 yǐmiǎn	in order to avoid	他小声说话，以免影响别人。
厉害 lìhai	serious; formidable; severe	他会说几种外语，太厉害了！ 这个人可真厉害。
天气预报 tiānqì yùbào	weather forecast	他每天都看天气预报。
过程 guòchéng	process	学习一种语言是一个水到渠成的过程。

扩展阅读 Extra Reading

京杭大运河

水渠[1]是人工开凿的水道，可以通航的水道就叫运河。京杭大运河是中国古代劳动人民创造的一项伟大的水利工程[2]，距今已有2500多年的历史了。京杭大运河是世界上里程最长、工程最大、最古老的运河之一，它北起北京，南到杭州，流经北京、天津两市及河北、山东、江苏、浙江四省，用来运输[3]南北方的物产[4]和进行文化交流。在两千多年的历史进程中，大运河为中国经济发展、国家统一、社会进步和文化繁荣作出了重要贡献，至今仍在发挥着巨大作用。

Jīng-háng Dàyùnhé

Shuǐqú shì réngōng kāizáo de shuǐdào, kěyǐ tōngháng de shuǐdào jiù jiào yùnhé. Jīng-Háng Dàyùnhé shì Zhōngguó gǔdài láodòng rénmín chuàngzào de yí xiàng wěidà de shuǐlì gōngchéng, jù jīn yǐ yǒu liǎng qiān wǔbǎi duō nián de lìshǐ le. Jīng-Háng Dàyùnhé shì shìjiè shang lǐchéng zuì cháng, gōngchéng zuì dà, zuì gǔlǎo de yùnhé zhī yī, tā běi qǐ Běijīng,

[1] 水渠 shuǐqú: canal; ditch
[2] 水利工程 shuǐlì gōngchéng: water conservancy project
[3] 运输 yùnshū: transport
[4] 物产 wùchǎn: products; produce

nán dào Hángzhōu, liújīng Běijīng, Tiānjīn liǎng shì jí Héběi, Shāndōng, Jiāngsū, Zhèjiāng sì shěng, yònglái yùnshū nán-běifāng de wùchǎn hé jìnxíng wénhuà jiāoliú. Zài liǎngqiān duō nián de lìshǐ jìnchéng zhōng, Dàyùnhé wèi Zhōngguó jīngjì fāzhǎn, guójiā tǒngyī, shèhuì jìnbù hé wénhuà fánróng zuòchūle zhòngyào gòngxiàn, zhìjīn réng zài fāhuīzhe jùdà zuòyòng.

71. 水滴石穿 Shuǐdī-shíchuān

解释 Explanation

Dripping（滴）water wears through stone. Despite its weak power, unremitting effort will lead to success. For example:

1. 只要有水滴石穿的精神，就一定能学好汉语。

2. 他用了二十年的时间终于把这部名著[1]翻译成了英语，这是一个水滴石穿的过程啊。

[1] 名著 míngzhù: masterpiece

对话 Conversation

练习书法

王东：Hans，最近怎么没见你练习书法了？

Hans：写毛笔字[1]太难了，我练了好几个月了，字还是写得歪歪扭扭[2]，不想练了。

王东：练好毛笔字是挺难的，三天打鱼、两天晒网肯定不行。写毛笔字要一笔一笔地练，才能写好。汉语有句成语“水滴石穿”，意思是要想做好一件事，必须要坚持下去。

Hans：“水滴石穿”这个比喻太形象了，我好像看到一滴一滴的水滴在石头上，慢慢地把石头滴出了一个洞。

王东：是啊！很多事情都是说起来容易，做起来难啊！我正在把一部中国古典小说翻译成英文，太难了。有时候我得一个字一个字地查字典，先把意思弄明白，然后还要考虑怎么用英语表达。我翻译了两年了，有的时候都想放弃了，现在终于快翻译完了。

Hans：看来，做事情真得有水滴石穿的精神。我还是接着练习毛笔字吧！

Liànxí Shūfǎ

Wáng Dōng: Hans, Zuìjìn zěnme méi jiàn nǐ liànxí shūfǎ le?

Hans: Xiě máobǐzì tài nán le, wǒ liànle hǎo jǐ gè yuè le, zì hái shì xiě de wāiwāi-niǔniǔ, bù xiǎng liàn le.

Wáng Dōng: Liàn hǎo máobǐzì shì tǐng nán de, sān tiān dǎ yú, liǎng tiān shài wǎng kěndìng bù xíng. Xiě máobǐzì yào yì bǐ yì bǐ de liàn, cái néng xiěhǎo. Hànyǔ yǒu jù chéngyǔ “shuǐdī-shíchuān”, yìsi shì yàoxiǎng zuòhǎo yí jiàn shì, bìxū yào jiānchí xiàqu.

---

[1] 毛笔字 máobǐzì: character written with a brush

[2] 歪歪扭扭 wāiwāi niǔniǔ: askew and shapeless

Hans: "Shuǐdī-shíchuān" zhège bǐyù tài xíngxiàng le, wǒ hǎoxiàng kàndào yì dī yì dī de shuǐ dī zài shítou shang, mànmān de bǎ shítou dī chūle yí gè dòng.

Wáng Dōng: Shì a! Hěn duō shìqing dōu shì shuō qǐlái róngyì, zuò qǐlái nán a! Wǒ zhèngzài bǎ yí bù Zhōngguó gǔdiǎn xiǎoshuō fānyìchéng Yīngwén, tài nán le. Yǒushíhou wǒ děi yí gè zì yí gè zì de chá zìdiǎn, xiān bǎ yìsi nòng míngbai, ránhòu háiyào kǎolǜ zěnme yòng Yīngyǔ biǎodá. Wǒ fānyìle liǎng nián le, yǒu de shíhou dōu xiǎng fàngqì le, xiànzài zhōngyú kuài fānyì wán le.

Hans: Kànlái, zuò shìqing zhēn děi yǒu shuǐdī-shíchuān de jīngshén. Wǒ háishi jiēzhe liànxí máobǐzì ba!

生 词 Vocabulary

滴 dī	drop; drip (classifier for dripping liquids)	雨水从屋顶上往下滴。 一滴水；几滴雨。
形象 xíngxiàng	vivid	用"鸡毛蒜皮"比喻不重要的事非常形象。
小说 xiǎoshuō	novel	《红楼梦》是一部古典小说。

扩展阅读 Extra Reading

书法家王羲之的故事

王羲之[1]是中国古代著名的书法家，被称为"书圣[2]"。他练习书法非常刻苦，连吃饭、走路的时候都在练字。没有纸笔，他就在衣服上练习写字，时间久了，把衣服都划破了。有一次，他练字忘

[1] 王羲之 Wáng Xīzhī: Wang Xizhi (303–361), a renowned Chinese calligrapher
[2] 书圣 shūshèng: the Sage of Calligraphy

了吃饭，家人把饭送到书房，他竟用馒头蘸[1]着墨[2]吃起来，当家人发现时，他已经满嘴都是墨水了。

传说，王羲之练字用坏的毛笔，堆在一起成了一座小山，人们叫它“笔山”。他家的旁边有一个小水池[3]，他常在这个水池里洗毛笔和砚台[4]，后来小水池的水都变黑了，人们就把这个小水池叫做“墨池”。

Shūfǎjiā Wáng Xīzhī de Gùshi

Wáng Xīzhī shì Zhōngguó gǔdài zhùmíng de shūfǎjiā, bèi chēngwéi “shūshèng”. Tā liànxí shūfǎ fēicháng kèkǔ, lián chī fàn, zǒu lù de shíhou dōu zài liàn zì. Méiyǒu zhǐ bǐ, tā jiùzài yīfu shang liànxí xiě zì, shíjiān jiǔ le, bǎ yīfu dōu huápò le. Yǒu yí cì, tā liàn zì wàngle chī fàn, jiārén bǎ fàn sòngdào shūfáng, tā jìng yòng mántou zhànzhe mò chī qǐlái, dāng jiārén fāxiàn shí, tā yǐjīng mǎnzuǐ dōu shì mòshuǐ le.

Chuánshuō, Wáng Xīzhī liàn zì yòng huài de máobǐ, duī zài yìqǐ chéngle yí zuò xiǎoshān, rénmen jiào tā “Bǐshān”. Tājiā de pángbiān yǒu yí gè xiǎo shuǐchí, tā cháng zài zhège shuǐchí li xǐ máobǐ hé yàntai, hòulái xiǎo shuǐchí de shuǐ dōu biànhēi le, rénmen jiù bǎ zhège xiǎo shuǐchí jiàozuò “Mòchí”.

---

[1] 蘸 zhàn: dip in (liquid, powder or paste)

[2] 墨 mò: ink

[3] 水池 shuǐchí: pool

[4] 砚台 yàntai: ink-stone; ink-slab

72. 水中捞月 Shuǐzhōnglāoyuè

解释 Explanation

Fish for (捞) the moon in the water; make vain efforts. For example:

1. 这些文件全被烧[1]掉了,想要找到那封信就像水中捞月,不可能了。
2. 不努力学习,还想取得好成绩,那是水中捞月,不可能!

对话 Conversation

当明星

张丽:白云,你最近看"星光大道[2]"这个电视节目了吗?
白云:看了,我很喜欢这个节目。
张丽:现在上电视表演的机会越来越多了,上电视、当名人[3]不再是个梦了。
白云:没错,去年就有几个普普通通的人成了明星。
张丽:是啊,这个节目可以帮助一些人梦想成真[4]啊。

[1] 烧 shāo: burn; set fire to
[2] 星光大道 Xīngguāng Dàdào: *The Starlight Road*, name of a famous TV program on CCTV
[3] 名人 míngrén: celebrity
[4] 梦想成真 mèngxiǎng-chéngzhēn: Dream comes true.

白云：不过，对大多数人来说，当明星就像水中捞月。你想，有成千上万的人报名参加比赛，能够成为明星的人非常少！其实很多人只是觉得上电视好玩儿。

张丽：你是不是想去试试？

白云：我是想去试试，可是我唱歌唱得不好，别人听了多难受啊！算了，我还是别让大家的耳朵难受了！

张丽：哈哈！你真幽默！

Dāng Míngxīng

Zhāng Lì: Bái Yún, nǐ zuìjìn kàn "Xīngguāng Dàdào "zhège diànshì jiémù le ma?

Bái Yún: Kànle, wǒ hěn xǐhuan zhège jiémù.

Zhāng Lì: Xiànzài shàng diànshì biǎoyǎn de jīhuì yuèláiyuè duō le, shàng diànshì, dāng míngrén bú zài shì ge mèng le.

Bái Yún: Méi cuò, qùnián jiù yǒu jǐ gè pǔpǔ-tōngtōng de rén chéngle míngxīng.

Zhāng Lì: Shì a, zhège jiémù kěyǐ bāngzhù yìxiē rén mèngxiǎng-chéngzhēn.

Bái Yún: Búguò, duì dàduōshù rén láishuō, dāng míngxīng jiù xiàng shuǐzhōnglāoyuè. Nǐ xiǎng, yǒu chéngqiān-shàngwàn de rén bàomíng cānjiā bǐsài, nénggòu chéngwéi míngxīng de rén fēicháng shǎo! Qíshí hěn duō rén zhǐshì juéde shàng diànshì hǎowánr.

Zhāng Lì: Nǐ shìbushì xiǎng qù shìshi?

Bái Yún: Wǒ shì xiǎng qù shìshi, kěshì wǒ chànggē chàng de bù hǎo, biéren tīng le duō nánshòu a! Suàn le, wǒ háishi bié ràng dàjiā de ěrduo nánshòu le!

Zhāng Lì: Hāhā!Nǐ zhēn yōumò!

生词 Vocabulary

电视 diànshì	television	他每天都要看电视新闻。

明星 míngxīng	star; famous performer	成龙是香港的电影明星。
成千上万 chéngqiān-shàngwàn	thousands upon thousands	成千上万的观众都喜欢这个明星。
报名 bàomíng	sign up; register	他准备报名参加演讲比赛。
难受 nánshòu	feel uneasy	他感冒了，头疼，觉得特别难受。
对……来说 duì...láishuō	as far as sb.sth. is concerned	这个问题对我们来说不是特别难。

扩展阅读 Extra Reading

猴子捞月亮的故事

一天晚上，月亮特别明亮，一群猴子[1]在森林[2]里玩儿，忽然有只小猴大喊："快看，水塘里有个月亮。"猴子们都跑了过来，哟，水塘里真的有一个圆圆的月亮。是不是天上的月亮掉进水塘里了？抬头望望，天上的月亮还在呀。猴子们不知道发生了什么事，但是它们决定还是赶快捞月亮吧。猴子们刚把手伸进水里，哗啦[3]一下，水面上的月亮就碎[4]了。猴子们都觉得很奇怪："这是怎么回事的呢？"后来，人们就用猴子捞月的故事比喻一个人去做根本办不到的事情，只是白费力气。

Hóuzi Lāo Yuèliang de Gùshi

Yì tiān wǎnshang, yuèliang tèbié míngliàng, yì qún hóuzi zài sēnlín li wánr, hūrán yǒu zhī xiǎohóu dàhǎn: "Kuàikàn, shuǐtáng li yǒu ge yuèliang." Hóuzimen dōu pǎole guòlái, yō, shuǐtáng li zhēnde yǒu yí gè yuányuán de yuèliang. Shìbushì tiānshàng de yuèliang diàojìn shuǐtáng li le? Tái tóu wàngwang, tiānshàng de yuèliang hái zài ya. Hóuzimen bù

[1] 猴子 hóuzi: monkey
[2] 森林 sēnlín: forest
[3] 哗啦 huālā: an onomatopoeia imitating the sound of water when it is stirred by a stick, hand, etc.
[4] 碎 suì: break into pieces

zhīdao fāshēngle shénme shì, dànshì tāmen juédìng háishi gǎnkuài lāo yuèliang ba. Hóuzimen gāng bǎ shǒu shēnjìn shuǐ li, huālā yíxià, shuǐmiàn shang de yuèliang jiù suì le. Hóuzimen dōu juéde hěn qíguài: "Zhè shì zěnme huíshì ne?" Hòulái, rénmen jiù yòng hóuzi lāo yuè de gùshi bǐyù yí gè rén qù zuò gēnběn bànbudào de shìqing, zhǐshì bái fèi lìqi.

73. 随心所欲 Suíxīn-suǒyù

解 释 Explanation

Somebody who does what he wants to do or follows his own inclination. Do as one pleases. For example:

1. Bill 学了四年中文，现在可以随心所欲地用中文聊天儿了。
2. 她丈夫总是随心所欲地做自己想做的事儿，一点儿也不关心她。

对 话 Conversation

骑车去散心

李江：Bill，周末我们骑车去郊外散散心，怎么样？

Bill：好主意，一言为定。
李江：从城里骑车到郊外，锻炼锻炼身体。
Bill：好哇！在美国，我经常参加自行车比赛。
李江：哈哈，我也喜欢骑自行车锻炼身体。碰到知己了。
Bill：在郊外随心所欲骑车，心情特别愉快。
李江：到了郊外，没有汽车噪音[1]。
Bill：空气也新鲜，没有污染。
李江：你带上画板[2]，我带上照相机，咱们在郊外待上一天。
Bill：要是明天是周末就好了！
李江：可是明天才星期三啊！
Bill：很遗憾，我们不能随心所欲地让周末快点儿到来！

Qí Chē Qù Sànxīn

Lǐ Jiāng: Bill, zhōumò wǒmen qí chē qù jiāowài sànsan xīn, zěnme yàng?
Bill: Hǎo zhǔyi, yìyánwéidìng.
Lǐ Jiāng: Cóng chéng li qí chē dào jiāowài, duànliàn duànliàn shēntǐ.
Bill: Hǎo wā! Zài Měiguó, wǒ jīngcháng cānjiā zìxíngchē bǐsài.
Lǐ Jiāng: Hāhā, wǒ yě xǐhuan qí zìxíngchē duànliàn shēntǐ. Pèngdào zhījǐ le.
Bill: Zài jiāowài suíxīn-suǒyù qí chē, xīnqíng tèbié yúkuài.
Lǐ Jiāng: Dàole jiāowài, méiyǒu qìchē zàoyīn.
Bill: Kōngqì yě xīnxiān, méiyǒu wūrǎn.
Lǐ Jiāng: Nǐ dàishàng huàbǎn, wǒ dàishàng zhàoxiàngjī, zánmen zài jiāowài dāishàng yì tiān.
Bill: Yàoshi míngtiān shì zhōumò jiù hǎo le!
Lǐ Jiāng: Kěshì míngtiān cái xīngqīsān a!
Bill: Hěn yíhàn, wǒmen bù néng suíxīn-suǒyù de ràng zhōumò kuài diǎnr dàolái!

---

[1] 噪音 zàoyīn: noise
[2] 画板 huàbǎn: drawing board

生词 Vocabulary

郊外 jiāowài	suburb	骑车从市中心到郊外要花一个多小时的时间。
知己 zhījǐ	bosom friend	他很想找一个知己交流思想。
新鲜 xīnxiān	fresh	他买了很多新鲜水果。
污染 wūrǎn	pollution	水污染影响了很多人的健康。

扩展阅读 Extra Reading

"随心所欲"的用法

"随心所欲"一般是指顺从自己的意思和欲望，想要干什么就干什么。一个人想干什么就干什么，当然很快乐，但欲望过度，就不一定是好事，也就是说有些事情是不能违背规矩[1]的。"随心所欲"这个成语可以用在好事上，也可以用在不好的事情上。比如：现在小王一个人住了，他可以随心所欲地布置自己的房间了。但是如果说：张三这个人生活习惯不好，经常随心所欲地花钱，喝酒。这句话就是在批评张三了。

"Suíxīn-suǒyù" de Yòngfǎ

"Suíxīn-suǒyù" yìbān shì zhǐ shùncóng zìjǐ de yìsi hé yùwàng, xiǎng yào gàn shénme jiù gàn shénme. Yí gè rén xiǎng gàn shénme jiù gàn shénme, dāngrán hěn kuàilè, dàn yùwàng guòdù le, jiù bù yídìng shì hǎoshì, yě jiùshì shuō yǒuxiē shìqing shì bù néng wéibèi guīju de. "Suíxīn-suǒyù" zhège chéngyǔ kěyǐ yòngzài hǎoshì shang, yě kěyǐ yòngzài bù hǎo de shìqing shang. Bǐrú: Xiànzài Xiǎo Wáng yí gè rén zhù le, tā kěyǐ suíxīn-suǒyù de bùzhì zìjǐ de fángjiān le. Dànshì rúguǒ shuō: Zhāng Sān zhè ge rén shēnghuó xíguàn bù hǎo, jīngcháng suíxīn-suǒyù de huā qián, hē jiǔ. Zhè jù huà jiùshì zài pīpíng Zhāng Sān le.

---

[1] 违背规矩 wéibèi guīju: go against regulations or rules

74. 台上一分钟，Tái Shang Yì Fēnzhōng，台下十年功 TáiXià Shí Nián Gōng

解释 Explanation

One minute of wonderful performance on the stage requires ten years of hard practice. A performance on the stage demands a lot of practice and training. For example:

1. 如果你希望成为一名好演员，就得多练习。俗话说“台上一分钟，台下十年功。”

2. 很多艺术家都很讲究[1]基本功[2]，他们常说：“台上一分钟，台下十年功。”

[1] 讲究 jiǎngjiu: be particular about

[2] 基本功 jīběngōng: basic skill

对话 Conversation

说相声[1]

Bill：　王东，快来看电视！
王东：来了！什么节目？
Bill：　相声节目。你看，那个高个子演员是外国人。
王东：这个外国人真不简单，汉语说得这么好！
Bill：　刚才他说他是加拿大[2]人！
王东：佩服，佩服，他得花多少时间学习相声啊！
Bill：　怎么？相声不好学吗？
王东：学说相声可不容易了。俗话说："台上一分钟，台下十年功"。
Bill：　十年功？
王东：这句话的意思是：舞台上每一分钟的表演，都需要经过很长时间的练习。比如学相声，不仅要求汉语好，还要学习说、学、逗、唱[3]这四门基本功。
Bill：　哎呀，这也太难了！

Shuō Xiàngsheng

Bill: Wáng Dōng, kuài lái kàn diànshì!
Wáng Dōng: Lái le! Shénme jiémù?
Bill: Xiàngsheng jiémù. Nǐ kàn, nàge gāo gèzi yǎnyuán shì wàiguórén.
Wáng Dōng: Zhège wàiguórén zhēn bù jiǎndān, Hànyǔ shuō de zhème hǎo!
Bill: Gāngcái tā shuō tā shì Jiānádàrén!
Wáng Dōng: Pèifú, Pèifú, tā děi huā duōshao shíjiān xuéxí xiàngsheng a!

---

[1] 相声 xiàngsheng: comic dialog; cross talk
[2] 加拿大 Jiānádà: Canada
[3] 说、学、逗、唱 shuō, xué, dòu, chàng: speaking, imitating, teasing, and singing, four basic skills of cross talk

Bill: Zěnme? Xiàngsheng bù hǎo xué ma?

Wáng Dōng: Xué shuō xiàngsheng kě bù róngyì le. Súhuà shuō: "Tái shang yì fēnzhōng, tái xià shí nián gōng."

Bill: Shí nián gōng?

Wáng Dōng: Zhè jù huà de yìsi shì: Wǔtái shang měi yì fēnzhōng de biǎoyǎn, dōu xūyào jīngguò hěn cháng shíjiān de liànxí. Bǐrú xué xiàngsheng, bùjǐn yāoqiú Hànyǔ hǎo, hái yào xuéxí shuō, xué, dòu, chàng zhè sì mén jīběngōng.

Bill: Āiyā, zhè yě tài nán le!

生 词 Vocabulary

佩服 pèifú	admire	我很佩服他的演讲才能。
表演 biǎoyǎn	performance	我喜欢看猴子表演节目。
台 tái	stage	比尔在舞台上表演京剧。

扩展阅读 Extra Reading

相声大师侯宝林[1]

侯宝林是中国著名的相声大师，他说、学、逗、唱的功夫都很好。侯宝林不仅相声说得好，京剧也唱得好。有一次，侯宝林和几位京剧大师一起吃饭。他分别[2]唱了这几位大师的戏，门外的服务员还以为是京剧大师们在唱呢。侯宝林为了学好京剧，对每一位京剧演员唱的戏都要听很多次，认真研究他们唱戏的特点。在说相声的时候，只要他在台上一唱京剧，连京剧迷[3]们都很佩服，因为他唱得太棒了。这就是"台下十年功"练出来的。

[1] 侯宝林 Hóu Bǎolín: Hou Baolin (1917-1993), master of cross talk

[2] 分别 fēnbié: respectively

[3] 京剧迷 Jīngjùmí: fan of Beijing Opera

Xiàngsheng Dàshī Hóu Bǎolín

Hóu Bǎolín shì Zhōngguó zhùmíng de xiàngsheng dàshī, Shuō, xué, dòu, chàng de gōngfu dōu hěn hǎo. Hóu Bǎolín bùjǐn xiàngsheng shuō de hǎo, Jīngjù yě chàng de hǎo. Yǒu yí cì, Hóu Bǎolín hé jǐ wèi Jīngjù dàshī yìqǐ chīfàn. Tā fēnbié chàngle zhè jǐ wèi dàshī de xì, ménwài de fúwùyuán hái yǐwéi shì Jīngjù dàshīmen zài chàng ne. Hóu Bǎolín wèile xuéhǎo Jīngjù, duì měi yí wèi Jīngjù yǎnyuán chàng de xì dōu yào tīng hěn duō cì, rènzhēn yánjiū tāmen chàng xì de tèdiǎn. Zài shuō xiàngsheng de shíhou, zhǐyào tā zài táishàng yì chàng Jīngjù, lián Jīngjùmí men dōu hěn pèifú, yīnwèi tā chàngde tài bàng le. Zhè jiù shì "tái xià shí nián gōng" liàn chūlái de.

75. 提心吊胆
Tíxīn-diàodǎn

解 释 Explanation

This idiom is used to describe tension and fear in one's mind, to have one's heart in one's mouth; in fear and dread. For example:

1. 你心里是不是有什么秘密[1]？为什么你看起来总是提心吊胆的？

2. 因为刚开始工作，他总是提心吊胆的，害怕老板批评他工作没做好。

对话 Conversation

怕汽车丢了

Anna：Lucy，这么晚了，你去哪儿？

Lucy：到我的汽车上去。

Anna：你为什么抱着被子去？

Lucy：唉，今天我特别倒霉。我的车锁坏了。明天才有人来修。我担心晚上有人把我的车偷了。要是整个晚上提心吊胆的，还不如到车上去睡觉。

Anna：有了汽车也挺麻烦的！可是一个人睡在汽车里，你不害怕吗？

Lucy：心里还是有点儿害怕，可是怎么办呢？

Anna：让我想想，你看请 Bill 来帮忙看车行不行？

Lucy：这是个好主意。他个子高，小偷肯定怕他，我也不用提心吊胆的了。

Anna：走，我们去找他！

Pà Qìchē Diū le

Anna: Lucy, zhème wǎn le, nǐ qù nǎr?

Lucy: Dào wǒ de qìchē shang qù.

Anna: Nǐ wèi shénme bàozhe bèizi qù?

Lucy: Āi, jīntiān wǒ tèbié dǎoméi. Wǒ de chēsuǒ huài le. Míngtiān cái yǒu rén láixiū. Wǒ dānxīn wǎnshang yǒu rén bǎ wǒ de chē tōu le. Yàoshi zhěnggè wǎnshang tíxīn-diàodǎn de, hái bùrú dào chē

[1] 秘密 mìmì: secret

shang qù shuìjiào.

Anna: Yǒule qìchē yě tǐng máfan de! Kěshì yí gè rén shuì zài qìchē li, nǐ bú hàipà ma?

Lucy: Xīn li háishi yǒudiǎnr hàipà, kěshì zěnme bàn ne?

Anna: Ràng wǒ xiǎngxiang, nǐ kàn qǐng Bill lái bāngmáng kān chē xíngbuxíng?

Lucy: Zhè shì ge hǎo zhǔyi. Tā gèzi gāo, xiǎotōu kěndìng pà tā, wǒ yě bú yòng tíxīn-diàodǎn de le.

Anna: Zǒu, wǒmen qù zhǎo tā!

生 词 Vocabulary

被子 bèizi quilt		天冷了，我买了一床很厚的被子。
害怕 hàipà	be afraid; be scared	她害怕在很多人面前讲话。
小偷 xiǎotōu	thief	昨天在逛街的时候，小偷把我的钱包偷了。

扩展阅读 Extra Reading

"胆"的用法

"提心吊胆"这个成语形容一个人在担心、害怕的时候，好像心和胆都被挂起来了。"胆"在汉语里，经常跟别的汉字一起用，来描写人的勇气[1]。如果一个人很勇敢，就用"有胆量"[2]来形容他。如果一个人既勇敢又有远见，就用"有胆识[3]"来形容。汉语也常用"胆小如鼠[4]"，"胆小鬼[5]"来说一个人不勇敢。人们喜欢有胆量、有胆识的人，看不起胆小如鼠、胆小鬼这样的人。

[1] 勇气 yǒngqì: courage

[2] 有胆量 yǒu dǎnliàng: have plenty of courage and guts

[3] 有胆识 yǒu dǎnshí: to have courage and insight

[4] 胆小如鼠 dǎnxiǎo-rúshǔ: as timid as a mouse

[5] 胆小鬼 dǎnxiǎoguǐ: coward

"Dǎn" de Yòngfǎ

"Tíxīn-diàodǎn" zhège chéngyǔ xíngróng yí gè rén zài dānxīn, hàipà de shíhou, hǎoxiàng xīn hé dǎn dōu bèi guà qǐlái le. "Dǎn" zài Hànyǔ li, jīngcháng gēn biéde Hànzì yìqǐ yòng, lái miáoxiě rén de yǒngqì. Rúguǒ yí gè rén hěn yǒnggǎn, jiù yòng "yǒu dǎnliàng" lái xíngróng. Rúguǒ yí gè rén jì yǒnggǎn yòu yǒu yuǎnjiàn, jiù yòng "yǒu dǎnshí" lái xíngróng. Hànyǔ yě chángyòng "dǎnxiǎo-rúshǔ", "dǎnxiǎoguǐ" lái shuō yí gè rén bù yǒnggǎn. Rénmen xǐhuan yǒu dǎnliàng, yǒu dǎnshí de rén, kànbuqǐ dǎnxiǎo-rúshǔ, dǎnxiǎoguǐ zhèyàng de rén.

76. 天时不如地利，地利不如人和
Tiānshí Bùrú Dìlì, Dìlì Bùrú Rénhé

解释 Explanation

Opportunities vouchsafed by heaven (天时) are less important than terrestrial advantages (地利), which in turn are less important than unity among people (人和). The time isn't as important as the terrain, but the terrain isn't as important as unity among the people. This is a line of Mencius, which tells us that external factors are important, but that unity among people is much more decisive. For example:

1. "天时不如地利，地利不如人和"，这家公司因团结一致而发展得又快又好。

2. 中国乒乓球[1]队的教练[2]对记者说:“天时不如地利，地利不如人和。在北京奥运会[3]上我们得了很多金牌[4],这是大家共同努力的结果。”

对话 Conversation

决赛之前

Bill：李江！好久不见了！

李江：我们球队训练很忙，已经有几个周末都没休息了。

Bill：听说你们足球队要参加全国足球决赛，是吗?

李江：是的。明天开始决赛。

Bill：希望你们能赢！你们准备得怎么样了?

李江：还可以。古人说:天时不如地利，地利不如人和。你看，最近天气很好。比赛就在北京举行，环境也很熟悉。另外，决赛之前，我们接受了严格的训练，大家很有团队精神[5]。

Bill：我觉得你们足球队很团结，现在又有信心，地利不如人和，你们会赢的！明天，我和朋友们去给你们加油！

李江：好！我们一定会努力的！

Juésài Zhīqián

Bill: Lǐ Jiāng! Hǎo jiǔ bú jiàn le!

Lǐ Jiāng: Wǒmen qiúduì xùnliàn hěn máng, yǐjīng yǒu jǐ gè zhōumò dōu méi xiūxi le.

---

[1] 乒乓球 pīngpāngqiú: table tennis
[2] 教练 jiàoliàn: coach
[3] 奥运会 Àoyùnhuì: Olympic Games
[4] 金牌 jīnpái: gold medal
[5] 团队精神 tuánduì jīngshen: spirit of teamwork

Bill: Tīngshuō nǐmen zúqiúduì yào cānjiā quánguó zúqiú juésài, shì ma?

Lǐ Jiāng: Shì de. Míngtiān kāishǐ juésài.

Bill: Xīwàng nǐmen néng yíng! Nǐmen zhǔnbèi de zěnmeyàng le?

Lǐ Jiāng: Hái kěyǐ. Gǔrén shuō: tiānshí bùrú dìlì, dìlì bùrú rénhé. Nǐ kàn, zuìjìn tiānqì hěn hǎo. Bǐsài jiù zài Běijīng jǔxíng, huánjìng yě hěn shúxī. Lìngwài, juésài zhīqián, wǒmen jiēshòule yángé de xùnliàn, dàjiā hěn yǒu tuánduì jīngshen.

Bill: Wǒ juéde nǐmen zúqiúduì hěn tuánjié, xiànzài yòu yǒu xìnxīn, dìlì bùrú rénhé, nǐmen huì yíng de! Míngtiān, wǒ hé péngyoumen qù gěi nǐmen jiāyóu!

Lǐ Jiāng: Hǎo! Wǒmen yídìng huì nǔlì de!

生词 Vocabulary

训练 xùnliàn	train; drill	刘风接受了严格的足球训练。
举行 jǔxíng	hold	星期一我们学校要举行运动会。
严格 yángé	strict	教练对他的要求很严格。
信心 xìnxīn	confidence	他们很有信心赢得这场足球比赛。
赢 yíng	win	这场足球比赛一班赢了，二班输了。

扩展阅读 Extra Reading

天、地、人之间的关系

“天、地、人”这三者谁最重要？这个话题从古至今有很多不同的看法。荀子[1]认为，在农业上，天时、地利、人和这三个方面都很重要，要是气候好、土地好、人也认真工作，那么一定会有好的收获。

[1] 荀子 Xúnzǐ: Xun Zi (about 313-238 BC), a Chinese Confucian philosopher who lived during the Warring States Period（457-221 BC）

在军事[1]上，孟子[2]认为"天时不如地利，地利不如人和"，也就是说"人和"是最重要的，如果两个国家打仗的时候，所有人都觉得其中一个国家是正义的，那这个国家很可能会胜利。所以，我们要根据具体的情况来看待天时、地利、人和这三者的关系。

Tiān, Dì, Rén Zhī jiān de Guānxi

"Tiān, dì, rén" zhè sān zhě shuí zuì zhòngyào? Zhège huàtí cónggǔ zhìjīn yǒu hěn duō bùtóng de kànfǎ. Xúnzǐ rènwéi, zài nóngyè shang, tiānshí, dìlì, rénhé zhè sān gè fāngmiàn dōu hěn zhòngyào, yàoshi qìhòu hǎo, tǔdì hǎo, rén yě rènzhēn gōngzuò, nàme yídìng huì yǒu hǎo de shōuhuò. Zài jūnshì shang, Mèngzǐ rènwéi "tiānshí bùrú dìlì, dìlì bùrú rénhé", yě jiùshì shuō "rénhé" shì zuì zhòngyào de, rúguǒ liǎng gè guójiā dǎ zhàng de shíhou, suǒyǒu rén dōu juéde qízhōng yígè guójiā shì zhèngyì de, nà tā hěn kěnéng huì shènglì. Suǒyǐ, wǒmen yào gēnjù jùtǐ de qíngkuàng lái kàndài tiānshí, dìlì, rénhé zhè sān zhě de guānxi.

---

[1] 军事 jūnshì: military affairs

[2] 孟子 Mèngzǐ: Mencius (372-289 BC), a Chinese philosopher who was arguably the most famous Confucian after Confucius

77. 添油加醋[1]

Tiānyóu-jiācù

解释 Explanation

Add oil（油）and vinegar（醋）to a narration; add highly colored details to a story. For example:

1. 这件事经过他添油加醋地描述[2]，居然一传十，十传百，现在人人都知道了。

2. 你要讲真实情况，不要添油加醋。

对话 Conversation

朋友聚会

王东：白云，这个周末我想请大家到我这儿聚会，你说我准备西餐还是中餐？

白云：最好是中餐，Bill、Lucy 他们都喜欢吃地道的中餐。

王东：好，我就在学校附近的餐馆订一些菜，请他们送来。

[1] 醋 cù: vinegar

[2] 描述 miáoshù: describe

白云：哎，你最好亲自做个拿手菜[1]给大家尝尝。听说你做的糖醋鱼[2]特别好吃。

王东：过奖了！

白云：别谦虚嘛。Bill吃过你做的糖醋鱼，他说味道好极了。

王东：那是他添油加醋地乱说的，我做的菜很一般。

白云：你就再做一次糖醋鱼吧，让大家都一饱口福[3]。

王懂：没问题，不过如果不好吃，你可别失望啊。

白云：怎么会呢？我会做凉菜，我再做两个凉菜。

王东：好的！

Péngyou Jùhuì

Wáng Dōng: Bái Yún, zhège zhōumò wǒ xiǎng qǐng dàjiā dào wǒ zhèr jùhuì, nǐ shuō wǒ zhǔnbèi xīcān háishi zhōngcān?

Bái Yún: Zuì hǎo shì zhōngcān, **Bill**、**Lucy** tāmen dōu xǐhuan chī dìdao de zhōngcān.

Wáng Dōng: Hǎo, wǒ jiù zài xuéxiào fùjìn de cānguǎn dìng yìxiē cài, qǐng tāmen sònglái.

Bái Yún: Āi, nǐ zuì hǎo qīnzì zuò gè náshǒucài gěi dàjiā chángchang. Tīngshuō nǐ zuò de tángcùyú tèbié hǎochī.

Wáng Dōng: Guòjiǎng le!

Bái Yún: Bié qiānxū ma. **Bill** chīguò nǐ zuò de tángcùyú, tā shuō wèidào hǎo jíle.

Wáng Dōng: Nà shì tā tiānyóu-jiācù de luànshuō de, wǒ zuò de cài hěn yìbān.

Bái Yún: Nǐ jiù zài zuò yí cì tángcùyú ba, ràng dàjiā dōu yìbǎokǒufú.

Wáng dǒng: Méi wèntí, búguò rúguǒ bù hǎochī, nǐ kě bié shīwàng a.

Bái Yún: Zěnme huì ne? Wǒ huì zuò liángcài, wǒ zài zuò liǎng gè liángcài.

Wáng Dōng: Hǎo de!

[1] 拿手菜 náshǒucài: signature dish

[2] 糖醋鱼 tángcùyú: sweet and sour fish

[3] 一饱口福 yìbǎokǒufú: satisfy one's taste buds

生 词 Vocabulary

聚会 jùhuì	party	他把朋友请到家里举行了一个小小的聚会。
西餐 xīcān	Western-style food	学校附近有一家很不错的西餐馆。
中餐 zhōngcān	Chinese cuisine; Chinese food	比尔很喜欢吃中餐。
订 dìng	order	我已经订了飞机票。
谦虚 qiānxū	modest	他虽然是大企业家，但是对人却很谦虚。

扩展阅读 Extra Reading

吃醋

"吃醋"在汉语里有一个特别的意思,就是嫉妒[1]。传说在唐朝时，一位皇帝送给一个大臣几名美女，大臣不敢接受，因为他的妻子嫉妒他和别的女人在一起。皇帝知道后，就跟这位大臣的妻子开了一个玩笑。他派人拿着一壶醋来到大臣家，对大臣的妻子说："这是一壶毒药[2]。如果你不让你的丈夫接受这几个美女，就必须喝完这壶毒药。"大臣的妻子说自己宁愿死[3],也不让丈夫接受美女。说完她喝下了那壶醋[4],当然,她没有死。从此，人们就用"吃醋"来比喻嫉妒。

Chī Cù

"Chī cù" zài Hànyǔ li yǒu yí gè tèbié de yìsi, jiùshì jídù. Chuánshuō zài Tángcháo shí, yí wèi huángdì sònggěi yí gè dàchén jǐ míng měinǚ, dàchén bù gǎn jiēshòu, yīnwèi tā de qīzi jídù tā hé biéde nǚrén zài yìqǐ. Huángdì zhīdao hòu, jiù gēn zhè wèi dàchén de qīzi kāile yí gè wánxiào. Tā pài rén názhe yì hú cù láidào dàchén jiā, duì dàchén de qīzi shuō: "Zhè

[1] 嫉妒 jídù: be jealous of; envy
[2] 毒药 dúyào: poison
[3] 宁愿死 nìngyuàn sǐ: would rather die than…
[4] 一壶醋 yì hú cù: a pot of vinegar

shì yì hú dúyào. Rúguǒ nǐ bú ràng nǐ de zhàngfu jiēshòu zhè jǐ gè měinǚ, jiù bìxū hēwán zhè hú dúyào." Dàchén de qīzi shuō zìjǐ nìngyuàn sǐ, yě bú ràng zhàngfu jiēshòu měinǚ. Shuōwán tā hēxiàle nà hú cù, dāngrán, tā méiyǒu sǐ. Cóngcǐ, rénmen jiù yòng "chī cù" lái bǐyù jídù.

78. 同舟共济 Tóngzhōu-gòngjì

解释 Explanation

People who cross a river in the same boat (同舟) should help each other; (of people in the same plight) pull together in times of trouble. 济 in this context refers to crossing a river. For example:

1. 遇到了困难，大家要同舟共济，一起努力克服[1]它。
2. 丈夫和妻子在遇到困难时应该同舟共济，共渡难关。

[1] 克服 kèfú: conquer; overcome

对话 Conversation

旅行回来了

Anna：Bill，你和王东、李江、Hans去西藏玩儿得怎么样？

Bill：我们爬了雪山。李江拍了很多照片，我画了两张风景画儿。

Anna：我要是跟你们去就好了！

Bill：幸好你没去！我们遇上了一次暴风雪[1]。那天我们迷路了，只好在雪山上一个比较安全的地方待了一整天。我们带的水大家一起喝，东西大家一起吃，我们坚持着，一直等到暴风雪停了。最后我们几个人手拉着手，非常艰难地走回了住的地方。在暴风雪中，我们同舟共济，终于脱离[2]了危险。

Anna：太惊险了，不过你们有了很多新的体验。

Bill：是啊！我们看到了西藏的蓝天、白云和神圣的雪山！最高兴的是大家实现了去西藏登雪山的梦想。我们体会到了登山的艰难和暴风雪的危险。

Anna：你们风雨同舟，共同克服困难，真了不起！

Lǚxíng Huílái le

Anna: Bill, nǐ hé Wáng Dōng, Lǐ Jiāng, Hans qù Xīzàng wánr de zěnmeyàng?

Bill: Wǒmen pále xuěshān. Lǐ Jiāng pāile hěn duō zhàopiàn, wǒ huàle liǎng zhāng fēngjǐnghuàr.

Anna: Wǒ yàoshi gēn nǐmen qù jiù hǎo le!

Bill: Xìnghǎo nǐ méi qù! Wǒmen yùshàngle yí cì bàofēngxuě. Nàtiān wǒmen mí lù le, zhǐhǎo zài xuěshān shang yí gè bǐjiào ānquán de dìfang dāile yì zhěngtiān. Wǒmen dài de shuǐ dàjiā yìqǐ hē, dōngxi dàjiā yìqǐ chī, wǒmen jiānchí zhe, yìzhí děngdào bào-

[1] 暴风雪 bàofēngxuě: snowstorm

[2] 脱离危险 tuōlí wēixiǎn: be out of danger

fēngxuě tíng le. Zuìhòu wǒmen jǐ gè rén shǒu lāzhe shǒu, fēicháng jiānnán de zǒu huíle zhù de dìfang. Zài bàofēngxuě zhōng, wǒmen tóngzhōu-gòngjì, zhōngyú tuōlíle wēixiǎn.

Anna: Tài jīngxiǎn le, búguò nǐmen yǒule hěn duō xīnde tǐyàn.

Bill: Shì a! Wǒmen kàndàole Xīzàng de lántiān, báiyún hé shénshèng de xuěshān! Zuì gāoxìng de shì dàjiā shíxiàn le qù Xīzàng dēng xuěshān de mèngxiǎng. Wǒmen tǐhuìdàole dēng shān de jiānnán hé bàofēngxuě de wēixiǎn.

Anna: Nǐmen fēngyǔtóngzhōu, gòngtóng kèfú kùnnan, zhēn liǎobuqǐ!

生 词 Vocabulary

幸好 xìnghǎo	luckily	幸好今天没下雨，不然我们就不能出去玩了。
待 dāi	stay	这个假期她待在家里看书，哪儿也没去。
艰难 jiānnán	hard; difficult	他的工资很少，一家人的生活很艰难。
体会 tǐhuì	know from experience	通过学习京剧，比尔体会到了练好基本功的重要性。
风雨同舟 fēngyǔ-tóngzhōu	be in the same storm-tossed boat; stick together in hard times	他和妻子风雨同舟，一起生活了 30 多年。

扩展阅读 Extra Reading

古诗中的“舟”

“舟”是船的意思。古代诗歌中一些与“舟”有关的诗句生动优美，很有哲理。比如诗人刘禹锡[1]写的一句诗：沉舟侧畔千帆过，病树前

[1] 刘禹锡 Liú Yǔxī: Liu Yuxi (772-842), a poet of the Tang Dynasty

头万木春[1]。诗中的“沉舟”和“病树”指的是旧事物、困难、失败等等，而“千帆过”和“万木春”表示社会的进步、人们的希望、春天的美景等等。这句诗表达的哲理是：社会在不断地进步，我们要看到进步和希望。

Gǔshī Zhōng de “Zhōu”

“Zhōu” shì chuán de yìsi. Gǔdài shīgē zhōng yìxiē yǔ “zhōu” yǒuguān de shījù shēngdòng yōuměi, hěn yǒu zhélǐ. Bǐrú shīrén Liú Yǔxī xiě de yí jù shī: Chén zhōu cè pàn qiān fān guò, bìng shù qián tóu wàn mù chūn. Shī zhōng de “chén zhōu” hé “bìng shù” zhǐ de shì jiù shìwù, kùnnan, shībài děngděng, ér “qiān fān guò” hé “wàn mù chūn” biǎoshì shèhuì de jìnbù, rénmen de xīwàng, chūntiān de měijǐng děngděng. Zhè jù shī biǎodá de zhélǐ shì: Shèhuì zài búduàn de jìnbù, wǒmen yào kàndào jìnbù hé xīwàng.

---

[1] 沉舟侧畔千帆过，病树前头万木春 Chén zhōu cè pàn qiān fān guò, bìng shù qián tóu wàn mù chūn: A thousand sails pass by the wrecked ship; Ten thousand saplings shoot up beyond the withered tree.

79. 望梅止渴 Wàngméi-zhǐkě

解释 Explanation

Quench one's thirst（止渴）by thinking of plums（梅子）; console oneself with false hopes. For example:

1. 高房价让许多人买不起房子，只能望梅止渴。
2. 因为没买到足球票，小王只好看着足球场望梅止渴了！

对话 Conversation

意大利[1]奶酪

Hans：李江，你知道哪儿能买到意大利奶酪吗？意大利奶酪品种多，又新鲜，想起来就流口水。

李江：虽然中国有很多西餐馆，但是在中国很难吃到正宗的意大利奶酪，你只有望梅止渴了。

Hans：望梅止渴是什么意思？

李江："望梅止渴"是一句成语，意思是：在渴的时候，要是没有水喝，

[1] 意大利 Yìdàlì: Italy

你就想想又酸又甜的梅子[1]。一想到梅子的酸味，就不渴了。

Hans：这跟吃不到意大利奶酪有什么关系？

李江："望梅止渴"是比喻一个人用空想[2]来安慰自己。

Hans：我明白了。在这儿我吃不到意大利奶酪就只好想一想，这就是"望梅止渴"的意思，对吗？

李江：对，就是这个意思！

Yìdàlì Nǎilào

Hans: Lǐ Jiāng, nǐ zhīdao nǎr néng mǎidào Yìdàlì nǎilào ma? Yìdàlì nǎilào pǐnzhǒng duō, yòu xīnxiān, xiǎng qǐlái jiù liú kǒushuǐ.

Lǐ Jiāng: Suīrán Zhōngguó yǒu hěn duō xīcānguǎn, dànshì zài Zhōngguó hěn nán chīdào zhèngzōng de Yìdàlì nǎilào, nǐ zhǐyǒu wàngméi-zhǐkě le.

Hans: Wàngméi-zhǐkě shì shénme yìsi?

Lǐ Jiāng: "Wàngméi-zhǐkě" shì yí jù chéngyǔ, yìsi shì: zài kě de shíhou, yàoshi méiyǒu shuǐ hē, nǐ jiù xiǎngxiang yòu suān yòu tián de méizi. Yì xiǎngdào méizi de suānwèi, jiù bù kě le.

Hans: Zhè gēn chī bú dào Yìdàlì nǎilào yǒu shénme guānxi?

Lǐ Jiāng: "Wàngméi-zhǐkě" shì bǐyù yí gè rén yòng kōngxiǎng lái ānwèi zìjǐ.

Hans: Wǒ míngbai le. Zài zhèr wǒ chī bú dào Yìdàlì nǎilào jiù zhǐyǒu xiǎng yi xiǎng, zhè jiùshì "wàngméi-zhǐkě" de yìsi, duì ma?

Lǐ Jiāng: Duì, jiùshì zhège yìsi!

生词 Vocabulary

西瓜 xīguā	watermelon	天气太热了，我们吃点儿冰冻西瓜吧。
奶酪 nǎilào	cheese	用奶酪做的凉菜很好吃。
渴 kě	thirsty	一天没有喝水了，我快渴死了。

[1] 梅子 méizi: Chinese plum

[2] 空想 kōngxiǎng: daydream

酸 suān	sour	梅子没有熟的时候非常酸。
甜 tián	sweet	冰淇淋很甜。
产生 chǎnshēng	engender	酸味能让人产生口水。

扩展阅读 Extra Reading

望梅止渴

曹操带着士兵[1]去打仗，天气很热，士兵们找不到水喝，渴极了，走得很慢。曹操想出了一个主意。他指着前方大声喊道："快走啊！前面有梅树林，梅子又酸又甜，可以解渴[2]。"士兵们听了，想起了梅子的酸味，都流出了口水，好像不觉得渴了，大家走得也快了。到了前面一座小山，士兵没有看到梅树林，曹操让大家休息，派人去找水。水找到了，士兵们痛快地喝着水。休息好了，曹操又带着士兵出发了。后来人们用"望梅止渴"来比喻用空想来安慰自己。

Wàngméi-zhǐkě

Cáo Cāo dàizhe shìbīng qù dǎ zhàng, tiānqì hěn rè, shìbīngmen zhǎo bú dào shuǐ hē, kě jíle, zǒu de hěn màn. Cáo Cāo xiǎng chūle yí gè zhǔyi. Tā zhǐzhe qiánfāng dàshēng hǎn dào: "Kuài zǒu a! Qiánmian yǒu méishùlín, méizi yòu suān yòu tián, kěyǐ jiěkě." Shìbīngmen tīng le, xiǎngqǐle méizi de suānwèi, dōu liúchūle kǒushuǐ, hǎoxiàng bù juéde kǒukě le, dàjiā zǒu de yě kuài le. Dàole qiánmiàn yí zuò xiǎoshān, shìbīng méiyǒu kàndào méishùlín, Cáo Cāo ràng dàjiā xiūxi, pài rén qù zhǎo shuǐ. Shuǐ zhǎodào le, shìbīngmen tòngkuài de hēzhe shuǐ. Xiūxi hǎo le, Cáo Cāo yòu dàizhe shìbīng chūfā le. Hòulái rénmen yòng "wàngméi-zhǐkě" lái bǐyù yòng kōngxiǎng lái ānwèi zìjǐ.

[1] 士兵 shìbīng: soldier; warrior
[2] 解渴 jiě kě: quench one's thirst

80. 温故知新 Wēngù-zhīxīn

解释 Explanation

Review what has been learned（温故）and from that learn something new（知新）. Gain new knowledge by reviewing the old. For example:

1. 温故知新是一个非常好的学习方法。
2. 反复诵读唐诗就会达到温故知新的学习效果。

对话 Conversation

记忆力

Hans：哎，最近不知怎么回事，我的记忆力越来越差了，我是不是老了？
王东：别开玩笑了，你才多大呀！
Hans：快考试了，学过的东西记不住，怎么办？
王东：你可能很少复习吧。
Hans：是的，我很少复习。
王东：要记住学过的知识，温故知新是一个很不错的方法。
Hans：“温故知新”是什么意思？

王东：“温故知新”的意思是：复习学过的知识，从中获得新的知识。“温”是复习的意思。“故”是旧的意思，这里是指学过的知识。换句话说，经常复习学过的知识既可以帮助记忆，又能帮助学习新的东西。

Hans：那我现在就开始一点一点地复习吧！

Jìyìlì

Hans: Āi, zuìjìn bù zhī zěnme huíshì, wǒ de jìyìlì yuèláiyuè chà le, wǒ shìbushì lǎo le?

Wáng Dōng: Bié kāi wánxiào le, nǐ cái duō dà ya!

Hans: Kuài kǎoshì le, xuéguò de dōngxi jìbuzhù, zěnmebàn?

Wáng Dōng: Nǐ kěnéng hěn shǎo fùxí ba.

Hans: Shì de, wǒ hěn shǎo fùxí.

Wáng Dōng: Yào jìzhù xuéguò de zhīshi, wēngù-zhīxīn shì yí gè hěn búcuò de fāngfǎ.

Hans: “Wēngù-zhīxīn” shì shénme yìsi?

Wáng Dōng: “Wēngù-zhīxīn” de yìsi shì: fùxí xuéguò de zhīshi, cóngzhōng huòdé xīn de zhīshi. “Wēn” shì fùxí de yìsi. “Gù” shì jiù de yìsi, Zhèlǐ shì zhǐ xuéguò de zhīshi. Huàn jù huà shuō, jīngcháng fùxí xuéguò de zhīshi jì kěyǐ bāngzhù jìyì, yòu néng bāngzhù xuéxí xīn de dōngxi.

Hans: Nà wǒ xiànzài jiù kāishǐ yì diǎn yì diǎn de fùxí ba!

生词 Vocabulary

记忆力 jìyìlì	memory	白云的记忆力很好，生词看一遍就记住了。
开玩笑 kāi wánxiào	play a joke	别生气了，她那么说是开玩笑的。
获得 huòdé	gain; obtain; achieve	他获得了出国留学的机会。
记忆 jìyì	memorize	经常复习可以帮助记忆学过的知识。

扩展阅读 Extra Reading

温故知新

孔子说:"温故而知新,可以为师矣。"这句话的意思是:常常复习以前学过的知识,并能从中获得新知识的人,就可以做老师了。因为做老师需要不断地学习、思考,使自己的知识逐渐丰富起来。现在"温故知新"这句成语的意思是说一个人要经常复习学过的知识,从中获得对知识的新理解。

Wēngù-zhīxīn

Kǒngzǐ shuō: "Wēn gù ér zhī xīn, kě yǐ wéi shī yǐ." Zhè jù huà de yìsi shì: Chángcháng fùxí yǐqián xuéguò de zhīshi, bìng néng cóngzhōng huòdé xīn zhīshi de rén, jiù kěyǐ zuò lǎoshī le. Yīnwèi zuò lǎoshī xūyào búduàn de xuéxí, sīkǎo, shǐ zìjǐ de zhīshi zhújiàn de fēngfù qǐlái. Xiànzài "wēngù-zhīxīn" zhè jù chéngyǔ de yìsi shì shuō yí gè rén yào jīngcháng fùxí xuéguò de zhīshi, cóngzhōng huòdé duì zhīshi de xīn lǐjiě.

81. 喜出望外
Xǐchūwàngwài

解 释 Explanation

Be overjoyed at an unexpected gain, good news, etc. Be pleased beyond one's expectations. For example:

1. 儿子要回来过春节，妈妈真是喜出望外。
2. Bill 一下飞机就喜出望外地发现，全家人都来接他了。

对 话 Conversation

喜出望外

白云：哎哟，是张丽啊。你碰上什么好事了，喜气洋洋的？
张丽：我的男朋友送给我一件礼物，你猜是什么？
白云：我哪里猜得出来啊！
张丽：是戒指[1]。我订婚[2]了！
白云：哎，前段时间你还打算和男朋友分手，你们怎么又订婚了？
张丽：那是他故意逗我的。他说结婚没意思，谈谈恋爱就行了。我

[1] 戒指 jièzhi: finger ring
[2] 订婚 dìnghūn: engaged to be married; be engaged to

当然很生气啊！原来他那么说是为了给我一个惊喜。在我过生日的时候，他送给我一个戒指。

白云：我本来就觉得你的男朋友很不错。你要是真的和他分手了，恐怕很难找到像他这样的人了。有时候你挺小气的，经常为鸡毛蒜皮的事生气。

张丽：是啊！多亏你经常开导我。

Xǐchūwàngwài

Bái Yún: Āiyō, shì Zhāng Lì a. Nǐ pèngshàng shénme hǎo shì le, xǐqìyángyáng de?

Zhāng Lì: Wǒ de nánpéngyou sònggěi wǒ yí jiàn lǐwù, nǐ cāi shì shénme?

Bái Yún: Wǒ nǎlǐ cāi de chūlái a!

Zhāng Lì: Shì jièzhi. Wǒ dìnghūn le!

Bái Yún: Āi, qián duàn shíjiān nǐ hái dǎsuan hé nánpéngyou fēnshǒu, nǐmen zěnme yòu dìnghūn le?

Zhāng Lì: Nà shì tā gùyì dòu wǒ de. Tā shuō jiéhūn méi yìsi, tántan liàn'ài jiù xíng le. Wǒ dāngrán hěn shēngqì a! Yuánlái tā nàme shuō shì wèile gěi wǒ yí gè jīngxǐ. Zài wǒ guò shēngrì de shíhou, tā sònggěi wǒ yí gè jièzhi.

Bái Yún: Wǒ běnlái jiù juéde nǐ de nánpéngyou hěn búcuò. Nǐ yàoshi zhēnde hé tā fēnshǒu le, kǒngpà hěn nán zhǎodào xiàng tā zhèyàng de rén le. Yǒu shíhou nǐ tǐng xiǎoqi de, jīngcháng wèi jīmáo- suànpí de shì shēngqì.

Zhāng Lì: Shì a! Duōkuī nǐ jīngcháng kāidǎo wǒ.

生词 Vocabulary

喜气洋洋	xǐqìyángyáng	full of joy	婚礼上新郎和新娘看上去喜气洋洋。
惊喜	jīngxǐ	pleasantly surprised	他们赢了这场足球比赛。这让他们非常惊喜。
恐怕	kǒngpà	for fear of	李明生病了，恐怕不能来开会了。

小气 xiǎoqi	narrow-minded; mean; miserly	她很小气，别人跟她开个玩笑，她也生气。 他很小气，连冰淇淋都舍不得买。
开导 kāidǎo	enlighten sb.; help sb. see a point	他有缺点，应该耐心开导，不要跟他吵。

扩展阅读 Extra Reading

大红"囍"字

中国人结婚时，要在房子里贴上大红"囍"字。这个"囍"有点儿特别，是两个"喜"字连在一起，叫红双"囍"。"囍"是喜庆、吉祥的象征。举行婚礼这天，人们要在门上贴对联和大红"囍"字。为了祝福新郎新娘一生幸福，百年好合，结婚的日子往往选择偶数[1]的日子。比如5月2日、5月6日等等。在中国，红色是喜庆、吉祥的颜色，所以，中国人结婚一定要贴大红"囍"字。

Dàhóng "Xǐ" Zì

Zhōngguórén jiéhūn shí, yào zài fángzi li tiēshàng dàhóng "xǐ" zì. Zhège "xǐ" yǒudiǎnr tèbié, shì liǎng gè "xǐ" zì lián zài yìqǐ, jiào hóng shuāng "Xǐ". "Xǐ" shì xǐqìng, jíxiáng de xiàngzhēng. Jǔxíng hūnlǐ zhè tiān, rénmen yào zài mén shang tiē duìlián hé dàhóng "Xǐ" zì. Wèile zhùfú xīnláng xīnniáng yìshēng xìngfú, bǎiniánhǎohé, jiéhūn de rìzi wángwǎng xuǎnzé ǒushù de rìzi. Bǐrú wǔ yuè èr rì, wǔ yuè liù rì děngděng. Zài Zhōngguó, hóngsè shì xǐqìng, jíxiáng de yánsè, suǒyǐ, Zhōngguórén jiéhūn yídìng yào tiē dàhóng "Xǐ" zì.

[1] 偶数 ǒushù: even number

82. 想方设法 Xiǎngfāng-shèfǎ

解释 Explanation

Use all available means to do something; find every possible way to do something.

For example：

1. 他遇到一个很难的数学题，正在想方设法地找答案。
2. 在做作业的时候，电脑突然坏了，他想方设法把电脑修好了。

对话 Conversation

找工作

Hans：最近在忙什么？约你出来玩儿，你总是说没有时间。

Lucy：我正在想方设法地找工作。

Hans：你想找什么样的工作？

Lucy：关于外贸[1]方面的。

Hans：找工作你一定要多看招聘广告，准备好面试，还要有不怕失败的心态。

[1] 外贸 wàimào: foreign trade

Lucy：我也在注意招聘广告，可是还没遇到一个合适的职位。

Hans：我有两个朋友在外贸公司工作，但是我不知道他们公司招不招人。我跟他们联系一下，让他们想方设法帮你。

Lucy：谢谢！

Hans：前几年我朋友毕业的时候，幸好公司缺人，他们很容易就找到了工作。

Lucy：现在找工作的人太多了，竞争也越来越激烈了。

Hans：不过你很有能力。我想你会找到满意的工作的。

Zhǎo Gōngzuò

Hans: Zuìjìn zài máng shénme? Yuē nǐ chūlái wánr, nǐ zǒngshì shuō méiyǒu shíjiān.

Lucy: Wǒ zhèngzài xiǎngfāng-shèfǎ de zhǎo gōngzuò.

Hans: Nǐ xiǎng zhǎo shénmeyàng de gōngzuò?

Lucy: Guānyú wàimào fāngmiàn de.

Hans: Zhǎo gōngzuò nǐ yídìng yào duō kàn zhāopìn guǎnggào, zhǔnbèihǎo miànshì, hái yào yǒu búpà shībài de xīntài.

Lucy: Wǒ yě zài zhùyì zhāopìn guǎnggào, kěshì hái méi yùdào yí gè héshì de zhíwèi.

Hans: Wǒ yǒu liǎng gè péngyou zài wàimào gōngsī gōngzuò, dànshì wǒ bù zhīdao tāmen gōngsī zhāo bu zhāo rén. Wǒ gēn tāmen liánxì yíxià, ràng tāmen xiǎngfāng-shèfǎ bāng nǐ.

Lucy: Xièxie!

Hans: Qián jǐ nián wǒ péngyou bìyè de shíhou, xìnghǎo gōngsī quē rén, tāmen hěn róngyì jiù zhǎodàole gōngzuò.

Lucy: Xiànzài zhǎo gōngzuò de rén tài duō le, jìngzhēng yě yuèláiyuè jīliè le.

Hans: Búguò nǐ hěn yǒu nénglì. Wǒ xiǎng nǐ huì zhǎodào mǎnyì de gōngzuò de.

生词 Vocabulary

面试 miànshì	interview	要想得到这个工作，必须要面试。
招聘 zhāopìn	employ	公司正在招聘新职员。
职位 zhíwèi	post; position	他在这个职位上做得很好。
缺 quē	lack	这个房间缺一个电视机。

扩展阅读 Extra Reading

尽心竭力

汉语里有很多跟"想方设法"意思相近的成语。比如"尽心竭力[1]"形容一个人做事十分负责[2]，想尽一切办法努力做好工作。成语"不遗余力[3]"的意思也是想尽办法把事情做好。比如：中国文学家鲁迅[4]尽心竭力地指导[5]年轻的作家。又比如：小王不遗余力地帮助地震灾区[6]的孩子们。

Jìnxīn-jiélì

Hànyǔ li yǒu hěn duō gēn "xiǎngfāng-shèfǎ" yìsi xiāngjìn de chéngyǔ. Bǐrú "jìnxīn-jiélì" xíngróng yí gè rén zuò shì shífēn fùzé, xiǎngjìn yíqiè bànfǎ nǔlì zuòhǎo gōngzuò. Chéngyǔ "bùyí-yúlì" de yìsi yě shì xiǎngjìn bànfǎ bǎ shìqing zuòhǎo. Bǐrú: Zhōngguó wénxuéjiā Lǔ Xùn jìnxīn-jiélì de zhǐdǎo niánqīng de zuòjiā. Yòu bǐrú: Xiǎo Wáng bùyí-yúlì de bāngzhù dìzhèn zāiqū de háizimen.

---

[1] 尽心竭力 jìnxīn-jiélì: do sth. with all one's heart and all one's might

[2] 负责 fùzé: be responsible; be in charge

[3] 不遗余力 bùyí-yúlì: do one's utmost

[4] 鲁迅 Lǔ Xùn: Lu Xun (1881-1936), one of the major Chinese writers of the 20th century

[5] 指导 zhǐdǎo: instruct; guide

[6] 地震灾区 dìzhèn zāiqū: earthquake-stricken area

83. 胸有成竹
Xiōngyǒuchéngzhú

解释 Explanation

Bear the image of bamboo（竹）in mind（胸）when drawing bamboo. Have a well-thought-out plan ready before one sets out to do something so as to do it successfully. For example:

1. 对于这次长跑比赛，小王胸有成竹，他已经准备了很长时间。
2. 他胸有成竹地说："这次考试，我一定能通过。"

对话 Conversation

快考试了

Anna：嘿，Bill，快考试了，你怎么一点儿也不紧张？

Bill： 有什么紧张的，这次考试我胸有成竹。

Anna：胸有成竹？考试怎么会跟竹子有关系？

Bill： 这是一句成语。"胸有成竹"中的"成竹"是指在做一件事之前有全面考虑，做了安排，有把握的意思。比如现在我们要考试了，只要在考试之前认真复习，对考试就会胸有成竹，就不怕考试了。

Anna：明白了。看来，你对考试已经很有把握了。哎，我记得老师教过我们一个成语叫“十拿九稳”，也是表示做事有把握的意思。
Bill：对，这两个成语的意思相近。
Anna：那我们把意思相近的词放在一起复习，这样就容易记住了。
Bill：这是个好主意！

Kuài Kǎoshì le

Anna: Hēi, Bill, kuài kǎoshì le, nǐ zěnme yìdiǎnr yě bù jǐnzhāng?
Bill: Yǒu shénme jǐnzhāng de, zhè cì kǎoshì wǒ xiōngyǒuchéngzhú.
Anna: Xiōngyǒuchéngzhú? Kǎoshì zěnme huì gēn zhúzi yǒu guānxi?
Bill: Zhè shì yí jù chéngyǔ. "Xiōngyǒuchéngzhú" zhōng de "chéng zhú" shì zhǐ zài zuò yí jiàn shì zhīqián yǒu quánmiàn kǎolǜ, zuòle ānpái, yǒu bǎwò de yìsi. Bǐrú xiànzài wǒmen yào kǎoshì le, zhǐyào zài kǎoshì zhīqián rènzhēn fùxí, duì kǎoshì jiù huì xiōngyǒuchéngzhú, jiù bú pà kǎoshì le.
Anna: Míngbai le. Kànlái, nǐ duì kǎoshì yǐjīng hěn yǒu bǎwò le. Āi, wǒ jìde lǎoshī jiāoguò wǒmen yí gè chéngyǔ jiào "shíná-jiǔwěn", yě shì biǎoshì zuò shì yǒu bǎwò de yìsi.
Bill: Duì, zhè liǎng gè chéngyǔ de yìsi xiāngjìn.
Anna: Nà wǒmen bǎ yìsi xiāngjìn de cí fàngzài yìqǐ fùxí, zhèyàng jiù róngyì jìzhù le.
Bill: Zhè shì ge hǎo zhǔyi!

生词 Vocabulary

竹子 zhúzi	bamboo	这座小楼是用竹子修建的，好漂亮啊！
有把握 yǒu bǎwò	with assurance	小王很有把握地说这次实验不会失败。
看来 kànlái	it seems that	她哭了，看来她是真生气了。
十拿九稳 shíná-jiǔwěn	almost certain	小王获得这个职位是十拿九稳了。
相近 xiāngjìn	be similar to	“一箭双雕”和“一举两得”这两个成语的意思很相近。

扩展阅读 Extra Reading

胸有成竹

北宋时有一个画家叫文同[1]，他是画竹子的高手。为了画好竹子，他在房子周围种了很多竹子。文同常年对竹子进行细微的观察[2]，对竹子的颜色、姿态了解得一清二楚，所以他画画的时候根本不用打草稿。有个名叫晁补之的人称赞文同说：文同画竹，早已胸有成竹了。

Xiōngyǒuchéngzhú

Běisòng shí yǒu yí gè huàjiā jiào Wén Tóng, tā shì huà zhúzi de gāoshǒu. Wèile huàhǎo zhúzi, tā zài fángzi zhōuwéi zhòngle hěn duō zhúzi. Wén Tóng chángnián duì zhúzi jìnxíng xìwēi de guānchá, duì zhúzi de yánsè, zītài liǎojiě de yìqīng'èrchǔ, suǒyǐ tā huàhuà de shíhou gēnběn búyòng dǎ cǎogǎo. Yǒu gè míng jiào Cháo Bǔzhī de rén chēngzàn Wén Tóng shuō: Wén Tóng huà zhú, zǎo yǐ xiōngyǒuchéngzhú le.

[1] 文同 Wén Tóng: Wen Tong (1018-1079), a famous painter and poet of the Northern Song Dynasty
[2] 观察 guānchá: observe carefully

84. 一帆风顺 Yīfānfēngshùn

解释 Explanation

Smooth sailing, 帆 refers to sails. A ship goes along smoothly with a fair wind. Everything is going smoothly. For example:

1. 明天你就要回国了，祝你旅途一帆风顺。
2. 不要着急，出点问题不要紧，不可能每件事情都是一帆风顺的。

对话 Conversation

旅游计划

白云：Anna，学校快要放假了，你有什么打算？

Anna：我想去旅游。你看，这是我的旅游计划。从北京出发到成都，在成都玩儿三天，从成都去重庆，在重庆玩儿两天，从重庆出发去三峡[1]，再到武汉[2]，在武汉玩儿两天，然后再到杭州[3]

[1] 三峡 Sānxiá: the Three Gorges on the Yangtze River
[2] 武汉 Wǔhàn: Wuhan, the capital city of Hubei Province
[3] 杭州 Hángzhōu: Hangzhou, the capital city of Zhejiang Province

和上海玩儿两天，最后从上海返回北京。

白云：安排得不错。是你自己计划的？

Anna：是啊，我早就想去这些地方看看。但是我还没想好是坐火车还是坐飞机。

白云：都可以。从北京到成都可以坐火车，也可以坐飞机。

Anna：坐火车要多久？坐飞机要多久？

白云：坐火车大约 24 个小时，坐飞机大约两个半小时。

Anna：坐飞机很快，但是不能看风景。我喜欢坐火车，既便宜又能看风景。

白云：不错。你可以从北京乘火车去成都，然后乘火车去重庆，再从重庆乘船去武汉，再坐火车去杭州和上海，最后从上海乘飞机返回北京。

Anna：这样的安排太好了！谢谢你！

白云：别客气，祝你旅行一帆风顺！

Lǚyóu Jìhuà

Bái Yún: Anna, xuéxiào kuài yào fàng jià le, nǐ yǒu shénme dǎsuàn?

Anna: Wǒ xiǎng qù lǚyóu. Nǐ kàn, zhè shì wǒ de lǚyóu jìhuà. Cóng Běijīng chūfā dào Chéngdū, zài Chéngdū wánr sān tiān, cóng Chéngdū qù Chóngqìng, zài Chóngqìng wánr liǎng tiān, Cóng Chóngqìng chūfā qù Sānxiá, zài dào Wǔhàn, zài Wǔhàn wánr liǎng tiān, ránhòu zài dào Hángzhōu hé Shànghǎi wánr liǎng tiān, zuìhòu cóng Shànghǎi fǎnhuí Běijīng.

Bái Yún: Ānpái de búcuò. Shì nǐ zìjǐ jìhuà de?

Anna: Shì a, wǒ zǎojiù xiǎngqù zhèxiē dìfang kànkan. Dànshì wǒ hái méi xiǎnghǎo shì zuò huǒchē háishi zuò fēijī.

Bái Yún: Dōu kěyǐ. Cóng Běijīng dào Chéngdū kěyǐ zuò huǒchē, yě kěyǐ zuò fēijī.

Anna: Zuò huǒchē yào duō jiǔ? Zuò fēijī yào duō jiǔ?

Bái Yún: Zuò huǒchē dàyuē 24 gè xiǎoshí, zuò fēijī dàyuē liǎng gè bàn xiǎoshí.

Anna: Zuò fēijī hěn kuài, dànshì bù néng kàn fēngjǐng. Wǒ xǐhuan zuò huǒchē, jì piányi yòu néng kàn fēngjǐng.

Bái Yún: Búcuò. Nǐ kěyǐ cóng Běijīng chéng huǒchē qù Chéngdū, ránhòu chéng huǒchē qù Chóngqìng, zài cóng Chóngqìng chéng chuán qù Wǔhàn, zài zuò huǒchē qù Hángzhōu hé Shànghǎi, zuìhòu cóng Shànghǎi chéng fēijī fǎnhuí Běijīng.

Anna: Zhèyàng de ānpái tài hǎo le! Xièxie nǐ!

Baiyun: Bié kèqi, zhù nǐ lǚxíng yìfānfēngshùn!

生 词 Vocabulary

放假 fàng jià	have a holiday or vacation	国庆节放假3天。
出发 chūfā	start out; set off	他们准备后天出发去上海。
返回 fǎnhuí	return	假期一结束我们就要返回学校。
大约 dàyuē	about	大约五天以后，他就回来了。
乘 chéng	ride; take a journey by plane, boat, train, etc.	你准备乘哪趟飞机返回北京？

扩展阅读 Extra Reading

"六"和"顺"

中国人很喜欢"顺"这个字。很多祝福的词语里都有"顺"这个字。比如,"风调雨顺[1]"表达了人们希望气候好、粮食丰收的愿望[2]。"一路顺风"祝愿朋友旅途平安。"六六大顺[3]"，意思是希望事事顺利。很多人的电话号码都喜欢用"6"，比如"6688186"。汉字"六"和"顺"表达了中国人希望"生活顺利"、"工作顺利"、"旅行顺利"等美好的愿望。

[1] 风调雨顺 fēngtiáo-yǔshùn: propitious winds and rains
[2] 丰收的愿望 fēngshōu de yuànwàng: hope for a good harvest
[3] 六六大顺 liùliù dàshùn: two sixes together foretell good luck

"Liù" hé" Shùn"

Zhōngguórén hěn xǐhuan "shùn" zhège zì. Hěn duō zhùfú de cíyǔ li dōu yǒu "shùn" zhège zì. Bǐrú, "fēngtiáo-yǔshùn" biǎodále rénmen xīwàng qìhòu hǎo, liángshi fēngshōu de yuànwàng. "Yílùshùnfēng" zhùyuàn péngyou lǚtú píng'ān. "Liùliù-dàshùn", yìsi shì xīwàng shìshì shùnlì. Hěn duō rén de diànhuà hàomǎ dōu xǐhuan yòng "liù", bǐrú "liù liù bā bā yāo bā liù ". Hànzì "liù" hé "shùn" biǎodále Zhōngguórén xīwàng "shēnghuó shùnlì", "gōngzuò shùnlì", "lǚxíng shùnlì" děng měihǎo de yuànwàng.

85. 一个篱笆[1]三个桩，一个好汉[2]三个帮

Yí Gè Líba Sān Gè Zhuāng, Yí Gè Hǎohàn Sān Gè Bāng

解释 Explanation

A fence（篱笆）needs the support of three stakes（桩）, an able fellow needs the help of three other people. This proverb emphasizes the need for the support and help of other people. For example:

[1] 篱笆 líba: fence

[2] 好汉 hǎohàn: brave man; true man; hero

1. 你有什么困难尽管[1]告诉我们，我们一定帮助你。俗话说，“一个篱笆三个桩，一个好汉三个帮”嘛。

2. 以前我三个小时才能做完这样的工作，今天有你们帮忙，一个小时就干完了。这就叫“一个篱笆三个桩，一个好汉三个帮”。

对话 Conversation

教师节的礼物

Anna：下个星期一是9月10号，是中国的教师节[2]。

Lucy：你们说我们为老师做点儿什么呢？

白云：对了，你们教室能放幻灯片[3]吗？

Anna：当然能。我们教室是多媒体教室[4]，老师上课经常给我们放幻灯片。

白云：太好了。我有主意了。你们有老师的照片吗？

Anna：有啊。你看，这是开晚会的时候，我们跟老师一起照的照片。这是我们到老师家里玩儿的时候照的照片。你看，这是她的女儿，多可爱啊！

白云：你们可以把照片做成幻灯片，教师节的时候放给老师看，或者送给她作为节日礼物。我和你们一起做吧！

Lucy：太好了！白云，你真是我们的好朋友。

白云：这就叫“一个篱笆三个桩……”

Lucy、Anna：“一个好汉三个帮”。来，大家一起做！

[1] 尽管 jǐnguǎn: feel free to; not hesitate to
[2] 教师节 Jiàoshī Jié: Teacher's Day
[3] 幻灯片 huàndēng piàn: slide
[4] 多媒体教室 duō méitǐ jiàoshì: multimedia classroom

Jiàoshī Jié de Lǐwù

Anna: Xià gè xīngqīyī shì jiǔ yuè shí hào, shì Zhōngguó de Jiàoshī Jié.
Lucy: Nǐmen shuō wǒmen wèi lǎoshī zuò diǎnr shénme ne?
Bái Yún: Duì le, nǐmen jiàoshì néng fàng huàndēngpiàn ma?
Anna: Dāngrán néng. Wǒmen jiàoshì shì duōméitǐ jiàoshì, lǎoshī shàng kè jīngcháng gěi wǒmen fàng huàndēngpiàn.
Bái Yún: Tài hǎo le. Wǒ yǒu zhǔyi le. Nǐmen yǒu lǎoshī de zhàopiàn ma?
Anna: Yǒu a. Nǐ kàn, zhè shì kāi wǎnhuì de shíhou, wǒmen gēn lǎoshī yìqǐ zhào de zhàopiàn. Zhè shì wǒmen dào lǎoshī jiālǐ wánr de shíhou zhào de zhàopiàn. Nǐ kàn, zhè shì tā de nǚ'ér, duō kě'ài a!
Bái Yún: Nǐmen kěyǐ bǎ zhàopiàn zuòchéng huàndēngpiàn, Jiàoshī Jié de shíhou fànggěi lǎoshī kàn, huòzhě sònggěi tā zuòwéi jiérì lǐwù. Wǒ hé nǐmen yìqǐ zuò ba!
Lucy: Tài hǎo le! Bái Yún, nǐ zhēn shì wǒmen de hǎo péngyou.
Bái Yún: Zhè jiù jiào "yí gè líba sān gè zhuāng ..."
Lucy、Anna: "Yí gè hǎohàn sān gè bāng". Lái, dàjiā yìqǐ zuò!

生 词 Vocabulary

或者 huòzhě or 他想以后当大学老师或者中学老师。

扩展阅读 Extra Reading

英雄好汉

"好汉"和"英雄好汉"的意思都是勇敢坚强的人。汉语里有很多关于“好汉”的俗语。比如，“不到长城非好汉”[1]，“好汉做事好汉当”[2]等等。四大古典名著之一《水浒传》里有108个英雄好汉，每个好汉都有自己的精彩故事，这些好汉看重朋友之间的情义，为了帮助穷人、朋友，为了正义[3]，他们不怕死。他们喜欢喝酒，性格豪爽[4]。有一首歌叫《好汉歌》，写出了英雄好汉的精神。这首歌在中国很有名。有一句歌词是：路见不平一声吼[5]哇，该出手时就出手哇。大家可以看看《水浒传》的电视剧，通过剧情来了解这些英雄好汉。

Yīngxióng Hǎohàn

“Hǎohàn” hé “Yīngxióng hǎohàn” de yìsi dōu shì yónggǎn jiānqiáng de rén. Hànyǔ li yǒu hěn duō guānyú “hǎohàn” de súyǔ. Bǐrú, “bú dào Chángchéng fēi hǎohàn”, “hǎohàn zuò shì hǎohàn dāng” děngděng. Sì dà gǔdiǎn míngzhù zhī yī “Shuǐhǔzhuàn” li yǒu yìbǎi líng bā gè yīngxióng hǎohàn, měi gè hǎohàn dōu yǒu zìjǐ de jīngcǎi gùshi, zhèxiē hǎohàn kànzhòng péngyou zhījiān de qíngyì, wèile bāngzhù qióngrén, péngyou, wèile zhèngyì, tāmen bú pà sǐ. Tāmen xǐhuan hē jiǔ, xìnggé háoshuǎng. Yǒu yì shǒu gē jiào “Hǎohàngē”, xiěchūle yīngxióng hǎohàn de jīngshen. Zhè shǒu gē zài Zhōngguó hěn yǒumíng. Yǒu yí jù gēcí shì: Lù jiàn bù píng yì shēng hǒu wa, gāi chū shǒu shí jiù chū shǒu wa. Dàjiā kěyǐ kànkan “Shuǐhǔzhuàn” de diànshìjù, tōngguò jùqíng lái liǎojiě zhèxiē yīngxióng hǎohàn.

---

[1] 不到长城非好汉 bú dào Chángchéng fēi hǎohàn: He who doesn't reach the Great Wall is not a true man.

[2] 好汉做事好汉当 hǎohàn zuò shì hǎohàn dāng: A true man has the courage to accept the consequences of his own actions.

[3] 正义 zhèngyì: justice

[4] 豪爽 háoshuǎng: bold and uninhibited

[5] 路见不平一声吼 lù jiàn bù píng yì shēng hǒu: shout and fight whenever one comes across injustice

86. 一家人不说两家话
Yì Jiā Rén Bù Shuō Liǎng Jiā Huà

解释 Explanation

People who are from the same family need not be very polite to each other. This idiom means that good friends should help one another without standing on ceremony. For example:

1. 你干吗这么客气，咱们是好朋友，一家人不说两家话嘛。

2. 你有困难尽管告诉我，没什么不好意思的，咱们一家人不说两家话。

对话 Conversation

张丽请我们吃饭

白云：今天晚上，张丽和她的男朋友请 Lucy 和你、我吃饭。

Anna：好啊！我们准备什么礼物呢？

白云：咱们就买十九朵玫瑰吧。十，代表十全十美；九，代表天长地久，怎么样？

Anna：好，咱们现在就通知 Lucy。

（在饭店）

张丽：你们好！这是我的男朋友李飞。这是我的好朋友白云、Anna和Lucy。

李飞：你们好！听张丽说你们给了她很多帮助，真高兴她有你们这样的好朋友。

张丽：是啊，要是没有你们帮我，我现在不会这么开心。

白云：干吗这么客气！咱们一家人不说两家话，互相帮助是应该的。

Anna：你看，这是我们三个人送给你们的十九朵玫瑰。

Lucy：祝你们的爱情十全十美、天长地久！什么时候喝你们的喜酒啊？

张丽：那要等到我大学毕业，到时候你们一定要来参加我们的婚礼啊！

白云、Anna、Lucy：我们一定去！哈哈！

Zhāng Lì Qǐng Wǒmen Chī Fàn

Bái Yún: Jīntiān wǎnshang, Zhāng Lì hé tā de nánpéngyou qǐng Lucy hé nǐ, wǒ chī fàn.

Anna: Hǎo a! Wǒmen zhǔnbèi shénme lǐwù ne?

Bái Yún: Zánmen jiù mǎi shíjiǔ duǒ méigui ba. Shí, dàibiǎo shíquán-shíměi; Jiǔ, dàibiǎo tiāncháng-dìjiǔ, zěnmeyàng?

Anna: Hǎo, zánmen xiànzài jiù tōngzhī Lucy.

(zài fàndiàn)

Zhāng Lì: Nǐmen hǎo! Zhè shì wǒ de nánpéngyou Lǐ Fēi. Zhè shì wǒ de hǎo péngyou Bái Yún, Anna hé Lucy.

Lǐ Fēi: Nǐmen hǎo! Tīng Zhāng Lì shuō nǐmen gěile tā hěn duō bāngzhù, zhēn gāoxìng tā yǒu nǐmen zhèyàng de hǎo péngyou.

Zhāng Lì: Shì a, yàoshi méiyǒu nǐmen bāng wǒ, wǒ xiànzài bú huì zhème kāixīn.

Bái Yún: Gànmá zhème kèqi! Zánmen yì jiā rén bù shuō liǎng jiā huà, hùxiāng bāngzhù shì yīnggāi de.

Anna: Nǐ kàn, zhè shì wǒmen sān gè rén sònggěi nǐmen de shíjiǔ duǒ méigui.

Lucy: Zhù nǐmen de àiqíng shíquán-shíměi, tiāncháng-dìjiǔ! Shénme shíhou hē nǐmen de xǐjiǔ a?

Zhāng Lì: Nà yào děngdào wǒ dàxué bìyè, dào shíhou nǐmen yídìng yào lái cānjiā wǒmen de hūnlǐ a!

Bái Yún, Anna, Lucy: Wǒmen yídìng qù! Hāha!

生 词 Vocabulary

玫瑰 méigui	rose	红玫瑰是爱情的象征。
通知 tōngzhī	give notice to; inform	老师通知我们下午开会。
天长地久 tiāncháng-dìjiǔ	everlasting	祝你们的爱情天长地久!
喜酒 xǐjiǔ	wedding feast	大家问张丽什么时候喝她的喜酒。
婚礼 hūnlǐ	wedding ceremony	今天参加小李的婚礼的人真多，婚礼很热闹。

扩展阅读 Extra Reading

复杂的称呼[1]

中国的家庭结构比较复杂。这种情况可以从对亲人的称呼中看出来。比如，父亲的哥哥称作“伯伯”，父亲的弟弟称作“叔叔”，父亲的姐妹的丈夫称作“姑父”。母亲的兄弟称作“舅舅”，母亲的姐妹的丈夫称作“姨父”。对比之下，英语却只有“uncle”一个词。除此之外，汉语的称呼还分年龄大小。比如 brother，大的叫“哥哥”，小的叫“弟弟”；sister，大的叫“姐姐”，小的叫“妹妹”。

[1] 称呼 chēnghu: address

Fùzá De Chēnghu

Zhōngguó de jiātíng jiégòu bǐjiào fùzá. Zhè zhǒng qíngkuàng kěyǐ cóng duì qīnrén de chēnghu zhōng kàn chūlái. Bǐrú, fùqin de gēge chēngzuò “bóbo”, fùqin de dìdi chēngzuò “shūshu”, fùqin de jiěmèi de zhàngfu chēngzuò “gūfu” . Mǔqin de xiōngdi chēngzuò “jiùjiu”, mǔqin de jiěmèi de zhàngfu chēngzuò “yífu” . Duìbǐ zhī xià, Yīngyǔ què zhǐyǒu “uncle” yí gè cí. Chú cǐ zhī wài, Hànyǔ de chēnghu hái fēn niánlíng dàxiǎo. Bǐrú brother, dà de jiào “gēge”, xiǎo de jiào “dìdi” ; sister, dà de jiào “jiějie”, xiǎo de jiào “mèimei” .

87. 一箭双雕 Yíjiànshuāngdiāo

解释 Explanation

Shoot two hawks（雕）with one arrow（箭）. Kill two birds with one stone. It is the same as 一举两得. For example:

1. 到中国来留学，不仅可以学习中文，还可以旅游，可以说是一箭双雕。

2. 利用风能发电[1]是一个好方法，既可以发电，又不会污染环境，一箭双雕。

对话 Conversation

练书法

白云：Lucy，怎么买这么多书法字帖呀？

Lucy：我想学习中国书法。你看这些汉字像画儿一样，多好看啊！

白云：是啊，中国书法本来就是一种艺术，而且汉字里面还有丰富的文化知识。

Lucy：我可以一边学书法一边了解中国文化。我得多练习写汉字。

白云：这确实是一箭双雕。哎，你愿不愿意帮我一个忙？

Lucy：我能帮你什么忙？

白云：我每个星期天都要在宿舍一楼的黑板上写通知，以后由你来写吧。这样你既帮了我的忙，又可以练习写字，这也是一举两得啊！

Lucy：可是我的字写得不好看，多不好意思啊！

白云：有什么不好意思。你是留学生，大家不会吹毛求疵的。

Lucy：那我就试试吧。

Liàn Shūfǎ

Bái Yún: Lucy, zěnme mǎi zhème duō shūfǎ zìtiě ya?

Lucy: Wǒ xiǎng xuéxí Zhōngguó shūfǎ. Nǐ kàn zhèxiē Hànzì xiàng huàr yíyàng, duō hǎokàn a!

Bái Yún: Shì a, Zhōngguó shūfǎ běnlái jiùshì yì zhǒng yìshù, érqiě Hànzì lǐmiàn hái yǒu fēngfù de wénhuà zhīshi.

Lucy: Wǒ kěyǐ yìbiān xué shūfǎ yìbiān liǎojiě Zhōngguó wénhuà. Wǒ děi

---

[1] 发电 fā diàn: generate electricity

duō liànxí xiě Hànzì.

Bái Yún: Zhè quèshí shì yíjiànshuāngdiāo. Āi, nǐ yuàn bú yuànyì bāng wǒ yí gè máng?

Lucy: Wǒ néng bāng nǐ shénme máng?

Bái Yún: Wǒ měige xīngqītiān dōu yào zài sùshè yī lóu de hēibǎn shang xiě tōngzhī, yǐhòu yóu nǐ lái xiě ba. Zhèyàng nǐ jì bāngle wǒ de máng, yòu kěyǐ liànxí xiě zì, zhè yě shì yìjǔ-liǎngdé a!

Lucy: Kěshì wǒ de zì xiě de bù hǎokàn, duō bù hǎo yìsi a!

Bái Yún: Yǒu shénme bù hǎo yìsi. Nǐ shì liúxuéshēng, dàjiā bú huì chuīmáo-qiúcī de.

Lucy: Nà wǒ jiù shìshi ba.

生 词 Vocabulary

书法 shūfǎ	calligraphy	他每天都要练习书法。
由 yóu	(be done) by	这个工作由你来负责。

扩展阅读 Extra Reading

射 雕[1]

雕是一种鸟，它飞得又高又快，如果猎人[2]能用箭射下空中的雕，那是很了不起的本事。如果能一箭射中两只雕，就成了英雄，会受到尊重，甚至得到爱情。传说有一个贵族，长得很丑[3]，却娶[4]了一个很漂亮的妻子。妻子因为丈夫长得丑，结婚三年，既不说话也不笑。丈夫想了很多办法，还是不能让妻子笑一笑。有一天，他带着妻子到河边去玩儿，突然从河边小树林里飞出一只雕，丈夫一箭就射中

[1] 射雕 shè diāo: shoot the vulture
[2] 猎人 lièrén: hunter
[3] 丑 chǒu: ugly
[4] 娶 qǔ: (of a man) marry a woman; take a wife

了雕，把它送给妻子。妻子觉得丈夫是个有本事[1]的人，终于对他笑了。现在中国江苏省有个地方叫"如皋[2]"，传说就是那个丈夫射中雕的地方。

Shè Diāo

Diāo shì yì zhǒng niǎo, tā fēi de yòu gāo yòu kuài, rúguǒ lièrén néng yòng jiàn shèxià kōngzhōng de diāo, nà shì hěn liǎobuqǐ de běnshi. Rúguǒ néng yí jiàn shèzhòng liǎng zhī diāo, jiù chéngle yīngxióng, huì shòudào zūnzhòng, shènzhì dédào àiqíng. Chuánshuō yǒu yí gè guìzú, zhǎng de hěn chǒu, què qǔle yí gè hěn piàoliang de qīzi. Qīzi yīnwèi zhàngfu zhǎng de chǒu, jiéhūn sān nián, jì bù shuō huà yě bú xiào. Zhàngfu xiǎngle hěn duō bànfǎ, háishi bù néng ràng qīzi xiào yi xiào. Yǒu yì tiān, tā dàizhe qīzi dào hé biān qù wánr, tūrán cóng hé biān xiǎo shùlín li fēichū yì zhī diāo, zhàngfu yí jiàn jiù shèzhòngle diāo, bǎ tā sònggěi qīzi. Qīzi juéde zhàngfu shì gè yǒu běnshi de rén, zhōngyú duì tā xiào le. Xiànzài Zhōngguó Jiāngsū Shěng yǒu ge dìfang jiào "Rúgāo", chuánshuō jiùshì nàge zhàngfu shèzhòng diāo de dìfang.

---

[1] 本事 běnshi: ability; skill

[2] 如皋 Rúgāo: Rugao city in Jiangsu Province

88. 迎刃而解 Yíngrèn'érjiě

解释 Explanation

Bamboo splits（解）all the way down as soon as it touches against（迎）the knife's edge（刃）. When one deals with a problem, the most important thing is to find the key factor. If the key issue is resolved, the other issues will also be solved smoothly. For example:

1. 虽然这个句子很复杂[1]，但如果知道这个词的意思，这句话的翻译就迎刃而解了。

2. 汽车坏了，白云很着急。修车师傅换了一个零件[2]，问题就迎刃而解了。

对话 Conversation

写作文

王东：Hans，今天是周末，怎么不出去玩儿？

Hans：我有一篇作文还没写呢！昨天想了一个晚上，就是不知道写

[1] 复杂 fùzá: complex; complicated

[2] 零件 língjiàn: parts

什么，明天要交作文了，真急人！

王东：光着急有什么用！你准备写什么题目？

Hans：我也不知道写什么好。我还没选好作文题目呢。

王东：题目都没有，当然不好写了。汉语有一个成语叫“迎刃而解”，就是比喻处理事情、解决问题时，首先要解决主要问题。只要主要问题解决了，其他的问题也就容易解决了。

Hans：对啊！写作文没有题目，怎么写呢！

王东：这样吧，我们去看电影《人生》。我们边看边想题目，回来以后也许你就想出来了。

Hans：这是个好主意！走，咱们看电影去！

Xiě Zuòwén

Wáng Dōng: Hans, jīntiān shì zhōumò, zěnme bù chūqu wánr?

Hans: Wǒ yǒu yì piān zuòwén hái méi xiě ne! Zuótiān xiǎngle yí gè wǎnshang, jiùshì bù zhīdao xiě shénme, míngtiān yào jiāo zuòwén le, zhēn jírén!

Wáng Dōng: Guāng zháojí yǒu shénme yòng! Nǐ zhǔnbèi xiě shénme tímù?

Hans: Wǒ yě bù zhīdao xiě shénme hǎo. Wǒ hái méi xuǎnhǎo zuòwén tímù ne.

Wáng Dōng: Tímù dōu méiyǒu, dāngrán bù hǎo xiě le. Hànyǔ yǒu yí gè chéngyǔ jiào “yíngrèn'érjiě”, jiùshì bǐyù chǔlǐ shìqing, jiějué wèntí shí, shǒuxiān yào jiějué zhǔyào wèntí. Zhǐyào zhǔyào wèntí jiějué le, qítā de wèntí yě jiù róngyì jiějué le.

Hans: Duì a! Xiě zuòwén méiyǒu tímù, zěnme xiě ne!

Wáng Dōng: Zhèyàng ba, wǒmen qù kàn diànyǐng “Rénshēng”. Wǒmen biān kàn biān xiǎng tímù, huílái yǐhòu yěxǔ nǐ jiù xiǎng chūlái le.

Hans: Zhè shì ge hǎo zhǔyi! Zǒu, zánmen kàn diànyǐng qù!

生词 Vocabulary

交 jiāo	hand in	我已经把申请表交给学校了。
光 guāng	only; alone	工作这么多，光靠你们两个人恐怕不行。
题目 tímù	title; subject	这个题目很有意思。
首先 shǒuxiān	first	在旅行之前，首先要把路线想好。
主要 zhǔyào	main; major	办公司的主要问题之一是有没有足够的资金。

扩展阅读 Extra Reading

庖丁解牛

“庖丁解牛”这个成语出自《庄子》。“庖”就是厨师，有一个名叫丁的厨师宰牛的技术十分高明。他宰牛的时候，顺着牛的肌理结构，劈开筋骨间大的空隙，刀沿着骨缝移动。所以，他的刀用了十九年，宰牛数千头，而刀口却像刚从磨刀石上磨出来的。这个成语比喻经过反复实践，掌握了事物的客观规律，做事就能得心应手，运用自如。

Páodīngjiěniú

“Páodīngjiěniú” zhège chéngyǔ chūzì “Zhuāngzǐ”. “Páo” jiùshì chúshī, yǒu yí gè míngjiào Dīng de chúshī zǎi niú de jìshù shífēn gāomíng. Tā zǎi niú de shíhou, shùnzhe niú de jīlǐ jiégòu, pīkāi jīngǔ jiān dà de kòngxì, dāo yánzhe gǔfèng yídòng. Suǒyǐ, tā de dāo yòngle shíjiǔ nián, zǎi niú shù qiān tóu, ér dāokǒu què xiàng gāng cóng módāoshí shang mó chūlái de. Zhège chéngyǔ bǐyù jīngguò fǎnfù shíjiàn, zhǎngwòle shìwù de kèguān guīlǜ, zuò shì jiù néng déxīn-yìngshǒu, yùnyòng-zìrú.

89. 有朋自远方来，不亦乐乎[1]

Yǒu Péng zì Yuǎnfāng Lái， Bú Yì Lè hū

解释 Explanation

Isn't it a delight when friends visit from afar!

For example：

1. 会议主席[2]说：“有朋自远方来，不亦乐乎！热烈欢迎来自世界[3]各国的朋友们！”

2. Anna跟白云一起回白云的老家过年[4]，白云的父母非常好客[5]，热情[6]地欢迎Anna，他们说：“有朋自远方来，不亦乐乎！”

对话 Conversation

北京欢迎你

Lucy：白云，你唱的是什么歌？

[1] 不亦乐乎 bú yì lè hū: Is that not a delight? 乎 is a question word similar as 吗 .

[2] 会议主席 huìyì zhǔxí: president of a conference

[3] 世界 shìjiè: world

[4] 过年 guò nián: celebrate the Chinese New Year

[5] 好客 hàokè: hospitable

[6] 热情 rèqíng: hospitable; passionate; enthusiastic

白云：《北京欢迎你》。来，你听听我的 MP3.

（白云让 Lucy 听她的 MP3）

Lucy：这首歌真好听，听起来亲切、友好，曲调[1]优美。

白云：孔子说过："有朋自远方来，不亦乐乎！"这首歌是欢迎世界各地朋友来北京参加奥运会的。

Lucy：我喜欢这首歌，你教我唱，怎么样？

白云：好，我们一起学。你跟我唱：我家大门常打开，开怀容纳天地[2]……

Lucy：我家大门常打开……

白云：这样吧，你把我的 MP3 拿回去，慢慢学吧！

Lucy：谢谢！

Běijīng Huānyíng Nǐ

Lucy: Bái Yún, nǐ chàng de shì shénme gē?

Bái Yún: "Běijīng Huānyíng Nǐ". Lái, nǐ tīngting wǒ de MP3.

(Bái Yún ràng Lucy tīng tā de MP3)

Lucy: Zhè shǒu gē zhēn hǎotīng, tīng qǐlái qīnqiè, yóuhǎo, qǔdiào yōuměi.

Bái Yún: Kǒngzǐ shuōguò: "yǒu péng zì yuǎnfāng lái, bú yì lè hū!" Zhè shǒu gē shì huānyíng shìjiè gèdì péngyou lái Běijīng cānjiā Àoyùnhuì de.

Lucy: Wǒ xǐhuan zhè shǒu gē, nǐ jiāo wǒ chàng, zěnmeyàng?

Bái Yún: Hǎo, wǒmen yìqǐ xué. Nǐ gēn wǒ chàng: Wǒjiā dàmén cháng dǎkāi, kāihuái róngnà tiāndì ...

Lucy: Wǒ jiā dàmén cháng dǎkāi ...

Bái Yún: Zhèyàng ba, nǐ bǎ wǒ de MP3 ná huíqù, mànmān xué ba!

Lucy: Xièxie!

---

[1] 曲调 qǔdiào: melody; tune

[2] 开怀容纳天地 kāihuái róngnà tiāndì: embrace the whole world with open arms

生词 Vocabulary

友好 yǒuhǎo　friendly　这个班的留学生彼此非常友好。

扩展阅读 Extra Reading

农家待客[1]

家里来了客人，中国人往往把最好的东西拿出来，准备很多菜和好酒，非常好客。诗人陆游写过一首诗："故人具鸡黍，邀我至田家。绿树村边合，青山郭外斜。开轩面场圃，把酒话桑麻。待到重阳日，还来就菊花。[2]"这首诗的意思是：农家的朋友准备好了饭菜，请诗人来做客。朋友家周围都是绿树青山，风景如画。诗人打开窗户，对着农家的菜园，坐下来，他们一边喝酒一边谈农家的生活。他们约定，等到明年的重阳节，诗人还要来这儿，一边看菊花一边喝酒。还有一句描写农家热情招待客人的诗："莫笑农家腊酒浑，丰年留客足鸡豚。"[3] 这两句诗写出了农民用酒、鸡肉、猪肉招待客人的热情场面。现在人们周末也喜欢去农家度假，这样的地方叫"农家乐"。

Nóngjiā Dàikè

Jiā li láile kèren, Zhōngguórén wǎngwǎng bǎ zuì hǎo de dōngxi ná chūlái, zhǔnbèi hěn duō cài hé hǎojiǔ, fēicháng hàokè. Shīrén Lù Yóu xiěguò yì shǒu shī: "Gù rén jù jī shǔ, yāo wǒ zhì tián jiā. Lǜ shù cūn biān

[1] 农家待客 nóngjiā dàikè: a farmer's family entertains guests

[2] 故人具鸡黍，…… 还来就菊花 Gù rén jù jī shǔ, ... huán lái jiù júhuā: My old friend prepares dishes and rice and invites me to his house. The green trees surround the village, and the green mountains extend far outside the city. Open the window and see the yard and vegetable garden as we sit, drink, and talk about life on the farm. Wait till Double Ninth Day, then come to my old friend again and enjoy chrysanthemums together.

[3] 莫笑农家腊酒浑，丰年留客足鸡豚 Mò xiào nóngjiā là jiǔ hún, fēng nián liú kè zú jī tún: Don't laugh at the farmer's homemade wine, because they prepare rich food from the harvest year for their guests.

hé, qīng shān guō wài xié. Kāi xuān miàn chǎng pǔ, bǎ jiǔ huà sāng má. Dài dào Chóngyáng rì, huán lái jiù júhuā." Zhè shǒu shī de yìsi shì, nóngjiā de péngyou zhǔnbèi hǎole fàncài, qǐng shīrén lái zuòkè. Péngyou jiā zhōuwéi dōu shì lǜshù qīngshān, fēngjǐngrúhuà. Shīrén dǎkāi chuānghu, duìzhe nóngjiā de càiyuán, zuò xiàlái, tāmen yìbiān hē jiǔ yìbiān tán nóngjiā de shēnghuó. Tāmen yuēdìng, děngdào míngnián de Chóngyáng Jié, shīrén hái yào lái zhèr, yìbiān kàn júhuā yìbiān hē jiǔ. Háiyǒu yí jù miáoxiě nóngjiā rèqíng zhāodài kèren de shījù: "Mò xiào nóngjiā là jiǔ hún, fēng nián liú kè zú jī tún." Zhè liǎng jù shī xiěchūle nóngmín yòng jiǔ, jīròu, zhūròu zhāodài kèren de rèqíng chǎngmiàn. Xiànzài rénmen zhōumò yě xǐhuan qù nóngjiā dùjià, zhèyàng de dìfang jiào "nóngjiālè".

90. 有缘千里来相会，Yǒu Yuán Qiān Lǐ LáiXiānghuì，无缘对面不相逢[1] Wú YuánDuìmiàn Bù Xiāngféng

解释 Explanation

If they are destined to be together, the two will meet across a thousand *li*; if it is not destined, they will not meet though face to face. 缘 refers to the luck or fate by which people are brought together. For example:

1. 参加"汉语桥"世界大学生中文比赛的选手相聚[2]在北京，真是"有缘千里来相会，无缘对面不相逢"啊！

2. 在海南[3]旅游的时候，他跟一个女导游一见钟情[4]，居然恋爱了，真是"有缘千里来相会，无缘对面不相逢"啊！

[1] 相逢 xiāngféng: meet by chance; come across

[2] 相聚 xiāngjù: get together

[3] 海南 Hǎinán: Hainan Province, in the south of China

[4] 一见钟情 yíjiànzhōngqíng: fall in love at first sight

对话 Conversation

缘分

王东：李明，上次在婚礼上看到你的新娘，可真漂亮！你们是怎么认识的？

李明：我们的故事说来话长。小时候我们住在一条街上……

王东：那你俩是青梅竹马[1]啰！

李明：不是。你听我慢慢说嘛。我们住在同一条街上，我每天上学还路过她家门口，但是我们不在一个学校上学，所以在上大学前我们并不认识，可以说是"无缘对面不相逢"吧！

王东：那你们怎么谈恋爱、结婚了？

李明：是这样，有一年寒假我回家和同学聚会时认识了她。

王东：然后你们就开始谈恋爱了？

李明：没有。大学毕业以后她去美国留学，我来北京工作，就再也没有联系过。前年她回国后也在北京工作，我们在街上偶然碰到了，就慢慢地开始谈恋爱了。

王东：嘿！真浪漫呀。你们俩可真是"有缘千里来相会，无缘对面不相逢"啊！

李明：算是吧！我们是挺有缘分的。

Yuánfèn

Wáng Dōng: Lǐ Míng, shàng cì zài hūnlǐ shang kàndào nǐ de xīnniáng, kě zhēn piàoliang! Nǐmen shì zěnme rènshi de?

Lǐ Míng: Wǒmen de gùshi shuōláihuàcháng. Xiǎo shíhou wǒmen zhùzài yì tiáo jiē shàng ...

Wáng Dōng: Nà nǐ liǎ shì qīngméi-zhúmǎ luo!

Lǐ Míng: Bú shì. Nǐ tīng wǒ mànmān shuō ma. Wǒmen zhùzài tóng

[1] 青梅竹马 qīngméi-zhúmǎ: innocent childhood friends; the period in childhood when boys and girls played together like brothers and sisters

yì tiáo jiē shang, wǒ měi tiān shàng xué hái lùguò tā jiā ménkǒu, dànshì wǒmen bú zài yí gè xuéxiào shàng xué, suǒyǐ zài shàng dàxué qián wǒmen bìng bú rènshi. Kěyǐ shuō shì "wú yuán duì miàn bù xiāng féng" ba!

Wáng Dōng: Nà nǐmen zěnme tán liàn'ài, jiéhūn le?

Lǐ Míng: Shì zhèyàng, yǒu yì nián hánjià wǒ huí jiā hé tóngxué jùhuì shí rènshile tā.

Wáng Dōng: Ránhòu nǐmen jiù kāishǐ tán liàn'ài le?

Lǐ Míng: Méiyǒu. Dàxué bìyè yǐhòu tā qù Měiguó liúxué, wǒ lái Běijīng gōngzuò, jiù zài yě méiyǒu liánxìguò. Qiánnián tā huí guó hòu yě zài Běijīng gōngzuò, wǒmen zài jiē shang ǒurán pèngdào le, jiù mànmān de kāishǐ tán liàn'ài le.

Wáng Dōng: Hēi! Zhēn làngmàn ya. Nǐmenliǎ kě zhēnshi "yǒu yuán qiān lǐ lái xiānghuì, wú yuán duìmiàn bù xiāngféng" a!

Lǐ Míng: Suàn shì ba! Wǒmen shì tǐng yǒu yuánfèn de.

生 词 Vocabulary

路过 lùguò	pass by	我每次路过书店都要进去看看书。
偶然 ǒurán	occasionally	我和保罗是在飞机上偶然碰到的。

扩展阅读 Extra Reading

缘 分

"缘分"是一个抽象概念[1],是人与人之间无形[2]的连结[3]。"有缘千里来相会,无缘对面不相逢"讲的是一种看不见、说不清的人与

[1] 抽象概念 chōuxiàng gàiniàn: abstract concept

[2] 无形的 wúxíng de: invisible; intangible

[3] 连结 liánjié: connect

人之间的联系。所以人与人的偶然相遇是由因缘[1]决定的，不是由人自己决定的。

中国人很讲究“缘分”。古人认为男女结婚是由因缘决定的，所以才有“千里姻缘一线牵[2]”的说法。除此之外，父子、夫妻、朋友、同事等之间的亲密关系也被称为“有缘”或者“有缘分”。跟有缘分的人在一起是愉快的，跟没有缘分的人虽然相遇了，但是最后还是要分开的。

Yuánfèn

“Yuánfèn” shì yí gè chōuxiàng gàiniàn, shì rén yǔ rén zhījiān wúxíng de liánjié. “Yǒu yuán qiān lǐ lái xiānghuì, wú yuán duìmiàn bù xiāngféng” jiǎng de shì yì zhǒng kàn bú jiàn, shuō bù qīng de rén yǔ rén zhījiān de liánxì. Suǒyǐ rén yǔ rén de ǒurán xiāngyù shì yóu yīnyuán juédìng de, bú shì yóu rén zìjǐ juédìng de.

Zhōngguórén hěn jiǎngjiu “yuánfèn”. Gǔrén rènwéi nán-nǚ jiéhūn shì yóu yīnyuán juédìng de, suǒyǐ cái yǒu “qiān lǐ yīnyuán yí xiàn qiān” de shuōfǎ. Chú cǐ zhī wài, fùzǐ, fūqī, péngyou, tóngshì děng zhījiān de qīnmì guānxi yě bèi chēngwéi “yǒuyuán” huòzhě “yǒu yuánfèn”. Gēn yǒu yuánfèn de rén zài yìqǐ shì yúkuài de, gēn méiyǒu yuánfèn de rén suīrán xiāngyù le, dànshì zuìhòu háishi yào fēnkāi de.

---

[1] 因缘 yīnyuán: predestined relationship

[2] 千里姻缘一线牵 qiān lǐ yīnyuán yí xiàn qiān: Two beings destined to marry each other, though born a thousand miles apart, can be tied together by a single string (marriage).

91. 鱼与熊掌不可兼得
Yú yǔ Xióngzhǎng Bù Kě Jiān Dé

解释 Explanation

This is a famous line of Mencius that one is unable to obtain two desirable things at the same time. 兼得 refers to taking both things simultaneously. Both the fish and the bear's paw（熊掌）are delicious foods and here they refer to two choices. For example:

1. 小王大学快要毕业了。他想工作挣钱[1]，又想继续[2]读研究生。可是鱼与熊掌不可兼得，他只能选择[3]一个。

2. 鱼与熊掌不可兼得，如果小王要留下来照顾母亲，就不能出国留学；如果要出国留学，就不能留在母亲身边照顾她。

对话 Conversation

去旅游还是学汉语

张丽：嗨，好久不见！暑假有什么打算？

[1] 挣钱 zhèng qián: make money; earn money

[2] 继续 jìxù: continue; go on

[3] 选择 xuǎnzé: choose; select

Anna：我正在为这事烦恼呢。我想留在学校复习汉语，参加汉语水平考试，又想去西藏旅游。

张丽：鱼与熊掌不可兼得，你只能选择一样。去西藏吧，暑假正是去西藏的好时候，回来后再一心一意地复习汉语。

Anna：好主意！你去不去？我们一起去吧！

张丽：我早就想去了，但是我必须利用暑假的时间写论文。要不你国庆节的时候再去吧，到那时我就有时间了。

Anna：还有两三个月才到国庆节呢！

张丽：那就看你的打算了，要么你现在一个人去，要么就等到国庆节我们一起去。

Anna：还真是"鱼与熊掌不可兼得"啊！那就等你一起去吧。我复习复习汉语。

张丽：好，一言为定！

Qù Lǚyóu Háishi Xué Hànyǔ

Zhāng Lì: Hēi, hǎo jiǔ bú jiàn! Shǔjià yǒu shénme dǎsuan?

Anna: Wǒ zhèngzài wèi zhè shì fánnǎo ne. Wǒ xiǎng liúzài xuéxiào fùxí Hànyǔ, cānjiā Hànyǔ shuǐpíng kǎoshì, yòu xiǎng qù Xīzàng lǚyóu.

Zhāng Lì: Yú yǔ xióngzhǎng bù kě jiāndé, nǐ zhǐnéng xuǎnzé yíyàng. Qù Xīzàng ba, shǔjià zhèngshì qù Xīzàng de hǎo shíhou, huílái hòu zài yìxīn-yíyì de fùxí Hànyǔ.

Anna: Hǎo zhǔyi! Nǐ qù bu qù? Wǒmen yìqǐ qù ba!

Zhāng Lì: Wǒ zǎo jiù xiǎng qù le, dànshì wǒ bìxū lìyòng shǔjià de shíjiān xiě lùnwén. Yàobù nǐ Guóqìng Jié de shíhou zài qù ba, dào nà shí wǒ jiù yǒu shíjiān le.

Anna: Hái yǒu liǎng-sān gè yuè cái dào Guóqìng Jié ne!

Zhāng Lì: Nà jiù kàn nǐ de dǎsuan le, yàome nǐ xiànzài yí gè rén qù, yàome jiù děng dào Guóqìng Jié wǒmen yìqǐ qù.

Anna: Hái zhēnshi "yú yǔ xióngzhǎng bù kě jiāndé" a! Nà jiù děng nǐ yìqǐ qù ba. Wǒ fùxí fùxí Hànyǔ.

Zhāng Lì: Hǎo, yìyánwéidìng!

生词 Vocabulary

要不 yàobu	otherwise	我们快点儿走吧，要不就迟到了。
要么……要么…… yàome... yàome...	either ... or ...	你要么进来，要么出去，别站在门口。

扩展阅读 Extra Reading

儒家的“仁”和“义”[1]

孟子说：“鱼是我想要的，熊掌也是我想要的；两者如果不能都得到，我就不要鱼，而选择熊掌。生是我想要的，义也是我想要的，两者如果不能同时得到，我就放弃生，而选择义。”孟子所说的“义”是“正义[2]”，也就是说为了正义，可以放弃生命。从这段话中，可以看出孟子非常重视“义”。孔子和孟子都是儒家的代表人物。孔子的主要思想是“仁”。孟子在孔子“仁”的基础上又提出了“义”的思想。儒家的“仁”是发自内心的爱，“义”是为人之道[3]。“仁”和“义”是儒家提出的做人的道德准则。

Rújiā de “Rén” hé “Yì”

Mèngzǐ shuō: “Yú shì wǒ xiǎng yào de, xióngzhǎng yě shì wǒ xiǎng yào de; liǎngzhě rúguǒ bù néng dōu dédào, wǒ jiù bú yào yú, ér xuǎnzé xióngzhǎng. Shēng shì wǒ xiǎng yào de, yì yě shì wǒ xiǎng yào de, liǎngzhě rúguǒ bù néng tóngshí dédào, wǒ jiù fàngqì shēng, ér xuǎnzé yì.” Mèngzǐ suǒ shuō de “yì” shì “zhèngyì”, yě jiùshì shuō wèile zhèngyì, kěyǐ fàngqì shēngmìng. Cóng zhè duàn huà zhōng, kěyǐ kànchū Mèngzǐ fēicháng zhòngshì “yì” . Kǒngzǐ hé Mèngzǐ dōu shì Rújiā de dàibiǎo rénwù.

[1] “仁”和“义”“rén” hé “yì”: the benevolence and justice of Confucianism

[2] 正义 zhèngyì: justice

[3] 为人之道 wéirén zhīdào: the rules of one's conduct and behavior

Kǒngzǐ de zhǔyào sīxiǎng shì "rén". Mèngzǐ zài Kǒngzǐ "rén" de jīchǔ shang yòu tíchūle "yì" de sīxiǎng. Rújiā de "rén" shì fāzì nèixīn de ài, "yì" shì wéirén zhīdào. "Rén" hé "yì" shì Rújiā tíchū de zuòrén de dàodé zhǔnzé.

92. 欲穷千里目，更上一层楼
Yù Qióng Qiān Lǐ Mù, Gèng Shàng Yì Céng Lóu

解释 Explanation

If you want (欲) to see a thousand *li* (千里目) away and obtain a boundless (穷) view, you must ascend another storey (一层楼). The implication is that if you want to achieve greater success in life, you should constantly improve yourself even if you have already gained achievements. For example:

1. A: 你的汉语已经学得不错了。
   B: 哪里，哪里！我还差得远呢。我还要“更上一层楼”啊！
2. 他大学毕业了。父母亲鼓励他继续学习，对他说：“欲穷千里目，更上一层楼。”

对话 Conversation

爬黄山[1]

Hans：这个暑假你去哪儿了？
Bill：我和朋友一起去爬黄山了。
Hans：听说黄山风景很美啊！
Bill：那儿的风景太美了！在黄山我们感受到了"欲穷千里目，更上一层楼"这句诗的意境。要想看到更好的风景，就必须登上更高的地方，站得高，看得远。
Hans：我也很喜欢这句诗。这句诗不仅有诗情画意,还有深刻的哲理，那就是：一个人只有站得高才能看得远，只有多学习才能有丰富的知识，才会有远见。你们爬到山顶[2]了吗？
Bill：爬上去了。我们在山顶住了一夜，第二天早上还看到了日出。
Hans：下次爬山我跟你一起去，怎么样？
Bill：好，我还没去过峨眉山[3]呢！听说在峨眉山可以看到日出[4]、佛光[5]、云海[6]。
Hans：好！我们下次就爬峨眉山，好好儿欣赏那儿的美景！

Pá Huáng Shān

Hans: Zhège shǔjià nǐ qù nǎr le?
Bill: Wǒ hé péngyou yìqǐ qù pá Huáng Shān le.
Hans: Tīngshuō Huáng Shān fēngjǐng hěn měi a!
Bill: Nàr de fēngjǐng tài měi le! Zài Huáng Shān wǒmen gǎnshòu dàole "yù qióng qiān lǐ mù, gèng shàng yì céng lóu" zhè jù shī de yìjìng.

[1] 黄山 Huáng Shān: Huangshan Mountain in Anhui（安徽）Province
[2] 山顶 shāndǐng: mountain top; peak
[3] 峨眉山 Éméi Shān: Mount Emei in Sichuan Province
[4] 日出 rìchū: sunrise
[5] 佛光 fóguāng: Buddha's halo
[6] 云海 yúnhǎi: sea of clouds

Yào xiǎng kàndào gèng hǎo de fēngjǐng, jiù bìxū dēngshàng gèng gāo de dìfang, zhàn de gāo, kàn de yuǎn.

Hans: Wǒ yě hěn xǐhuan zhè jù shī. Zhè jù shī bùjǐn yǒu shīqíng-huàyì, háiyǒu shēnkè de zhélǐ, nà jiùshì: Yí gè rén zhǐyǒu zhàn de gāo cáinéng kàn de yuǎn, zhǐyǒu duō xuéxí cáinéng yǒu fēngfù de zhīshi, cái huì yǒu yuǎnjiàn. Nǐmen pádào shāndǐng le ma?

Bill: Pá shàngqù le. Wǒmen zài shāndǐng zhùle yí yè, dì-èr tiān zǎoshang hái kàndàole rìchū.

Hans: Xià cì pá shān wǒ gēn nǐ yìqǐ qù, zěnmeyàng?

Bill: Hǎo, wǒ hái méi qùguo Éméi Shān ne! Tīngshuō zài Éméi Shān kěyǐ kàndào rìchū, fóguāng, yúnhǎi.

Hans: Hǎo! Wǒmen xià cì jiù pá Éméi Shān, hǎohāor xīnshǎng nàr de měijǐng!

生 词 Vocabulary

感受 gǎnshòu	feel; experience	现在他没孩子，感受不到当父亲的心情。
深刻 shēnkè	profound	他说的话很深刻，我们要认真想一想。
哲理 zhélǐ	philosophy	这首诗中有深刻的哲理。

扩展阅读 Extra Reading

“千里”的意思

“千里”的字面意思是一千里，也就是五百公里，但是在很多成语和俗语里“千里”是指很远很远的距离。比如，“千里送鹅毛，礼轻情意重”是指从很远的地方带来的礼物虽然不贵重，但是能表示很深的感情。又比如，“千里之行，始于足下”比喻事情的成功都是一步一步取得的。俗语“千里姻缘一线牵”，意思是：有缘分的男女，尽管相隔很远，仍然可以成为一对相爱的夫妻。

"Qiān lǐ" de Yìsi

"Qiān lǐ" de zìmiàn yìsi shì yì qiān lǐ, yě jiù shì wǔbǎi gōnglǐ, dànshì zài hěn duō chéngyǔ hé súyǔ li "qiān lǐ" shì zhǐ hěn yuǎn hěn yuǎn de jùlí. Bǐrú, "qiān lǐ sòng émáo, lǐ qīng qíngyì zhòng" shì zhǐ cóng hěn yuǎn de dìfang dàilái de lǐwù suīrán bú guìzhòng, dànshì néng biǎoshì hěn shēn de gǎnqíng. Yòu bǐrú, "qiān lǐ zhī xíng, shǐ yú zú xià" bǐyù shìqing de chénggōng dōu shì yí bù yí bù qǔdé de. Súyǔ "qiān lǐ yīnyuán yí xiàn qiān", yìsi shì: Yǒu yuánfèn de nán-nǚ, jǐnguǎn xiānggé hěn yuǎn, réngrán kěyǐ chéngwéi yí duì xiāng'ài de fūqī.

93. 欲速则不达
Yù Sù Zé Bù Dá

解 释 Explanation

More haste, less speed. If one tries（欲）to finish something in haste（速）, he will not attain his goal（达）. Haste makes waste. For example:

1. 想在很短的时间里学好汉语，是不可能的，欲速则不达。
2. 我们常常会碰到这样的事情，想要又快又好地做完工作，结果工作没做好，反而[1]浪费了时间，欲速则不达。

对话 Conversation

重新写作文

Bill：Hans，今天下午我们去踢足球，怎么样？
Hans：我很想去，但是不行。
Bill：为什么？
Hans：唉，我的作文要重新写。
Bill：老师不是经常表扬你的作文吗？今天这是怎么回事啊？
Hans：这次我写得太快了。刚开始，我没有想好写什么题目，就没写。交作文的前一天晚上，我跟王东看了一场电影《人生》。回来时太晚了，我就临时想了一个题目，写了一篇作文。我没查字典，也没检查错误，想快点儿写完。结果作文的错误太多了，老师让我重新写。我这是欲速则不达啊！
Bill：唉，吃一堑，长一智[2]。
Hans：下次我再也不能这么做了。

Chóngxīn Xiě Zuòwén

Bill: Hans, jīntiān xiàwǔ wǒmen qù tī zúqiú, zěnmeyàng?
Hans: Wǒ hěn xiǎng qù, dànshì bù xíng.
Bill: Wèi shénme?
Hans: Āi, wǒ de zuòwén yào chóngxīn xiě.
Bill: Lǎoshī bú shì jīngcháng biǎoyáng nǐ de zuòwén ma? Jīntiān zhè shì zěnme huíshì a?
Hans: Zhè cì wǒ xiě de tài kuài le. Gāng kāishǐ, wǒ méiyǒu xiǎnghǎo xiě shénme tímù, jiù méi xiě. Jiāo zuòwén de qián yì tiān wǎnshang,

[1] 反而 fǎn'ér: on the contrary
[2] 吃一堑，长一智 chī yí qiàn, zhǎng yí zhì: A fall into the pit, a gain in your wit.

wǒ gēn Wáng Dōng kànle yì chǎng diànyǐng "Rénshēng". Huílái shí tài wǎn le, wǒ jiù línshí xiǎngle yí gè tímù, xiěle yì piān zuòwén. Wǒ méi chá zìdiǎn, yě méi jiǎnchá cuòwu, xiǎng kuài diǎnr xiěwán. Jiéguǒ zuòwén de cuòwu tài duō le, lǎoshī ràng wǒ chóngxīn xiě. Wǒ zhè shì yù sù zé bù dá a!

Bill: Āi, chī yí qiàn, zhǎng yí zhì.

Hans: Xià cì wǒ zài yě bù néng zhème zuò le.

生 词 Vocabulary

检查 jiǎnchá check up; inspect 考试的时候，一定要认真检查答案对不对。

扩展阅读 Extra Reading

欲速则不达

"欲速则不达"也称"欲速不达"，是《论语》[1]中的一句话。子夏是孔子最喜欢的学生之一。有一次，他要去做官[2]了。走之前，他去请教孔子怎么做官。孔子说："做事不要太急、太快，也不要只看眼前的好处。做事太快了，就会欲速则不达，也就是不能达到目的[3]；只看眼前的好处，就做不成大事。"

Yù Sù Zé Bù Dá

"Yù sù zé bù dá" yě chēng "yù sù bù dá", shì "Lúnyǔ" zhōng de yí jù huà. Zǐxià shì Kǒngzǐ zuì xǐhuan de xuésheng zhī yī. Yǒu yí cì, tā yào qù zuò guān le. Zǒu zhīqián, tā qù qǐngjiào Kǒngzǐ zěnme zuò guān.

[1]《论语》"Lúnyǔ": *The Analects of Confucius*

[2] 做官 zuò guān: hold an official position

[3] 达到目的 dádào mùdì: gain one's ends

Kǒngzǐ shuō: "Zuò shì bú yào tài jí, tài kuài, yě bú yào zhǐ kàn yǎnqián de hǎochu. Zuò shì tài kuài le, jiù huì yù sù zé bù dá, yě jiùshì bù néng dádào mùdì; zhǐ kàn yǎnqián de hǎochu, jiù zuò bù chéng dàshì."

94. 远亲不如近邻
Yuǎnqīn Bùrú Jìnlín

解释 Explanation

A distant relative (远亲) is not as good as a near neighbor (近邻).When one is in trouble or difficulty, a good neighbor tends to be more helpful than a relative far away. For example:

1. 她平时和邻居们相处得很好，所以她有困难的时候，大家都愿意帮助她。毕竟[1]，远亲不如近邻嘛。

2. 我工作忙，邻居经常帮我买菜，真是"远亲不如近邻"。

[1] 毕竟 bìjìng: after all

对话 Conversation

感冒了

（Hans 感冒了，在宿舍里休息。王东来看他）

王东：Hans，今天你觉得怎么样，还发烧吗？

Hans：好多了，吃了感冒药，已经不发烧了。谢谢。

王东：胃口好些了吗？

Hans：昨天我很难受，不想吃东西。幸好你送来了稀饭和咸菜[1]，我吃了很舒服。

王东：感冒的病人不能吃油腻的食物，只能吃清淡的东西。

Hans：这两天生病，我很想家，想我的父母，可是他们在美国，非常感谢你对我的照顾，让我懂得了什么是“远亲不如近邻”。

王东：哦，没什么，你很快就会好的。看，今天我给你带了小笼包子[2]！尝一个吧！

Hans：真香啊！我正好有点儿饿了。

王东：我看你的感冒快好了，一说到吃，你挺有精神的。

Hans：哈哈！

Gǎnmào le

(Hans gǎnmào le, zài sùshè li xiūxi. Wáng Dōng lái kàn tā)

Wáng Dōng: Hans, jīntiān nǐ juéde zěnmeyàng, hái fāshāo ma?

Hans: Hǎo duō le, chīle gǎnmào yào, yǐjīng bù fāshāo le. Xièxie.

Wáng Dōng: Wèikǒu hǎo xiē le ma?

Hans: Zuótiān wǒ hěn nánshòu, bù xiǎng chī dōngxi. Xìnghǎo nǐ sòngláile xīfàn hé xiáncài, wǒ chīle hěn shūfu.

Wáng Dōng: Gǎnmào de bìngrén bù néng chī yóunì de shíwù, zhǐ néng chī qīngdàn de dōngxi.

---

[1] 咸菜 xiáncài: pickles

[2] 小笼包子 xiǎolóngbāozi: steamed stuffed bun held in a small bamboo food steamer

Hans: Zhè liǎngtiān shēngbìng, wǒ hěn xiǎng jiā, xiǎng wǒ de fùmǔ, kěshì tāmen zài Měiguó, fēicháng gǎnxiè nǐ duì wǒ de zhàogù, ràng wǒ dǒngdéle shénme shì "yuǎnqīn bùrú jìnlín".

Wáng Dōng: Ò, méi shénme, nǐ hěnkuài jiùhuì hǎo de. Kàn, jīntiān wǒ gěi nǐ dàile xiǎolóngbāozi! Cháng yí gè ba!

Hans: Zhēn xiāng a! Wǒ zhènghǎo yǒudiǎnr è le.

Wáng Dōng: Wǒ kàn nǐ de gǎnmào kuài hǎo le, yì shuōdào chī, nǐ tǐng yǒu jīngshen de.

Hans: Hāhā!

生词 Vocabulary

发烧 fāshāo	have a fever	她这两天一直在发烧。
胃口 wèikǒu	appetite	他感冒了，胃口不好，不想吃东西。
小吃 xiǎochī	snack; refreshments	北京有许多传统小吃。
有精神 yǒu jīngshen	spirited; vigorous	我睡了 8 个小时，现在很有精神。

扩展阅读 Extra Reading

远水难救近火

"远亲不如近邻"是中国人常用的一句俗话。当一个人遇到困难和危急[1]情况的时候，身边的邻居比远方的亲戚[2]更能帮得上忙。有时候我们也把"远水难救近火，远亲不如近邻"这两句话连起来用。这个俗语在英语中也有意思相近的表达法：A near friend is better than a far-dwelling kinsman. A good friend is my nearest relation.

[1] 危急 wēijí: emergent

[2] 亲戚 qīnqi: relative

Yuǎn Shuǐ Nán Jiù Jìn Huǒ

"Yuǎnqīn bùrú jìnlín" shì Zhōngguórén chángyòng de yí jù súhuà. Dāng yí gè rén yùdào kùnnan hé wēijí qíngkuàng de shíhou, shēnbiān de línjū bǐ yuǎnfāng de qīnqi gèng néng bāng de shàng máng. Yǒu shíhou wǒmen yě bǎ "yuǎn shuǐ nán jiù jìn huǒ, yuǎnqīn bùrú jìnlín" zhè liǎng jù huà lián qǐlái yòng. Zhège súyǔ zài Yīngyǔ zhōng yě yǒu yìsi xiāngjìn de biǎodáfǎ: A near friend is better than a far-dwelling kinsman. A good friend is my nearest relation.

95. 张冠李戴 Zhāngguān-lǐdài

解释 Explanation

Put Zhang's hat (冠) on Li's head; confuse one thing or one person with another. For example:

1. 奶奶常常把电影明星的名字搞错，闹出张冠李戴的笑话。
2. 你要看清楚谁是小王再喊，可别张冠李戴。

对话 Conversation

搞错了

（在京剧爱好者俱乐部[1]里）

王老师：大家好，欢迎大家来到京剧爱好者俱乐部。我先自我介绍一下。我姓王，叫王云，是中国戏曲[2]学院的老师，很高兴认识大家。我要给大家介绍京剧知识，怎么欣赏和表演京剧。现在请每个人都做一个自我介绍。

Anna：大家好，我叫 Anna，是美国人。我对京剧很好奇，所以来参加京剧俱乐部。

Lucy：我叫 Lucy，我是英国人。我也对京剧感兴趣。

（……大家都介绍完了）

王老师：现在我给大家介绍一下京剧的脸谱。我带来了一些照片，请大家看一看。（拿出几张照片，交给坐在第一排的 Anna）Lucy，请你把这些照片由前向后传下去，让大家看一看。

Anna：王老师，我不是 Lucy，我是 Anna。

Lucy：（从中间站起来）王老师，我才是 Lucy。

王老师：哦，对不起，我搞错了，张冠李戴了。

Anna：没关系。您哪儿能一下子记住这么多人的名字呢。

Gǎo CuòLe

(Zài Jīngjù àihàozhě jùlèbù li)

Wáng Lǎoshī: Dàjiā hǎo, huānyíng dàjiā láidào Jīngjù àihàozhě jùlèbù. Wǒ xiān zìwǒ jièshào yíxià. Wǒ xìng Wáng, jiào Wáng Yún, shì Zhōngguó Xìqǔ Xuéyuàn de lǎoshī, hěn gāoxìng rènshi dàjiā. Wǒ yào gěi dàjiā jièshào Jīngjù zhīshi, zěnme

[1] 俱乐部 jùlèbù: club

[2] 戏曲 xìqǔ: traditional opera

	xīnshǎng hé biǎoyǎn Jīngjù. Xiànzài qǐng měi ge rén dōu zuò yí gè zìwǒ jièshào.
Anna:	Dàjiā hǎo, wǒ jiào Anna, shì Měiguórén. Wǒ duì Jīngjù hěn hàoqí, suǒyǐ lái cānjiā Jīngjù jùlèbù.
Lucy:	Wǒ jiào Lucy, wǒ shì Yīngguórén. Wǒ yě duì Jīngjù gǎn xìngqù.
(……dàjiā dōu jièshào wán le)	
Wáng Lǎoshī:	Xiànzài wǒ gěi dàjiā jièshào yíxià Jīngjù de liǎnpǔ. Wǒ dàiláile yìxiē zhàopiàn, qǐng dàjiā kàn yi kàn. (Náchū jǐ zhāng zhàopiàn, jiāogěi zuòzài dì-yī pái de Anna) Lucy, qǐng nǐ bǎ zhèxiē zhàopiàn yóu qián xiàng hòu chuán xiàqù, ràng dàjiā kàn yi kàn.
Anna:	Wáng lǎoshī, wǒ bú shì Lucy, wǒ shì Anna.
Lucy:	(Cóng zhōngjiān zhàn qǐlái) Wáng lǎoshī, wǒ cái shì Lucy.
Wáng Lǎoshī:	Ò, duìbuqǐ, wǒ gǎocuò le, zhāngguān-lǐdài le.
Anna:	Méi guānxi. Nín nǎr néng yíxiàzi jìzhù zhème duō rén de míngzi ne.

生 词 Vocabulary

爱好 àihào	hobby	我有很多爱好。
好奇 hàoqí	curious	比尔对京剧很好奇。
排 pái	row; line	白云上课的时候喜欢坐在第一排。
传 chuán	pass from one to another; hand down	这个神话是古代传下来的。
中间 zhōngjiān	middle	小宝宝坐在爸爸妈妈中间。

扩展阅读 Extra Reading

冠礼[1]

古代汉语里，“冠（读一声，名词）”指的是帽子。在古代，男孩“二十而冠（读四声，动词）”，也就是说，男孩子到了二十岁，就要举行“冠礼”，表示他已经成年[2]了，在着装、说话、做事等方面都必须按照成年人的要求来做。比如，要做一个合格[3]的儿子、合格的兄弟、合格的臣民[4]等等。现在中国已经没有冠礼了，但是很多地方开始试着举行新的成年礼[5]，比如让18岁的年轻人在一起宣誓[6]，说出自己的决心，要做一个承担社会责任的成年人[7]。中国法律规定，18岁就成年了，拥有选举权和被选举权[8]。

Guànlǐ

Gǔdài Hànyǔ li, “guān (dú yī shēng, míngcí)” zhǐ de shì màozi. Zài gǔdài, nánhái “èrshí ér guàn (dú sì shēng, dòngcí)”, yě jiùshì shuō, nánháizi dàole èrshí suì, jiùyào jǔxíng “guàn lǐ”, biǎoshì tā yǐjīng chéngnián le, zài zhuó zhuāng, shuō huà, zuò shì děng fāngmiàn dōu bìxū ànzhào chéngniánrén de yāoqiú lái zuò. Bǐrú, yào zuò yí gè hégé de érzi, hégé de xiōngdi, hégé de chénmín děngděng. Xiànzài Zhōngguó yǐjīng méiyǒu guànlǐ le, dànshì hěn duō dìfang kāishǐ shìzhe jǔxíng xīn de chéngniánlǐ, bǐrú ràng shíbā suì de niánqīngrén zài yìqǐ xuānshì, shuōchū zìjǐ de juéxīn, yào zuò yí gè chéngdān shèhuì zérèn de chéngniánrén.

---

[1] 冠礼 guànlǐ: a ceremony in ancient China in which a man begins to wear a hat at twenty to show that he has grown up

[2] 成年 chéngnián: (of a person) come of age

[3] 合格 hégé: qualified

[4] 臣民 chénmín: subjects; officials and populace under a feudal ruler

[5] 成年礼 chéngniánlǐ: grown-up ceremony

[6] 宣誓 xuānshì: take an oath

[7] 承担社会责任的成年人 chéngdān shèhuì zérèn de chéngniánrén: adults with social responsibility

[8] 选举权和被选举权 xuánjǔquán hé bèixuánjǔquán: the right to vote and the right to be elected

Zhōngguó fǎlǜ guīdìng, shíbā suì jiù chéngnián le, yōng- yǒu xuǎnjǔquán hé bèixuǎnjǔquán.

96. 朝三暮四 Zhāosān-mùsì

解释 Explanation

Three in morning（朝）, and four in the evening（暮）. Change one's mind frequently; keep changing one's mind. For example:

1. 小梅发现她的男朋友朝三暮四，常常和别的女孩约会，所以跟他分手了。

2. 我决定的事情是不会改变的，我不是一个朝三暮四的人。

对话 Conversation

我想当作家

Anna: Bill，毕业以后我想当一个作家，你觉得怎么样？
Bill: 以前你不是想当老师吗，怎么又想当作家了？
Anna: 我觉得当老师不容易，当作家比较容易。

Bill：谁说当作家容易？

Anna：当作家，每天在家里写书，写完了就拿出去卖，多好啊！

Bill：当一个好作家可不那么容易！你要看很多书，要有很多知识，要有很多生活经历，你写的东西还要有趣，要不谁愿意买你的书呢？

Anna：我想写我在中国经历的事情，不是很有趣吗？

Bill：可是你的汉语还没学好呢，怎么写啊？

Anna：那我就当一个翻译家，怎么样？我把中国作家写的中文小说翻译成英文。

Bill：我看你有点儿朝三暮四，一会儿想当老师，一会儿想当作家，一会儿又想当翻译家。我看，你还是先把汉语学好了再说吧！

Anna：你说得也对，汉语不好，什么都当不成。

Wǒ Xiǎng Dāng Zuòjiā

Anna: Bill, bìyè yǐhòu wǒ xiǎng dāng yí gè zuòjiā, nǐ juéde zěnmeyàng?

Bill: Yǐqián nǐ bú shì xiǎng dāng lǎoshī ma, zěnme yòu xiǎng dāng zuòjiā le?

Anna: Wǒ juéde dāng lǎoshī bù róngyì, dāng zuòjiā bǐjiào róngyì.

Bill: Shuí shuō dāng zuòjiā róngyì?

Anna: Dāng zuòjiā, měi tiān zài jiā li xiě shū, xiě wánle jiù ná chūqù mài, duō hǎo a!

Bill: Dāng yí gè hǎo zuòjiā kě bú nàme róngyì! Nǐ yào kàn hěn duō shū, yào yǒu hěn duō zhīshi, yào yǒu hěn duō shēnghuó jīnglì, nǐ xiě de dōngxi háiyào yǒuqù, yàobù shuí yuànyì mǎi nǐ de shū ne?

Anna: Wǒ xiǎng xiě wǒ zài Zhōngguó jīnglì de shìqing, bú shì hěn yǒuqù ma?

Bill: Kěshì nǐ de Hànyǔ hái méi xuéhǎo ne, zěnme xiě a?

Anna: Nà wǒ jiù dāng yí gè fānyìjiā, zěnmeyàng? Wǒ bǎ Zhōngguó zuòjiā xiě de Zhōngwén xiǎoshuō fānyìchéng Yīngwén.

Bill: Wǒ kàn nǐ yǒudiǎnr zhāosān-mùsì, yíhuìr xiǎng dāng lǎoshī, yíhuìr xiǎng dāng zuòjiā, yíhuìr yòu xiǎng dāng fānyìjiā. Wǒ kàn, nǐ

háishi xiān bǎ Hànyǔ xuéhǎole zàishuō ba!
Anna: Nǐ shuō de yě duì, Hànyǔ bù hǎo, shénme dōu dāng bù chéng.

生 词 Vocabulary

作家 zuòjiā	writer	她是一个中国作家，写过很多小说。
翻译家 fānyìjiā	translator	他是著名的翻译家。
可 kě	*used for emphasis*	今天可冷了，你出门的时候把大衣穿上。
愿意 yuànyì	be willing	他很愿意参加明天的演讲比赛。
知识 zhīshi	knowledge	这本书有很多历史知识。
经历 jīnglì	personal experience	他在工厂、学校、公司都工作过，他的经历很丰富。
可是 kěshì	but, however	他很想参加演讲比赛，可是他的口语不太好。
翻译 fānyì	translate	他的英语很好，翻译过很多中文小说。

扩展阅读 Extra Reading

朝三暮四

有一个老人养了很多猴子。时间久了，猴子们都能听懂老人说的话了。老人每天给每只猴子吃八个栗子[1]，早上四个，晚上四个。可是，老人的栗子越来越少，而猴子却越来越多，所以他就想把每天的栗子从八个改成七个。他对猴子们说："从今天开始，我每天早上给你们四个栗子，晚上给三个，行吗？"猴子们一听到晚上少了一个，就开始吱吱大叫，非常生气。老人一看，马上说："那么早上给你们三个，晚上再给四个，这样该可以了吧？"猴子们只注意到晚上的栗子从三个变成了四个，跟以前一样了，就高兴起来了。后来人们用"朝三暮四"这个成语比喻一个人的想法和行为[2]变化不定。

[1] 栗子 lìzi: chestnut
[2] 行为 xíngwéi: act; action; behavior

Zhāosān-mùsì

Yǒu yí gè lǎorén yǎngle hěn duō hóuzi. Shíjiān jiǔ le, hóuzimen dōu néng tīngdǒng lǎorén shuō de huà le. Lǎorén měi tiān gěi měi zhī hóuzi chī bā gè lìzi, zǎoshang sì gè, wǎnshang sì gè. Kěshì, lǎorén de lìzi yuèláiyuè shǎo, ér hóuzi què yuèláiyuè duō. Suǒyǐ tā jiù xiǎng bǎ měi tiān de lìzi cóng bā gè gǎichéng qī gè. Tā duì hóuzimen shuō: "Cóng jīntiān kāishǐ, wǒ měi tiān zǎoshang gěi nǐmen sì gè lìzi, wǎnshang gěi nǐmen sān gè, xíng ma?" Hóuzimen yì tīng dào wǎnshang shǎole yí gè, jiù kāishǐ zhīzhī dàjiào, fēicháng shēngqì. Lǎorén yí kàn, mǎshàng shuō: "Nàme zǎoshang gěi nǐmen sān gè, wǎnshang zàigěi sì gè, zhèyàng gāi kěyǐ le ba?" Hóuzimen zhǐ zhùyìdào wǎnshang de lìzi yǐjīng cóng sān gè biànchéngle sì gè, gēn yǐqián yíyàng le, jiù gāoxìng qǐlái le. Hòulái rénmen yòng "zhāosān-mùsì" zhège chéngyǔ bǐyù yí gè rén de xiǎngfǎ hé xíngwéi biànhuà búdìng.

97. 众口难调 Zhòngkǒunántiáo

解释 Explanation

It is difficult to cater to（调）the tastes of all diners（众口）. It's difficult to please everyone. For example:

1. 去哪儿旅游，大家意见不一致[1]，真是众口难调。
2. 虽然川菜很好吃，可是有很多人怕辣，不喜欢吃，众口难调。

对话 Conversation

开班会[2]

Hans：现在咱们开一个班会。我们的教室需要布置一下，请大家发表意见。

Bill：把我画的一幅中国山水画挂在墙上，怎么样？

Anna：我觉得油画好看，还是挂油画[3]吧！

Lucy：我刚学了书法，我来写一幅书法怎么样？

[1] 一致 yízhì: unanimous; consistent

[2] 班会 bānhuì: class meeting

[3] 油画 yóuhuà: oil painting

Anna：你刚开始学，写得不好看，我看还是别挂你的书法吧！
Bill：没关系，我们是留学生，写得不好看没关系。
Anna：我不同意。我们还是去买一些画儿，把教室布置得漂亮一点儿，多好啊！
Hans：你们别争了。大家的意见不一致，真是众口难调。这样吧，每人准备一张画或者一幅书法，谁的好看就挂谁的。
大家：好吧！那就这样决定吧！
Lucy：Hans，我不会画，我去买一幅画，行吗？
Hans：行。

Kāi Bānhuì

Hans: Xiànzài zánmen kāi yí gè bānhuì. Wǒmen de jiàoshì xūyào bùzhì yíxià, qǐng dàjiā fābiǎo yìjiàn.
Bill: Bǎ wǒ huà de yì fú Zhōngguó shānshuǐhuà guà zài qiáng shang, zěnmeyàng?
Anna: Wǒ juéde yóuhuà hǎokàn! Háishi guà yóuhuà ba!
Lucy: Wǒ gāng xuéle shūfǎ, wǒ lái xiě yì fú shūfǎ zěnmeyàng?
Anna: Nǐ gāng kāishǐ xué, xiě de bù hǎokàn, wǒ kàn háishi bié guà nǐ de shūfǎ ba!
Bill: Méi guānxi, wǒmen shì liúxuéshēng, xiě de bù hǎokàn méi guānxi.
Anna: Wǒ bù tóngyì. Wǒmen háishi qù mǎi yìxiē huàr, bǎ jiàoshì bùzhì de piàoliang yìdiǎnr, duō hǎo a!
Hans: Nǐmen bié zhēng le. Dàjiā de yìjiàn bù yízhì, zhēnshi zhòngkǒunándiào. Zhèyàng ba, měi rén zhǔnbèi yì zhāng huà huòzhě yì fú shūfǎ, shuí de hǎokàn jiù guà shuí de.
Dàjiā: Hǎo ba! Nà jiù zhèyàng juédìng ba!
Lucy: Hans, wǒ bú huì huà, wǒ qù mǎi yì fú huà, xíng ma?
Hans: Xíng.

生 词 Vocabulary

布置 bùzhì	arrange; decorate	同学们正在布置新教室。
发表 fābiǎo	express; make known	对于这个问题，请大家发表看法。
挂 guà	hang; put up	墙上挂着一幅水墨画。
争 zhēng	argue	周末去哪儿旅游，大家争了半天。

扩展阅读 Extra Reading

关于“众”的成语

汉字“众”是由三个“人”字组成的，意思是很多人。由“众”组成的成语也很多。比如“众口难调”，意思是多么好的饭菜也很难让每个人都觉得好吃，用来比喻不容易使每个人都满意。“众说纷纭”形容有各种各样的说法和不同看法。“众所周知”是指大家都知道。这些都是与“众”这个字有关系的成语。

Guānyú “Zhòng” de Chéngyǔ

Hànzì “zhòng” shì yóu sān gè “rén” zì zǔchéng de, yìsi shì hěn duō rén. Yóu “zhòng” zǔchéng de chéngyǔ yě hěn duō. Bǐrú “zhòngkǒunántiáo”, yìsi shì duōme hǎo de fàncài yě hěn nán ràng měi gè rén dōu juéde hǎochī, yònglái bǐyù bù róngyì shǐ měi gè rén dōu mǎnyì. “Zhòngshuōfēnyún” xíngróng yǒu gèzhǒng-gèyàng de shuōfǎ hé bùtóng kànfǎ. “Zhòngsuǒzhōuzhī” shì zhǐ dàjiā dōu zhīdao. Zhèxiē dōu shì yǔ “zhòng” zhège zì yǒu guānxi de chéngyǔ.

98. 种瓜得瓜，种豆得豆
Zhòng Guā Dé Guā，Zhòng Dòu Dé Dòu

解释 Explanation

Plant melons（瓜）and you get melons, sow beans（豆）and you get beans. Reap what one has sown. For example:

1. 她一直努力学习，所以考上了一流[1]大学。这正是“种瓜得瓜，种豆得豆”的结果。

2. 俗话说：“种瓜得瓜，种豆得豆”，李明努力经营他的餐馆，结果挣了很多钱。

对话 Conversation

别泄气

Lucy：白云，我今天又参加了“汉语演讲比赛”，没有得奖，唉……

白云：谁得奖了？

Lucy：Cathy 获得了第一名！

白云：Cathy？是我们上次在食堂遇到的那个英国女孩儿吗？

Lucy：对！她和我一样，只学了三年汉语。但是她比我努力多了，

[1] 一流 yīliú: first class

所以得奖了。
白云：你也很努力啊！
Lucy：她比我更努力。早上她经常在湖边用汉语朗读，晚上也学习到很晚。
白云：Cathy 学习真勤奋。俗话说："种瓜得瓜，种豆得豆"。
Lucy：Cathy 种的是"瓜"，我种的是"豆"。
白云：别泄气，你也可以种"瓜"啊！
Lucy：对，我现在就开始努力！
白云：好，只要付出，就会有收获。

Bié Xièqì

Lucy: Bái Yún, wǒ jīntiān yòu cānjiāle "Hànyǔ yǎnjiǎng bǐsài", méiyǒu dé jiǎng, āi ...
Bái Yún: Shuí déjiǎng le?
Lucy: Cathy huòdéle dì-yī míng!
Bái Yún: Cathy? Shì wǒmen shàng cì zài shítáng yùdào de nàge Yīngguó nǚháir ma?
Lucy: Duì! Tā hé wǒ yíyàng, zhǐ xuéle sān nián Hànyǔ. Dànshì tā bǐ wǒ nǔlì duō le, suǒyǐ dé jiǎng le.
Bái Yún: Nǐ yě hěn nǔlì a!
Lucy: Tā bǐ wǒ gèng nǔlì. Zǎoshang tā jīngcháng zài hú biān yòng Hànyǔ lǎngdú, wǎnshang yě xuéxí dào hěn wǎn.
Bái Yún: Cathy xuéxí zhēn qínfèn. Súhuà shuō: "Zhòng guā dé guā, zhòng dòu dé dòu".
Lucy: Cathy zhòng de shì "guā", wǒ zhòng de shì "dòu".
Bái Yún: Bié xièqì, nǐ yě kěyǐ zhòng "guā" a!
Lucy: Duì, wǒ xiànzài jiù kāishǐ nǔlì!
Bái Yún: Hǎo, zhǐyào fùchū, jiù huì yǒu shōuhuò.

生词 Vocabulary

食堂 shítáng	dining hall	他平时都在学校食堂吃饭。
朗读 lǎngdú	read aloud	请大声朗读第一课。
勤奋 qínfèn	diligent	他是一个非常勤奋的人。
泄气 xièqì	lose heart; feel discouraged	他觉得自己进步慢，有点儿泄气了。
付出 fùchū	pay; expend	只要付出就会有收获。
收获 shōuhuò	harvest; gain	他的研究又有了新的收获。

扩展阅读 Extra Reading

因果关系[1]

“种瓜得瓜，种豆得豆”这句话比喻做什么样的事，就会得到什么样的结果。这是一种因果关系。比如，学生努力学习，就会取得好成绩。农民认真种地，就会有好的收获；一个人经常做好事，喜欢帮助别人，就会得到好的回报[2]；一个人经常做坏事，一定会受到惩罚[3]。这就是人们常说的“善有善报，恶有恶报[4]”。“君子成人之美”和“勿以善小而不为，勿以恶小而为之[5]”这两句话也是告诉人们要善良，做善事，多帮助别人，不做坏事。

Yīnguǒ Guānxi

“Zhòng guā dé guā, zhòng dòu dé dòu” zhè jù huà bǐyù zuò shénmeyàng de shì, jiù huì dédào shénmeyàng de jiéguǒ. Zhè shì yì

[1] 因果关系 yīnguǒ guānxi: cause and effect

[2] 回报 huíbào: reward

[3] 惩罚 chéngfá: punishment

[4] 善有善报，恶有恶报 shàn yǒu shàn bào, è yǒu è bào: Good will be rewarded with good, and evil with evil.

[5] 勿以善小而不为，勿以恶小而为之 wù yǐ shàn xiǎo ér bù wéi, wù yǐ è xiǎo ér wéi zhī: Do not think any virtue trivial, and so neglect it. Do not think any vice trivial, and so practice it.

zhǒng yīnguǒ guānxi. Bǐrú, xuésheng nǔlì xuéxí, jiù huì qǔdé hǎo chéngjì; Nóngmín rènzhēn zhòng dì, jiù huì yǒu hǎo de shōuhuò; Yí gè rén jīngcháng zuò hǎoshì, xǐhuan bāngzhù biéren, jiù huì dédào hǎo de huíbào; Yí gè rén jīngcháng zuò huàishì, yídìng huì shòudào chéngfá. Zhè jiùshì rénmen cháng shuō de "shàn yǒu shàn bào, è yǒu è bào". "Jūnzǐ chéng rén zhī měi" hé "wù yǐ shàn xiǎo ér bù wéi, wù yǐ è xiǎo ér wéi zhī" zhè liǎng jù huà yě shì gàosu rénmen yào shànliáng, zuò shànshì, duō bāngzhù biéren, bú zuò huàishì.

99. 知足常乐 Zhīzúchánglè

解 释 Explanation

This is a famous line of Lao Zi（老子）, which means that happiness（乐）lies in contentment（足）. It tells us to be content with what we have; rejoice in the way things are. This saying is often used when one feels satisfied with oneself. For example:

1. 公园里每天都有很多老人跳舞、打太极拳。他们生活愉快，知足常乐。

2. 快乐的人常常都有知足常乐的生活态度。

对 话 Conversation

舒服的新家

（Hans 在北京给四川的朋友王朋打电话）

Hans：喂，是王朋吗？听说你搬家了？

王朋：是啊，欢迎你有空儿来玩儿。我的新家在青城山[1]附近。

Hans：恭喜！恭喜！

[1] 青城山 Qīngchéng Shān: Qingcheng Mountain in Chengdu, Sichuan Province

王朋：青城山空气新鲜，夏天很凉快，住在这儿很舒服。
Hans：现在你的家人都好吧？
王朋：谢谢！他们都很好！2008 年 5 月 12 号大地震的时候，我妻子的腿受伤了，现在已经好了。我们早就开始上班了。
Hans：我很想去看看你呢！
王朋：欢迎啊，现在我们有了新房子，又开始正常地生活了。我们感到很满足了。“知足常乐”！欢迎你来青城山玩儿！
Hans：谢谢！我一定去看看你们！

Shūfu de xīn jiā

(Hans zài Běijīng gěi Sìchuān de péngyou Wáng Péng dǎ diànhuà)

Hans: Wèi, shì Wáng Péng ma? Tīngshuō nǐ bān jiā le?
Wáng Péng: Shì a, huānyíng nǐ yǒu kòngr lái wánr. Wǒ de xīn jiā zài Qīngchéng Shān fùjìn.
Hans: Gōngxǐ! Gōngxǐ!
Wáng Péng: Xièxie! Qīngchéng Shān kōngqì xīnxiān, xiàtiān hěn liángkuai, zhù zài zhèr hěn shūfu.
Hans: Xiànzài nǐ de jiārén dōu hǎo ba?
Wáng Péng: Tāmen dōu hěn hǎo! Èr líng líng bā nián wǔ yuè shí'èr hào dà dìzhèn de shíhou, wǒ qīzi de tuǐ shòushāng le, xiànzài yǐjīng hǎo le. Wǒmen zǎo jiù kāishǐ shàng bān le.
Hans: Wǒ hěn xiǎng qù kànkan nǐ ne!
Wáng Péng: Huānyíng a, xiànzài wǒmen yǒule xīn fángzi, yòu kāishǐ zhèngcháng de shēnghuó le. Wǒmen gǎndào hěn mǎnzú le. “Zhīzúchánglè”! Huānyíng nǐ lái Qīngchéng Shān wánr!
Hans: Xièxie! Wǒ yídìng qù kànkan nǐmen!

生 词 Vocabulary

恭喜 gōngxǐ	congratulate	听说你搬新家了，恭喜！ 恭喜你当爸爸了！
凉快 liángkuai	cool	天气太热了，我们坐在树底下凉快凉快。
舒服 shūfu	comfortable	这里的环境真舒服。
上班 shàng bān	go to work; be on duty	他每天9点上班。

扩展阅读 Extra Reading

老 子

老子是中国古代伟大的哲学家和思想家，他生活在2000多年前，他的思想被称作道家思想。老子写了一本《道德经》。老子说“道”是宇宙的起源[1]，“道”是看不见的，没有办法描述的，但是“道”却规定了事物的发展和变化。人们觉得这个“道”可能就是万事万物自身的规律。老子认为人类只有按照规律生活才能幸福，而太多的欲望是违背规律的，也常常是不幸福的原因。所以“知足常乐”成为一种重要的生活态度。

Lǎozǐ

Lǎozǐ shì Zhōngguó gǔdài wěidà de zhéxuéjiā hé sīxiǎngjiā, tā shēnghuó zài liǎngqiān duō nián qián, tā de sīxiǎng bèi chēngzuò Dàojiā sīxiǎng. Lǎozǐ xiěle yì běn “Dàodéjīng”. Lǎozǐ shuō “dào” shì yǔzhòu de qǐyuán, “dào” shì kàn bú jiàn de, méiyǒu bànfǎ miáoshù de, dànshì “dào” què guīdìngle shìwù de fāzhǎn hé biànhuà. Rénmen juéde zhège “dào” kěnéng jiùshì wànshì-wànwù zìshēn de guīlǜ. Lǎozǐ rènwéi rénlèi zhǐyǒu ànzhào guīlǜ shēnghuó cái néng xìngfú, ér tài duō de yùwàng shì wéibèi guīlǜ de, yě chángcháng shì bú xìngfú de yuányīn. Suǒyǐ “zhīzúchánglè” chéngwéi yì zhǒng zhòngyào de shēnghuó tàidù.

---

[1] 宇宙的起源 yǔzhòu de qǐyuán: origin of the universe

100. 自相矛盾[1]

Zìxiāngmáodùn

解释 Explanation

Be self-contradictory; be inconsistent with oneself. For example:

1. 你昨天说喜欢热闹，我今天带你逛商场，你又说人太多了，不喜欢热闹。你不是自相矛盾嘛。

2. 他的话有很多自相矛盾的地方。

对话 Conversation

想吃麻婆豆腐

（张丽和白云在饭店看菜单）

白云：你这次去成都、重庆旅游玩儿得怎么样？

张丽：我们先点菜，一边吃一边谈。这次我去成都、重庆吃了很多又麻又辣的川菜，现在想吃点儿清淡的。

白云：我们点一个凉拌青菜和一个番茄炒鸡蛋，怎么样？

张丽：你看菜单上有麻婆豆腐，我还是吃麻婆豆腐吧！

白云：哎，你刚才说想吃清淡的，现在你又说想吃麻婆豆腐，这不

[1] 矛盾 máodùn: contradiction

　　　是自相矛盾吗？
张丽：不好意思。我看见菜单上有这个菜，就又想吃了。
白云：那好吧，你喜欢吃什么就点什么。
张丽：这次我吃了很多夫妻肺片、麻婆豆腐、水煮鱼、回锅肉。现在，几天不吃就想。
白云：哎，你还没有给我讲旅游的故事呢。
张丽：吃完饭，我们一边喝茶一边聊天儿吧。我快饿死了。
白云：好！快吃吧。

Xiǎng Chī Mápódòufu

(Zhāng Lì hé Bái Yún zài fàndiàn kàn càidān)

Bái Yún: Nǐ zhè cì qù Chéngdū, Chóngqìng lǚyóu wánr de zěnmeyàng?

Zhāng Lì: Wǒmen xiān diǎncài, yìbiān chī yìbiān tán. Zhè cì wǒ qù Chéngdū, Chóngqìng chīle hěn duō yòu má yòu là de Chuāncài, xiànzài xiǎng chī diǎnr qīngdàn de.

Bái Yún: Wǒmen diǎn yí gè liángbànqīngcài hé yí gè fānqiéchǎojīdàn, zěnmeyàng?

Zhāng Lì: Nǐ kàn càidān shang yǒu mápódòufu, wǒ háishi chī mápódòufu ba!

Bái Yún: Āi, nǐ gāngcái shuō xiǎng chī qīngdàn de, xiànzài nǐ yòu shuō xiǎng chī mápódòufu, zhè bú shì zìxiāngmáodùn ma?

Zhāng Lì: Bù hǎo yìsi. Wǒ kànjiàn càidān shang yǒu zhège cài, jiù yòu xiǎng chī le.

Bái Yún: Nà hǎo ba, nǐ xǐhuan chī shénme jiù diǎn shénme.

Zhāng Lì: Zhè cì wǒ chīle hěn duō fūqīfèipiàn, mápódòufu, shuǐzhǔyú, huíguōròu. Xiànzài, jǐ tiān bù chī jiù xiǎng.

Bái Yún: Āi, nǐ hái méiyǒu gěi wǒ jiǎng lǚyóu de gùshi ne.

Zhāng Lì: Chīwán fàn, wǒmen yìbiān hē chá yìbiān liáo tiānr ba. Wǒ kuài èsǐ le.

Bái Yún: Hǎo! Kuài chī ba.

生 词 Vocabulary

凉拌	liángbàn	dress cold food with sauce	天气太热了，今天咱们吃凉拌菜吧！
青菜	qīngcài	green vegetable	她很喜欢吃炒青菜。
番茄	fānqié	tomato, also called 西红柿	他要了一份麻婆豆腐和一碗番茄鸡蛋汤。

扩展阅读 Extra Reading

自相矛盾

“自相矛盾”是个成语。“矛”是一种进攻[1]敌人的武器[2]；“盾”是一种保护自己的武器，也叫盾牌。这个成语的意思是：一个人说话或做事前后不一样。从前，有个人在市场上卖自己做的矛和盾。他先举起盾，说：“我的盾，是世界上最坚固[3]的，不管对方的矛多么锋利[4]，也不能刺透[5]我的盾！”停了一会儿，他又举起矛对大家说：“我的矛是世界上最锋利的，不管对方的盾多么坚固，我的矛一刺就透！”有人问道：“如果用你的矛来刺你的盾，会怎样？”这个人的脸红了，没办法回答，只好回家了。

Zìxiāngmáodùn

“Zìxiāngmáodùn” shì ge chéngyǔ. “Máo” shì yì zhǒng jìngōng dírén de wǔqì; “dùn” shì yì zhǒng bǎohù zìjǐ de wǔqì, yě jiào dùnpái. Zhège chéngyǔ de yìsi shì shuō, yí gè rén shuō huà huò zuò shì qián-hòu bù yíyàng. Cóngqián, yǒu ge rén zài shìchǎng shang mài zìjǐ zuò de máo hé dùn. Tā xiān jǔqǐ dùn, shuō: “Wǒ de dùn, shì shìjiè shang zuì jiāngù de, bùguǎn duìfāng de máo duōme fēnglì, yě bù néng cìtòu wǒ de dùn!”

[1] 进攻 jìngōng: attack
[2] 武器 wǔqì: weapon; arms
[3] 坚固 jiāngù: firm; solid
[4] 锋利 fēnglì: sharp
[5] 刺透 cìtòu: pierce; thrust

Tíngle yíhuìr, tā yòu jǔqǐ máo duì dàjiā shuō: "Wǒ de máo shì shìjiè shang zuì fēnglì de, bùguǎn duìfāng de dùn duōme jiāngù, wǒ de máo yí cì jiù tòu!" Yǒu rén wèndào: "Rúguǒ yòng nǐ de máo lái cì nǐ de dùn, huì zěnyàng?" Zhè ge rén de liǎn hóng le, méi bànfǎ huídá, zhǐhǎo huíjiā le.

Vocabulary

(The number after each word or phrase is that of the entry.)

A

矮 ǎi	short; low	16
爱好 àihào	hobby	95
安慰 ānwèi	comfort; console	58
按照 ànzhào	according to	38

B

百分之…… bǎi fēn zhī…	percent	9
拜年 bài nián	wish sb. a happy new year	55
棒 bàng	great	49
包饺子 bāojiǎozi	make jiaozi (dumplings)	55
保佑 bǎoyòu	bless	26
报名 bàomíng	sign up; register	72
报纸 bàozhǐ	newspaper	52
背 bèi	recite	66
被子 bèizi	quilt	75
本来 běnlái	originally	62
比较 bǐjiào	comparatively	9
比赛 bǐsài	game; match	19

毕业 bìyè	graduate	56
表演 biǎoyǎn	performance	74
病毒 bìngdú	(computer) virus	46
不好意思 bù hǎo yìsi	shy; embarrassed	1
不仅……而且…… bùjǐn…érqiě…	not only…, but also	50
不要紧 bú yàojǐn	It doesn't matter.; Never mind.	34
布置 bùzhì	arrange; decorate	97

C

菜单 càidān	menu	8
餐馆 cānguǎn	restaurant	68
茶馆 cháguǎn	teahouse	2
茶叶 cháyè	tea; tea leaf	55
产生 chǎnshēng	engender	79
尝 cháng	taste; try some food	5
炒 chǎo	stir-fry	8
乘 chéng	ride; take a journey by plane, boat, train, etc.	84
成功 chénggōng	succeed; success	1
成千上万 chéngqiān-shàngwàn	thousands upon thousands	72
成语 chéngyǔ	idiom	2
吃苦 chī kǔ	bear hardships; suffer	61
出发 chūfā	start out; set off	84
川菜 Chuāncài	Sichuan dish	49

传 chuán	pass from one to another; hand down	95
传统 chuántǒng	traditional	30
纯洁 chúnjié	pure and clean	44
词汇 cíhuì	vocabulary	63
粗心 cūxīn	careless	11
存（钱）cún(qián)	deposit; save	52

D

打算 dǎsuàn	plan; intend	18
打听 dǎting	inquire about	62
大约 dàyuē	about	84
代表 dàibiǎo	represent	48
待 dāi	stay	78
担心 dānxīn	worry; worry about	14
淡 dàn	light	33
当……面 dāng…miàn	in sb.'s presence	2
当 dāng	work as; be	14
导游 dǎoyóu	tour guide	29
倒霉 dǎoméi	have bad luck; be out of luck	36
到底 dàodǐ	to the end	61
到期 dào qī	expire; become due	39
道理 dàolǐ	truth; principle	13
登 dēng	publish	68
等待 děngdài	wait for; await	68

滴 dī	drop; drip (classifier for dripping liquids)	71
地道 dìdao	very good; real；pure	35
地点 dìdiǎn	site; place	18
地方 dìfang	part	4
点菜 diǎncài	order dishes	8
电脑 diànnǎo	computer	24
电脑系统 diànnǎo xìtǒng	computer system	46
电视 diànshì	television	72
订 dìng	order	77
动手 dòng shǒu	start work; get moving	53
动作 dòngzuò	motion; action	2
豆腐 dòufu	bean curd	49
肚子 dùzi	abdomen; belly	41
段 duàn	（classifier）part; section, period of time	22
对……感兴趣 duì...gǎn xìngqù	be interested in	66
对……来说 duì...láishuō	as far as sb./sth. is concerned	72
多余 duōyú	surplus; unnecessary	22

F

发表 fābiǎo	express; make known	97
发烧 fāshāo	have a fever	94
发音 fāyīn	pronunciation	64

番茄 fānqié	tomato, also called 西红柿	100
翻译 fānyì	translate	96
翻译家 fānyìjiā	translator	96
烦恼 fánnǎo	worry; be vexed	45
反复 fǎnfù	again and again; repeatedly	64
返回 fǎnhuí	return	84
放假 fàng jià	have a holiday or vacation	84
放弃 fàngqì	give up	62
放松 fàngsōng	relax	29
放心 fàngxīn	be at ease; be without worry	61
分别 fēnbié	part from	21
分手 fēnshǒu	split with	23
份 fèn	(classifier)(a) set; part; share	19
风雨同舟 fēngyǔ-tóngzhōu	be in the same storm-tossed boat; stick together in hard times	78
逢 féng	meet; encounter	30
服装 fúzhuāng	clothing; costume	57
付出 fùchū	pay；expend	98
复习 fùxí	review	34

G

赶快 gǎnkuài	with haste; without delay	11
感受 gǎnshòu	feel; experience	92
个子 gèzi	height	16
各种各样 gèzhǒng-gèyàng	all kinds of; various	59

根据 gēnjù	grounds; facts	7
公园 gōngyuán	park	42
功能 gōngnéng	function	12
恭喜 gōngxǐ	congratulate	99
孤独 gūdú	lonely	18
古老 gǔlǎo	ancient	29
鼓励 gǔlì	encourge	3
刮目相看 guāmùxiāngkàn	look at sb. with new eyes	66
挂 guà	hang; put up	97
怪不得 guàibude	no wonder	23
光 guāng	only; alone	88
广告 guǎnggào	advertisement	39
逛街 guàng jiē	stroll through the streets	54
锅 guō	pot	5
过程 guòchéng	process	70
过奖 guòjiǎng	overpraise	23
过节 guò jié	celebrate a festival	18

H

害怕 hàipà	be afraid; be scared	75
寒假 hánjià	winter vacation	57
好处 hǎochu	benefit; advantage	34
好奇 hàoqí	curious	95
合理 hélǐ	reasonable	39
合适 héshì	suitable; appropriate	22

合同 hétong	contract	15
合作 hézuò	cooperate	15
盒 hé	(classifier) a box of	48
红烧 hóngshāo	braise in soy sauce	59
后悔 hòuhuǐ	regret	10
花生米 huāshēngmǐ	peanut	8
话题 huàtí	subject (of a talk or conversation)	33
环境 huánjìng	environment	35
婚礼 hūnlǐ	wedding ceremony	86
活动 huódòng	activity	50
火锅 huǒguō	hotpot	5
或者 huòzhě	or	85
获得 huòdé	gain; obtain; achieve	80

J

激烈 jīliè	intense	15
及格 jígé	pass (an exam)	63
即使 jíshǐ	even if	21
……极了 …jíle	extremely; to the greatest extent	38
急性子 jí xìngzi	of an impatient disposition; an impatient person	65
集中 jízhōng	concentrate on	31
计划 jìhuà	plan; program	24
记忆 jìyì	memorize	80
记忆力 jìyìlì	memory	80

既……又…… jì...yòu...	both… and…	30
既然 jìrán	since; now that	7
加油 jiāyóu	make more effort	6
价格 jiàgé	price	12
坚持 jiānchí	stick to; persist in	3
艰难 jiānnán	hard; difficult	78
兼职 jiānzhí	part-time job	7
剪 jiǎn	cut	69
剪刀 jiǎndāo	scissors	69
剪纸 jiǎnzhǐ	paper-cut	69
检查 jiǎnchá	check up; inspect	93
简单 jiǎndān	simple; easy	31
建议 jiànyì	suggest	57
将来 jiānglái	future	52
交 jiāo	hand in	88
交通 jiāotōng	traffic	54
郊外 jiāowài	suburb	73
结婚 jiéhūn	get married; marry	58
紧张 jǐnzhāng	nervous	47
进步 jìnbù	advance; progress; make progress	60
京剧 Jīngjù	Beijing Opera	47
经历 jīnglì	personal experience	96
经验 jīngyàn	experience	28
惊喜 jīngxǐ	pleasantly surprised	81

精彩 jīngcǎi	brilliant; wonderful	6
景色 jǐngsè	scenery; landscape	20
竞争 jìngzhēng	compete	15
敬 jìng	respect; offer drinks or other objects politely	1
敬酒 jìngjiǔ	propose a toast	1
居然 jūrán	unexpectedly	67
举手之劳 jǔshǒuzhīláo	needing only a slight effort	32
举行 jǔxíng	hold	76
聚会 jùhuì	party	77

K

开导 kāidǎo	enlighten sb.; help sb. see a point	81
开玩笑 kāi wánxiào	play a joke	80
开心 kāixīn	feel happy; rejoice	48
看法 kànfǎ	opinion; point of view	58
看来 kànlái	it seems that	83
看重 kànzhòng	regard as important	33
烤 kǎo	bake；roast；toast	68
烤肉 kǎoròu	roast meat	68
可 kě	used for emphasis	96
可靠 kěkào	reliable	7
可是 kěshì	but; however	96
渴 kě	thirsty	79
客气 kèqi	polite; courteous	28

肯定 kěndìng	affirm; confirm	11
恐怕 kǒngpà	for fear of	81
苦 kǔ	bitter	37
块（儿）kuài(r)	piece; lump; chunk	8

L

拉 lā	play (a stringed instrument)	3
拉肚子 lā dùzi	suffer from diarrhea	41
辣 là	spicy	49
来 lái	order (a dish, beer, etc.)	27
来不及 láibují	it's too late (to do sth.)	10
来回 láihuí	to and fro	3
朗读 lǎngdú	read aloud	98
浪费 làngfèi	waste	3
浪漫 làngmàn	romantic	17
厉害 lìhai	serious; formidable; severe	70
利用 lìyòng	exploit; make use of	52
俩 liǎ	two	33
连……都 / 也 lián…dōu/yě	even (used with 都 and 也)	64
连续 liánxù	continuously	37
凉拌 liángbàn	dress cold food with sauce	100
凉菜 liángcài	cold dish	41
凉快 liángkuai	cool	99
两 liǎng	unit of weight, 50 grams	27

聊天儿 liáotiānr	chat	19
临时 línshí	temporarily; impromptu	47
灵活 línghuó	nimble; flexible	3
领 lǐng	lead; take; head	64
路过 lùguò	pass by	90
路牌 lùpái	street sign	42
旅行社 lǚxíngshè	travel agency	38

M

麻 má	pungent	49
麻烦 máfan	trouble; troublesome	24
帽子 màozi	cap; hat	40
玫瑰 méigui	rose	86
美德 měidé	virtue; goodness	32
梦 mèng	dream	29
面试 miànshì	interview	82
面条 miàntiáo	noodles	41
民歌 míngē	folk song	64
明星 míngxīng	star; famous performer	72
茉莉花 mòlìhuā	jasmine flower	59

N

哪里 nǎlǐ	It's nothing. (polite response to a compliment)	4
那 nà	then; in that case	1

奶酪 nǎilào	cheese	79
耐心 nàixīn	patience	63
难道 nándào	it doesn't mean that ...; could it be said that ...	52
难得 nándé	hard to come by	32
难怪 nánguài	no wonder	51
难免 nánmiǎn	difficult to avoid	13
难受 nánshòu	feel uneasy	72
能力 nénglì	capability	16
年轻 niánqīng	young	16

O

偶然 ǒurán	occasionally	90

P

拍 pāi	photograph	10
排 pái	row; line	95
陪 péi	accompany	23
佩服 pèifú	admire	74
碰见 pèngjiàn	meet with; come across	35
皮鞋 píxié	leather shoes	10
片（儿）piàn(r)	slice	8
品牌 pǐnpái	brand	40
品种 pǐnzhǒng	kind; sort	12
平安 píng'ān	safe and sound	21
普通话 pǔtōnghuà	mandarin Chinese	50

Q

其实 qíshí	actually; in fact	42
奇怪 qíguài	strange; odd	11
气温 qìwēn	air temperature	70
谦虚 qiānxū	modest	77
签 qiān	sign	15
亲切 qīnqiè	kind	35
勤奋 qínfèn	diligent	98
青菜 qīngcài	green vegetable	100
情趣 qíngqù	taste; appeal; interest	4
庆祝 qìngzhù	celebrate	67
劝 quàn	try to persuade	12
缺 quē	lack	82
缺点 quēdiǎn	shortcoming; weakness	65
却 què	yet; but	46

R

热闹 rènao	bustling with activity; lively	19
人情 rénqíng	social relationship; human feelings; gift	26
软件 ruǎnjiàn	software	46

S

三思而行 sānsī'érxíng	think thrice before you act	65
散步 sànbù	take a walk	35
善良 shànliáng	kind-hearted	25

商场 shāngchǎng	marketplace; department store	9
商量 shāngliang	discuss; discussion	58
商品 shāngpǐn	goods; commodity	40
上班 shàng bān	go to work; be on duty	99
上网 shàng wǎng	log on; online	6
舍不得 shěbude	hate to use or part with	21
设置 shèzhì	set up	46
深刻 shēnkè	profound	92
神圣 shénshèng	sacred; holy	43
生长 shēngzhǎng	grow	66
生意 shēngyi	business	36
省 shěng	save	13
诗情画意 shīqíng-huàyì	rich in poetic and artistic conception	66
十拿九稳 shíná-jiǔwěn	almost certain	83
食堂 shítáng	dining hall	98
食物 shíwù	food	41
适合 shìhé	suit; fit	9
收获 shōuhuò	harvest; gain	98
手机 shǒujī	cell phone	12
首先 shǒuxiān	first	88
书法 shūfǎ	calligraphy	87
舒服 shūfu	comfortable	99
熟人 shúrén	acquaintance	35
熟悉 shúxī	be familiar with	40

暑假 shǔjià	summer holiday	38
帅 shuài	handsome	23
水塘 shuǐtáng	pond	44
顺利 shùnlì	smoothly; smooth going	16
思念 sīniàn	think of; miss	17
酸 suān	sour	79
算 suàn	regard as; consider	32

T

台 tái	stage	74
抬 tái	raise; lift	53
太极拳 tàijíquán	taijiquan; shadowboxing	61
态度 tàidù	attitude	36
谈恋爱 tán liàn'ài	be in love	45
汤 tāng	soup	5
唐诗 tángshī	poems of the Tang Dynasty	66
趟 tàng	(classifier, indicating a trip)	15
讨论 tǎolùn	discuss	28
特点 tèdiǎn	feature; characteristic	49
疼 téng	ache	10
提醒 tíxǐng	remind	34
题目 tímù	title; subject	88
体会 tǐhuì	know from experience	78
天长地久 tiāncháng-dìjiǔ	everlasting	86

天气预报 tiānqì yùbào	weather forecast	70
添 tiān	add; increase	22
甜 tián	sweet	79
通知 tōngzhī	give notice to; inform	86
痛苦 tòngkǔ	painful	56
痛快 tòngkuai	happy; joyful to one's heart's content	60
偷 tōu	steal	13
图案 tú'àn	pattern	69
图画 túhuà	picture; drawing	22
退 tuì	return	13

W

万一 wànyī	(for an unfavorable thing) in case	1
网 wǎng	the Internet	6
网址 wǎngzhǐ	website	6
危险 wēixiǎn	dangerous	53
卫生 wèishēng	sanitation; hygiene	54
味道 wèidào	flavor; taste	5
胃口 wèikǒu	appetite	94
文件 wénjiàn	file; document	27
文章 wénzhāng	article	28
污染 wūrǎn	pollution	73
无论 wúlùn	no matter (who, where, how, when, what, etc.)	21
误会 wùhuì	misunderstand	7

X

西餐 xīcān	Western-style food	77
西瓜 xīguā	watermelon	79
吸引 xīyǐn	attract; fascinate	38
稀饭 xīfàn	porridge	41
喜酒 xǐjiǔ	wedding feast	86
喜气洋洋 xǐqìyángyáng	full of joy	81
细节 xìjié	detail	4
显得 xiǎnde	look; seem; appear	35
现代 xiàndài	modern	30
相处 xiāngchǔ	get along with one another	36
相近 xiāngjìn	be similar to	83
享受 xiǎngshòu	enjoy	29
想象 xiǎngxiàng	imagine	66
想象力 xiǎngxiànglì	imagination	20
象征 xiàngzhēng	symbolize	17
小吃 xiǎochī	snack; refreshments	94
小气 xiǎoqi	narrow-minded; mean; miserly	81
小说 xiǎoshuō	novel	71
小偷 xiǎotōu	thief	75
鞋 xié	shoe	13
泄气 xièqì	lose heart; feel discouraged	98
心意 xīnyì	regard; kindly feelings	48
辛苦 xīnkǔ	hard; tiresome	20

欣赏 xīnshǎng	appreciate; enjoy	54
新闻 xīnwén	news	52
新鲜 xīnxiān	fresh	73
信心 xìnxīn	confidence	76
形象 xíngxiàng	vivid	71
幸好 xìnghǎo	luckily	78
修改 xiūgǎi	alter; revise	28
选 xuǎn	choose; select	50
选手 xuǎnshǒu	competitor; player	50
训练 xùnliàn	train; drill	76

Y

严格 yángé	strict	76
研究 yánjiū	research; study	24
严重 yánzhòng	serious	37
演 yǎn	perform; play	25
演讲 yǎnjiǎng	speech	50
样式 yàngshì	style；pattern	9
邀请 yāoqǐng	invite	43
要求 yāoqiú	require; demand	60
要不 yàobu	otherwise	91
要么……要么…… yàome... yàome...	either … or …	91
要是 yàoshi	if	7
钥匙 yàoshi	key	11

也许 yěxǔ	perhaps	61
一边……一边…… yìbiān…yìbiān…	while; as; simultaneously	5
一举两得 yìjǔ-liǎngdé	kill two birds with one stone	31
一心一意 yìxīn-yíyì	whole-heartedly	61
一言为定 yìyánwéidìng	That's settled then.	4
一直 yìzhí	all the way; continuously	19
遗憾 yíhàn	regret; pity	21
以免 yǐmiǎn	in order to avoid	70
艺术 yìshù	art	20
印象 yìnxiàng	impression	29
营业 yíngyè	(business) open	40
赢 yíng	win	76
优点 yōudiǎn	merit; strong point	65
优美 yōuměi	fine	29
幽默 yōumò	humorous	65
由 yóu	(be done) by	87
友好 yǒuhǎo	friendly	89
有把握 yǒu bǎwò	with assurance	83
有精神 yǒu jīngshen	spirited; vigorous	94
有空儿 yǒu kòngr	have spare time	49
有趣 yǒuqù	interesting	31
又……又…… yòu…yòu…	not only… but also…	12
预测 yùcè	predict	31

遇到 yùdào	meet; encounter	14
原来 yuánlái	originally; it turns out	50
缘分 yuánfèn	predestined affinity or relationship	45
愿意 yuànyì	be willing	96
约 yuē	invite	18
约会 yuēhuì	make a date	7
月亮 yuèliang	moon	17
运动 yùndòng	sport; athletics	40
运动鞋 yùndòngxié	sports shoes	10

Z

糟糕 zāogāo	too bad; terrible	25
炸 zhá	deep-fry	8
炸酱面 zhájiàngmiàn	noodles with bean sauce	27
涨 zhǎng	increase	39
招聘 zhāopìn	employ	82
折 zhé	discount	9
哲理 zhélǐ	philosophy	92
真行 zhēn xíng	capable; competent	59
争 zhēng	argue	97
正直 zhèngzhí	honest; upright	33
知己 zhījǐ	bosom friend	73
知识 zhīshi	knowledge	96
直接 zhíjiē	directly; straight	60
职位 zhíwèi	post; position	82

指点 zhǐdiǎn	give directions, guidance, or useful tips	42
至少 zhìshǎo	at least	43
治 zhì	cure	37
质量 zhìliàng	quality	9
中餐 zhōngcān	Chinese cuisine; Chinese food	77
中间 zhōngjiān	middle	95
中药 Zhōngyào	traditional Chinese medicine	37
中医 Zhōngyī	Chinese medical science; doctor of Chinese medicine	37
周到 zhōudào	thoughtful; considerate	18
周围 zhōuwéi	surrounding	59
周游 zhōuyóu	travel round	20
竹子 zhúzi	bamboo	83
主要 zhǔyào	main; major	88
煮 zhǔ	boil; cook	5
注意力 zhùyìlì	attention	31
注重 zhùzhòng	emphasize; pay attention to	4
祝 zhù	express good wishes; wish	1
祝福 zhùfú	bless; blessing	1
祝贺 zhùhè	congratulate	51
著名 zhùmíng	famous	44
专业 zhuānyè	major; specialty	16
壮观 zhuàngguān	splendid	10
追 zhuī	pursue; (of a man) court (a woman)	45

着想 zhuóxiǎng	consider (the interests of sb.)	32
资料 zīliào	data; material	15
仔细 zǐxì	carefully	28
总结 zǒngjié	summarize	28
总是 zǒngshì	always	3
租 zū	rent	39
租金 zūjīn	rent	39
组成 zǔchéng	compose; make up	31
作家 zuòjiā	writer	96
作文 zuòwén	composition	22

Index of Notes

(The number after each word or phrase is that of the entry.)

A

B

不亦乐乎 bú yì lè hū	Is that not a delight? 乎 is a question word similar as 吗 .	89

C

财会 cáikuài	finance and accounting	16
裁员 cái yuán	lay off employees; reduce the staff	52
彩虹 cǎihóng	rainbow	14
参差荇菜，左右流之。窈窕淑女，寤寐求之 Cēn cī xìng cài，zuǒ yòu liú zhī. Yáo tiǎo shū nǚ，wù mèi qiú zhī	The spatterdocks grow high or low, She gathers them along the stream; This lady is so fair and chaste, Beloved of the prince, awake or in dream.	43
参考书 cānkǎoshū	reference book	34
餐厅 cāntīng	dinning hall; dinning room	21
曹操 Cáo Cāo	Cao Cao (155-220), a politician and strategist of the Kingdom of Wei (魏国)	39
插 chā	stick in	18
长生不老 chángshēngbùlǎo	perpetually youthful; immortality	7
场景 chǎngjǐng	scene; sight	5
吵架 chǎo jià	quarrel	6
炒鱿鱼 chǎo yóuyú	(of a squid) roll up when being cooked, like rolling up one's quilt to prepare for departure; be fired	41
重庆 Chóngqìng	Chongqing, a municipality directly under the central government	54

吃苦头 chīkǔtóu	endure sufferings	10
吃一堑，长一智 chī yí qiàn, zhǎng yí zhì	A fall into the pit, a gain in your wit.	93
耻辱 chǐrǔ	shame	59
赤壁大战 Chìbì Dàzhàn	The Battle of Red Cliffs in 208AD, where the allied forces of Liu Bei（刘备）and Sun Quan（孙权）fought against Cao Cao（曹操）. Liu Bei and Sun Quan successfully frustrated Cao Cao's efforts to conquer the land south of the Yangtze River and reunite the territories of the Eastern Han Dynasty.	39
翅膀 chìbǎng	wing	11
抽象概念 chōuxiàng gàiniàn	abstract concept	90
抽象事物 chōuxiàng shìwù	abstract thing	42
丑 chǒu	ugly	87
出污泥而不染 chū wū ní ér bù rǎn	live in the dirt but not get dirty	44
处死 chǔsǐ	execute; put sb. to death	39
川剧"变脸" Chuānjù "biànliǎn"	to change facial expression masks rapidly, a dramatic technique used in the performance of Sichuan Opera (川剧)	2
蠢事 chǔnshì	silly thing	7
磁器口古镇 Cíqìkǒu gǔzhèn	Ciqikou Old Town	54
刺透 cìtòu	pierce; thrust	100

D

地震灾区 dìzhèn zāiqū	earthquake-stricken area	82
滇池 Diānchí	Lake Dian, near Kunming in Yunnan Province	57
典礼 diǎnlǐ	ceremony	1
电灯 diàndēng	electric light	63
电子游戏 diànzǐ yóuxì	electronic game	37
钓鱼 diào yú	go fishing	31
掉进沟里 diàojìn gōu lǐ	run off the road into a ditch	53
跌倒 diēdǎo	fall	8
订婚 dìnghūn	engaged to be married; be engaged to	81
定义 dìngyì	define; definition	24
东非 Dōngfēi	East Africa	36
东南亚 Dōngnányà	Southeast Asia	36
豆瓣酱 dòubànjiàng	thick soya bean sauce	49
毒药 dúyào	poison	77
独在异乡为异客，每逢佳节倍思亲 Dú zài yì xiāng wéi yì kè，měi féng jiājié bèi sī qīn	These two lines were written by Wang Wei (王维, 701-761), a poet of the Tang Dynasty	18
短竖 duǎn shù	short vertical stroke (in Chinese characters)	67
短信 duǎnxìn	text message	17
锻炼 duànliàn	exercise; do exercise	6
对待 duìdài	treat sb. or sth.	24
对联 duìlián	couplets	51
对偶句 duì'ǒujù	sentences that are matched in sound and meaning for rhetorical purposes; antithesis	51

H

寂寞 jìmò	lonely	50
寄 jì	send; post; mail	48
加拿大 Jiānádà	Canada	74
假货 jiǎhuò	fake goods; a counterfeit of a well-known trademark	13
假装 jiǎzhuāng	pretend	9
嫁 jià	(of a woman) marry a man	61
坚固 jiāngù	firm; solid	100
见面礼 jiànmiànlǐ	present given to someone at a first meeting	61
见识 jiànshi	knowledge; experience	8
饯行 jiànxíng	give a farewell dinner	21
将军 jiāngjūn	general	2
将士 jiàngshì	officers and soldiers	10
讲价 jiǎng jià	bargain	9
讲究 jiǎngjiu	be particular about	74
奖 jiǎng	award; prize	67
奖学金 jiǎngxuéjīn	scholarship; school financial aid	56
降（价）jiàng（jià）	cut (a price)	9
交换 jiāohuàn	exchange; change for	39
教练 jiàoliàn	coach	76
教师节 Jiàoshī Jié	Teacher's Day	85
接风 jiēfēng	give a dinner for a visitor from far away	48
节奏 jiézòu	pace; rhythm	29
解放碑 Jiěfàngbēi	Liberation Monument in downtown Chongqing	54

K

开怀容纳天地 kāihuái róngnà tiāndì	embrace the whole world with open arms	89
开卷考试 kāijuàn kǎoshì	open-book exam	34
开心果 kāixīnguǒ	pistachio	48
开业典礼 kāiyè diǎnlǐ	opening ceremony for a new business	40
开张 kāizhāng	open a business	1
砍断 kǎnduàn	break apart by chopping; cut in two	53
《康定情歌》"Kāngdìng Qínggē"	love songs in the Kangding area of southwest China	64
考虑 kǎolǜ	consider; think over	12
克服 kèfú	overcome	53
克服 kèfú	conquer; overcome	78
空想 kōngxiǎng	daydream	79
孔子 Kǒngzǐ	Confucius（551-479 BC）	19
苦肉计 kǔròujì	ruse of self-injury (inflicting an injury on oneself to win the confidence of the enemy)	39
跨国公司 kuàguó gōngsī	international corporation	1
昆仑山 Kūnlún Shān	the Kunlun Mountains	17
昆曲 Kūnqǔ	*kunqu*, a type of opera in Jiangsu Province and some parts in the south of China.	29

L

拉拉队队长 lālāduìduìzhǎng	team leader of a cheering squad	51
劳累 láolèi	exhausting	34

连结 liánjié	connect	90
联系 liánxì	contact; touch	68
脸拉这么长 liǎn lā zhème cháng	pull a long face (being angry, unhappy)	36
脸谱 liǎnpǔ	types of facial makeup indicating personalities and characters in Chinese operas	2
两室一厅 liǎng shì yì tīng	an apartment with two bedrooms and one living room	39
猎人 lièrén	hunter	87
灵感 línggǎn	inspiration	30
零件 língjiàn	parts	88
领袖 lǐngxiù	leader	44
刘禹锡 Liú Yǔxī	Liu Yuxi (772–842), a poet of the Tang Dynasty	78
流汗 liú hàn	to sweat	5
六六大顺 liùliù dàshùn	two sixes together foretell good luck	84
笼子 lóngzi	cage	48
楼梯 lóutī	stair; stairway	8
鲁迅 Lǔ Xùn	Lu Xun (1881-1936), one of the major Chinese writers of the 20th century	82
路见不平一声吼 lù jiàn bù píng yì shēng hǒu	shout and fight whenever one comes across injustice	85
乱说 luànshuō	talk nonsense	7
论述 lùnshù	analyze; expound	33
论文 lùnwén	paper; thesis	19

N

O

P

青梅竹马 qīngméi-zhúmǎ	innocent childhood friends; the period in childhood when boys and girls played together like brothers and sisters	90
情绪 qíngxù	moods and emotions	41
情义 qíngyì	friendship; true feelings	48
曲调 qǔdiào	melody; tune	89
屈原 Qū Yuán	Qu Yuan (about 340-278 BC), a poet of Chu during the Warring States Period. His works are known as *Chu Ci*（楚辞）. His death is traditionally commemorated on 端午节, Dragon Boat Festival.	37
娶 qǔ	(of a man) marry a woman; take a wife	87
劝告 quàngào	advise; warn	37
劝君更进一杯酒，西出阳关无故人 Quàn jūn gèng jìn yì bēi jiǔ, xī chū Yángguān wú gù rén	Wait till we empty one more cup; In the west of Yang Gate there'll be no old friends.	21

R

热情 rèqíng	hospitable; passionate; enthusiastic	89
人与自然融为一体 rén yǔ zìrán róngwéi yìtǐ	people and nature merging into one	4
“仁”和“义”“rén” hé “yì”	the benevolence and justice of Confucianism	91
日出 rìchū	sunrise	92
如皋 Rúgāo	Rugao city in Jiangsu Province	87
弱国 ruò guó	weak country	36

S

神仙 shénxiān	supernatural being; celestial being	18
神韵 shényùn	romantic charm in art and literature	4
生意兴隆 shēngyi xīnglóng	Business is booming.	1
胜败乃兵家常事 shèng-bài nǎi bīngjiā chángshì	for a military commander, winning or losing a battle is a common occurrence	63
胜过 shèngguò	excel; surpass	33
胜利 shènglì	victory	2
圣诞节 Shèngdàn Jié	Christmas	18
失败 shībài	fail	47
失去 shīqù	lose	38
诗 shī	poem; poetry. 诗人 : poet	21
《诗经》"Shījīng"	*The Book of Songs*, the earliest existing collection of Chinese poems.	43
时时刻刻 shíshí-kèkè	at every moment	42
实验 shíyàn	experiment; experimentation	62
使者 shǐzhě	emissary; envoy	39
士兵 shìbīng	soldier; warrior	79
世界 shìjiè	world	89
世界杯 shìjièbēi	the World Cup	19
事故 shìgù	accident	60
室上大吉 shì shàng dà jí	the happy, propitious, and promising family. Here 室 refers to family.	23
手指 shǒuzhǐ	finger	3
兽皮 shòupí	animal skin; hide	16

无形的 wúxíng de	invisible; intangible	90
武汉 Wǔhàn	Wuhan, the capital city of Hubei Province	84
武器 wǔqì	weapon; arms	100
武术高手 wǔshù gāoshǒu	master hand at kung fu	44
勿以善小而不为，勿以恶小而为之 wù yǐ shàn xiǎo ér bù wéi，wù yǐ è xiǎo ér wéi zhī	Do not think any virtue trivial, and so neglect it. Do not think any vice trivial, and so practice it.	98
物产 wùchǎn	products; produce	70

X

西安的羊肉泡馍 Xī'ān de yángròupàomó	mutton soup with flat bread pieces from Xi'an. 西安 : Xi'an, capital city of Shanxi Province.	5
西汉 Xīhàn	Western Han Dynasty（206BC-9AD）	2
西施、貂蝉、王昭君、杨玉环 Xīshī，Diāochán，Wáng Zhāojūn，Yáng Yùhuán	Xi Shi，Diao Chan, Wang Zhaojun and Yang Yuhuan (also Yang Guifei) are the Four Beauties of ancient China.	50
西太平洋 Xī Tàipíngyáng	West Pacific Ocean	36
西王母 Xīwángmǔ	Queen Mother of the West, the goddess living in the Jasper Lake in the Kunlun Mountains.	17

《西游记》"Xīyóu Jì"	*Journey to the West* is a combination of myth, parable and comedy. It is a story about a Buddhist monk, Tang Seng, and a group of animals with human characteristics. They traveled west to India to find Buddhist scriptures. The animals themselves are celestial beings in mortal forms and they have magical powers that protect them from goblins and evil spirits.	25
喜事 xǐshì	happy event；happy occasion	51
喜悦 xǐyuè	happy; joyous	40
戏曲 xìqǔ	traditional opera	95
下岗 xià gǎng	be laiol off	56
仙人 xiānrén	celestial being; immortal	17
鲜、香、麻、辣 xiān，xiāng，má，là	tasty; savoury; tingling; hot	5
弦 xián	string for musical instruments	3
咸 xián	salty	16
咸菜 xiáncài	pickles	94
献 xiàn	offer	26
相逢 xiāngféng	meet by chance; come across	90
相聚 xiāngjù	get together	90
相声 xiàngsheng	comic dialog; cross talk	74
香客 xiāngkè	worshipper at a Buddhist temple	26
项链 xiàngliàn	necklace	38
消化功能 xiāohuà gōngnéng	digestion	37

消息 xiāoxi	news; message	67
小宝宝 xiǎo bǎobao	baby	40
小火炉 xiǎo huǒlú	small kitchen stove	5
小笼包子 xiǎolóngbāozi	steamed stuffed bun held in a small bamboo food steamer	94
小心驶得万年船 xiǎoxīn shǐ dé wàn nián chuán	If cautious in sailing a ship, you will sail for ten thousands years. Caution will make you safe.	13
校报 xiàobào	campus newspaper	28
谐音 xiéyīn	homophone; homonym	23
心灵 xīnlíng	heart; soul; spirit	65
心灵手巧 xīnlíng-shǒuqiǎo	quick-witted and skillful with one's hands	49
新郎新娘 xīnláng xīnniáng	bridegroom and bride	1
兴高采烈 xìnggāo-cǎiliè	in high spirits; excited	40
星光大道 Xīngguāng Dàdào	*The Starlight Road*, name of a famous TV program on CCTV	72
行为 xíngwéi	act; action; behavior	96
匈奴 Xiōngnú	Huns, an ancient nomadic people in China	50
雄鸡 xióngjī	rooster	23
熊猫邮票 xióngmāo yóupiào	a stamp printed with a giant panda	39
虚心 xūxīn	modest; with an open mind	59
宣誓 xuānshì	take an oath	95

一副手镯 yí fù shǒuzhuó	a pair of bracelets	38
一壶醋 yì hú cù	a pot of vinegar	77
一见钟情 yíjiànzhōngqíng	fall in love at first sight	90
一流 yīliú	first class	98
一致 yízhì	unanimous; consistent	97
一醉方休 yízuìfāngxiū	drink until everyone gets drunk	30
颐和园 Yíhéyuán	Summer Palace	60
以礼相待 yǐlǐxiāngdài	treat sb. with due respect	36
以弱胜强，以柔克刚 yǐ ruò shèng qiáng，yǐ róu kè gāng	the weak overcoming the strong	33
意大利 Yìdàlì	Italy	79
意境 yìjìng	artistic concept	4
意外收获 yìwài shōuhuò	unexpected gains	68
因果关系 yīnguǒ guānxi	cause and effect	98
因缘 yīnyuán	predestined relationship	90
饮料 yǐnliào	beverage; drink	55
印度洋 Yìndùyáng	Indian Ocean	36
雍和宫 Yōnghé Gōng	Yonghe Palace (The Lama Temple), a famous lamasery located in the northeastern part of the old city of Beijing	26
勇气 yǒngqì	courage	75
用弓箭射大雁 yòng gōngjiàn shè dàyàn	shoot a wild goose with a bow and arrow	31
用人单位 yòngrén dānwèi	employing unit	68
忧愁 yōuchóu	worry	19

灾祸 zāihuò	disaster	60
噪音 zàoyīn	noise	73
诈降书 zhàxiángshū	letter pretending to surrender	39
炸花生米 zhá huāshēngmǐ	fried peanuts	55
战术兵法 zhànshù bīngfǎ	military strategies and tactics	58
战争 zhànzhēng	war	63
蘸 zhàn	dip in (liquid, powder or paste)	71
哲学思考 zhéxué sīkǎo	philosophical thinking	4
真是 zhēnshi	really; indeed	2
《真心英雄》"Zhēnxīn Yīngxióng"	*A Hero Never Dies*, a famous and popular song sung by Jackie Chan（成龙）the famous Hong Kong kung fu star, and other famous singers.	14
诊脉 zhěnmài	feel the pulse at the wrist of a patient and make a diagnosis according to the pulse	37
挣钱 zhèng qián	make money; earn money	91
整理 zhěnglǐ	sort out; put in order	24
正义 zhèngyì	justice	85
正义 zhèngyì	justice	91
郑和下西洋 Zhèng Hé xià Xīyáng	Zheng He (1371–1433), a Chinese navigator, explorer and diplomat, who made seven voyages to the west from 1405 to 1433	36
政治奇才 zhèngzhì qícái	political genius	32
织布 zhībù	weave	49
指导 zhǐdǎo	instruct; guide	82

祝你们一路顺风 zhù nǐmen yílùshùnfēng	wishing you a good journey	43
专业性 zhuānyèxìng	professional	3
撞 zhuàng	knock; strike	68
资金 zījīn	capital; fund	40
滋润着大地万物 zīrùnzhe dàdì wànwù	moisten all things on earth	66
自动关机 zìdòng guān jī	turn off automatically	46
足球队员们 zúqiú duìyuánmen	players of a football team	41
尊重 zūnzhòng	respect; value	36
做官 zuò guān	hold an official post	37
做官 zuò guān	hold an official position	93

•图书推荐•
Higlights

新汉语水平考试（HSK）真题集（1～6级）
Official Examination Papers of HSK (Level 1 ~ 6)

- 汉办独家官方正式授权
  With official approval of Hanban/Confucius Institute Headquarters
- 权威的新HSK考试备考资料
  Most authoriatative exam preparation materials
- 区别于一切模拟试题集
  Different from all mock tests

历次新HSK考试真题首次集结出版
The first ever publication of previous authentic examination papers of new HSK test

MP3

HSK一级
HSK (Level 1)
▲ISBN 9787802009912
79pp，¥45.00

HSK二级
HSK (Level 2)
▲ISBN 9787513800051
99pp，¥62.00

HSK三级
HSK (Level 3)
▲ISBN 9787513800068
119pp，¥60.00

HSK四级
HSK (Level 4)
▲ISBN 9787513800075
129pp，¥64.00

HSK五级
HSK (Level 5)
▲ISBN 9787513800082
130pp，¥67.00

HSK六级
HSK (Level 6)
▲ISBN 9787513800099
159pp，¥73.00

For more information, visit us at www.sinolingua.com.cn
Email: hyjx@sinolingua.com.cn， **Tel:** 0086-10-68320585,68997826

“脱口说汉语”系列（共10册）

Talk Chinese Series (10 volumes)

汉英 Chinese-English edition

185×258mm

出行口语

Travel Talk

ISBN 9787802003781

180pp，￥36.00

交际口语

Communicative Talk

ISBN 9787802002265

256pp，￥35.00

校园口语

Campus Talk

ISBN 9787802002234

323pp，￥38 .00

运动口语

Sports Talk

ISBN 9787802002326

342pp，￥39 .80

购物口语

Shopping Talk

ISBN 9787802003774

195pp，￥36.00

IT 口语

IT Talk

ISBN 9787802002258

213pp，￥32.00

生活口语

Daily Life Talk

ISBN 9787802003811

171pp，￥36.00

应急口语

Emergency Talk

ISBN 9787802002241

213pp，￥32.00

休闲口语

Leisure Talk

ISBN 9787802003798

201pp，￥36.00

职场口语

Office Talk

ISBN 9787802003804

155pp，￥29.90

漫画汉语101句系列（共六本）

Chinese 101 in Cartoons Series (6 Volumes)

汉英 Chinese-English edition

漫画汉语 101 句（购物篇）

Chinese 101 in Cartoons

(For Shopping)

汉英 Chinese-English edition

ISBN 97878020093870，¥49.00

145×210mm

漫画汉语 101 句（学生篇）

Chinese 101 in Cartoons

(For Students)

汉英 Chinese-English edition

ISBN 9787802006287，¥45.00

145×210 mm，119pp

漫画汉语 101 句（应急篇）

Chinese 101 in Cartoons

(For Emergencies)

汉英 Chinese-English edition

漫画汉语 101 句（旅游篇）

Chinese101 in Cartoons

(For Travelers)

汉英 Chinese-English edition

ISBN 9787802004566，¥46.00

145×210mm，128pp

漫画汉语 101 句（美食篇）

Chinese 101 in Cartoons

(For Eating Out)

汉英 Chinese-English edition

ISBN 9787802005976，¥46.00

145×210 mm，123pp

漫画汉语 101 句（CEO 篇）

Chinese 101 in Cartoons

(For CEOs)

汉英 Chinese-English editon

ISBN 9787802004085，¥45.00

145×210mm，132pp

责任编辑：杨　晗
英文编辑：薛彧威
封面设计：墨　白
印刷监制：佟汉冬

图书在版编目（CIP）数据

妙语连珠说汉语：汉英对照 / 史迹主编 . -- 北京：华语教学出版社，2011

ISBN 978-7-5138-0032-7

Ⅰ . ①妙… Ⅱ . ①史… Ⅲ . ①汉语－口语－对外汉语教学－自学参考资料 Ⅳ . ① H195.4

中国版本图书馆 CIP 数据核字 (2011) 第 013678 号

妙语连珠说汉语
史 迹 主编
© 华语教学出版社
华语教学出版社出版
（中国北京百万庄大街 24 号　邮政编码 100037）
电话：(86)10-68320585，68997826
传真：(86)10-68997826，68326333
网址：www.sinolingua.com.cn
电子信箱：hyjx@sinolingua.com.cn
北京市松源印刷有限公司印刷
2011 年第 1 版
2011 年第 1 次印刷
ISBN 978-7-5138-0032-7
定价：48.00 元